ZHISHI CHANQUAN CHONGDIE
BAOHU WENTI YANJIU

山西省哲学社会科学规划课题资助，
项目号:2021YJ082

知识产权重叠保护问题研究

郝思洋◎著

法律出版社
LAW PRESS CHINA
北京

图书在版编目(CIP)数据

知识产权重叠保护问题研究 / 郝思洋著. -- 北京 : 法律出版社, 2023

ISBN 978 - 7 - 5197 - 6883 - 6

Ⅰ. ①知… Ⅱ. ①郝… Ⅲ. ①知识产权保护 - 研究 - 中国 Ⅳ. ①D923.404

中国版本图书馆 CIP 数据核字(2022)第 113149 号

知识产权重叠保护问题研究
ZHISHICHANQUAN CHONGDIE BAOHU WENTI YANJIU

郝思洋 著

责任编辑 孙东育 曲 杰
装帧设计 贾丹丹

出版发行 法律出版社
编辑统筹 学术·对外出版分社
责任校对 王晓萍 王语童
责任印制 陶 松
经　　销 新华书店

开本 710 毫米×1000 毫米 1/16
印张 14.25 **字数** 192 千
版本 2023 年 1 月第 1 版
印次 2023 年 1 月第 1 次印刷
印刷 北京虎彩文化传播有限公司

地址:北京市丰台区莲花池西里 7 号(100073)
网址:www.lawpress.com.cn
投稿邮箱:info@lawpress.com.cn
举报盗版邮箱:jbwq@lawpress.com.cn

销售电话:010 - 83938349
客服电话:010 - 83938350
咨询电话:010 - 63939796

书号:ISBN 978 - 7 - 5197 - 6883 - 6
定价:88.00 元

凡购买本社图书,如有印装错误,我社负责退换。电话:010 - 83938349

序　一

郝思洋博士的专著《知识产权重叠保护问题研究》即将出版，要我写些文字为序。

知识产权制度承认知识是创造财富的手段，并确认对知识运用而生之利益予以私的财产权。随着新知识的出现与权利的演绎，对同一知识形态出现了多种利用方式。也因此自然出现了本书所说的基于对同一知识形态的多元利用问题，司法实践和理论研究中都出现了这种现象。本书作者将上述情况称作知识产权的“重叠保护”。

对同一知识的不同利用的本质是什么，是否会对既有制度体系造成干扰，应该如何评价“重叠保护”问题并解决该问题可能带来的影响？为了回答以上的问题，《知识产权重叠保护问题研究》一书从界定、评价以及协调三个方面对知识产权“重叠保护”问题进行了探索。

本书的研究，基于符号理论。以知识产权制度对于符号利益的分配范式为理论基础，概括了知识产权法对符号利益的分配原则并以之作为符号激励程度的检视标尺，在此基础上抽象出了知识产权法对符号利益的调整范式并以之作为解决“重叠保护”问题的方案基础。通过把知识产权法对符号利益的调整范式中权利客体、符号功能、激励机制、权利行为等要素整合起来，建立了以符号功能与激励机制的对应关系为基础的协调方案。本书对“重叠保护”问题协调方案的规划，出于为了消除由于“重叠保护”带来的价值和体系中的冲突和矛盾。

共享经济与大数据技术已经在很大程度上改变了知识的创造、传播、实施、获利方式，在新的经济语境中，肇始于工业革命时期的知识产权制度应如何应对不断出现的新问题，通过怎样的协调才能实现制度的既有功能，问题的答案便是应对新问题时，应尽量采用体系化的界定、考察与评价方式，将新问题纳入既有体系中去寻找解决方案。本书认为，对于“重叠保护”问题的分析路径，其实是对这种问题分析范式的实践：将所有对于符合知识产权法规定的符号利益分配问题，都置于知识产权法对符号利益的分配范式之下。无论是“重叠保护”问题抑或是其他可能出现的与符号利益相关的新问题，都可以采用同样的方式进行界定评价与考察。

本书认为，著作是对一种体系化的思维方式和分析范式的应用与验证。并认为如果这种体系化问题分析范式能够得到知识产权法律共同体的认同，尤其得到不断面对新问题挑战的实务中的认同，那么理论研究与司法实践必将会对知识产权法教义学的构建有所助益。作为民法体系中年轻的分支，知识产权制度的体系化是一个逐步推进、逐渐健全和完善的过程。在这一过程中，会不断有新的问题需要被面对，被体系消化继而容纳，也是法律自我进化的方式。这一规范的形成既需要理论研究中对基础理论和体系研究的坚守，也需要在司法实践中建立体系化的审判思维，在案件裁判中贯彻由体系所固定的价值指引，避免个案审判中的司法创新和自说自话。在理论和实践的共同努力下，有利于知识产权法先天孱弱的理论基础逐渐夯实，实现促进社会发展和制度自身发展共同进步。也只有在制度的应变性和体系化过程中平衡发展，才能使知识产权制度与日新月异的社会发展共同成长，并逐步发展为价值融贯、制度协调、体系科学和不断完备的，具有蓬勃生命力的法律体系。

本书提出的问题，我也在思考。既然提出了体系化思维，就可以考虑在体系化这个要求下，寻求本书所涉问题的新思考。

是为序。

刘春田*

2021年9月8日

---

* 刘春田：中国法学会知识产权法学研究会会长、中国人民大学知识产权学院院长。

序　二

知识产权重叠保护问题，几乎自有知识产权法时就已经产生。诚如本书所说，这“与知识产权内部体系化不足有关”，因此，国外学界对此议题的研究也是不断，最新的例子是丹麦阿姆斯特丹自由大学马丁·森夫特勒本（Martin Senftleben）教授 *The Copyright/Trademark Interface-How the Expansion of Trademark Protection Is Stifling Cultural Creativity*（Wolters Kluwer 2021）。依我看，本书创新与独特之处主要表现在以下的观点：

本书将造成重叠保护的多种原因归纳为内部原因与外部原因两部分，前者是既有知识产权法的权利对象性质的制度发展历史等内部先天性原因，后者包括由于知识产权制度发展中的非法律因素导致的体系不协调、价值偏差等外部原因。

本书接着根据逻辑推理三段论，以“知识产权法的本质是对符号利益的调整方案”为大前提，推理出知识产权法重叠保护的问题本质，也就是符号利益调整中的特殊情形，处理同一符号或符号组合在不同法律规范下如何进行利益分配的问题。

本书的重大贡献就是对知识产权重叠保护的法律效果进行体系检视与评价,检视该结果是否符合知识产权法规则、原则和价值层面对符号利益的分配要求。经过三重检视结果,本书正确指出不加限制的重叠保护会影响知识产权法对于部门法界分的规范,并违反知识产权法对符号利益的分配原则,进而会影响知识产权法二元价值目标的实现,也就是权利人利益的保护和社会利益的平衡,以维护社会利益作为首要价值、第一顺位。

本书大胆主张以适用限制性条件的制度路径为基础,进行具体制度设计,提出"以符号功能与激励机制对应为蓝本、以符号利益的受激励程度为限制标准、以增设权利限制条款为具体手段",并对此限制方案验证分析外观设计、实用艺术品和反不正当竞争法这三类重叠保护问题出现较多的领域,进一步论证解决方案的合理性。

本书最后提出对知识产权重叠保护问题进行制度改进的设想:从制度成本和制度效果角度出发,应以知识产权法作为整体进行制度调整,建立通行于各部门法的类似于权利穷竭制度的一般规范,作为权利限制的"一般条款",从而打通部门法之间处理重叠保护问题的壁垒。可以通过在权利限制条款中增设对已实现权利的排除规范作为新增权利限制条款,并赋予其通行于各部门法的效力。

本书的另一个特色是无所不在的法教义学(dogmatic)体系思维,这是国内法学研究最欠缺的部分。本书采用体系化的界定、考察与评价方式,论证过程是体系化的思维方式和分析范式的应用与验证,将新问题纳入既有体系中去寻找解决方案,并测试既有体系的成长可能。在这一意义上,本书将对知识产权法教义学的构建有所助益。

本书的出版是思洋正式进入学术界的敲门砖，理应庆贺，但她后续的学术成长更是值得期待。

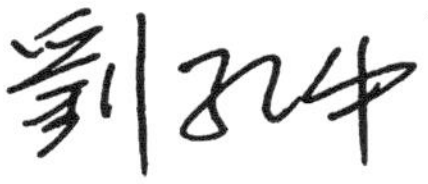
*

2021 年 4 月 30 日

---

* 刘孔中：中国人民大学教授、新加坡管理大学李光前法学教授、台湾政治大学科技管理暨智慧财产研究所教授。

目　　录

导　　言

法律允许重叠保护吗？知识产权法允许重叠保护吗？知识产权法对于重叠保护问题是否存在制度预设？目前，司法实践中对于重叠保护的处理方式符合这种制度预设吗？理论研究对这些问题的模糊回应导致了司法实践中的一系列裁判分歧，也产生了本书对该问题进一步探索的动机。知识产权法律体系由一系列相对独立的部门法构成，随着社会发展，部门法之间原本泾渭分明的界限在各自权利范围的不断扩张下，出现了不可避免的交叉与重叠。近年来，对于知识产权扩张的质疑日益增多，①其中一部分质疑便来自知识产权的重叠保护。

知识产权的重叠保护，还可以称为"知识产权双重保护"或"知识产权多重保护"。② 指同一对象由于满足不同法律对客体的要求，同时或相继地受到不同的知识产权部门法规范保护的情形。在实际生活中，知识产权的重叠保护现象一方面表现为在同一智力成果或识别性要素之上，叠加了不止一种的知识产权，客观上形

---

① 一些学者质疑知识产权已经成为"知识霸权"，对社会发展和创新起到了负面影响，需要进行范式的调整。参见谢晓尧、吴楚敏：《转换的范式：反思知识产权理论》，载《知识产权》2016年第7期。还有学者认为知识产权的持续膨胀犹如法瓶中的魔鬼，应将其关回"法瓶"中去。参见孙远钊：《请把知识产权装回到它的法瓶里》，载《中国知识产权》2016年第11期。

② 郑成思：《知识产权论》，法律出版社1998年版，第361页。

成同一对象由不同类型知识产权重叠保护的情形。如通过著作权保护商标的"商标版权化保护",通过著作权实现对外观设计的保护等。本书将这种情形称为"同时重叠保护"。重叠保护的另一种表现是已经或者即将超过保护期的某一类知识产权,通过获得另一类知识产权保护的方式来延长权利人的权利期限的情形,如利用保护期限较长的著作权对已经到期的外观设计进行保护,造成保护期限接续的效果,本书将这种情形称为"接续重叠保护"。由于反不正当竞争法承担了对知识产权法益的补充保护功能,因此,广义的知识产权重叠保护不仅包括知识产权法律体系各部门法对于同一对象的重叠保护,还包括反不正当竞争法同时或相继地对知识产权部门法已经提供保护的权利对象进行重叠保护的情形。

造成重叠保护的原因是多元的。一方面,随着知识产权的客体扩张与知识产品利用方式的日益多元化,具备多种客体要件的新兴权利对象不断涌现,越来越多的权利对象具备了获得多种类型知识产权保护的特征。另一方面,随着知识产权在社会经济中的价值日渐增加,越来越多的企业开始将"知识产权多重保护"作为一种特殊的竞争策略,通过不同权利之间保护水平的差异性来保护自己的无形财产利益。一些企业甚至已经从实施知识产权战略的高度来认识知识产权重叠保护的问题。在这一过程中,作为背景的地方政府的政策性推动也起到了一定的助推作用。在多种原因共同作用下,知识产权重叠保护作为知识产权制度发展中产生的新问题之一,对知识产权司法实践和理论研究都提出了新的挑战。

在司法实践中,无论是同时重叠保护还是接续重叠保护,都带来了一系列问题:

如在同时重叠保护中,面对当事人采用多项知识产权保护同一对象的主张,是应该根据"法无禁止即可行"的原则,允许其进行全面保护,还是要给予限制?如果支持重叠保护的主张,应该如何确定请求权及损害赔偿范围,从而避免过度保护和重复救济?在接续重叠保护的情形中,是否允许那些已经或即将超过保护期的知识产权通过后续叠加另一项知识产权的方式进行保护呢?如果允许接续重叠保护,又如何保证保护期届满的权利如期进入共有领域，不被后续接续的权利架空？此外，作为广义知识产权法的重要组成部分，反不正当竞争法能否在知识产权部门法正在或已经提供过保护的情形下，同时或接续地对同一对象进行保护？保护的依据是什么？是否会造成过度保护？

这些实际问题在理论层面也产生了相应的追问：知识产权重叠保护符合知识产权制度设置的初衷吗？是否属于一种合理存在？它究竟属于制度发展过程中的自然结果，还是需要法律予以干预和纠正的“意外”？我们应当对重叠保护现象乐见其成呢，还是需要保持足够警惕，重新以不同角度审视因重叠保护而“异化”的知识产权制度？哪些重叠保护问题是“有害”的，而哪些在制度容忍范围之内，可以与其他制度目标和谐相处？区分二者的标准又是什么？在重叠保护的视角下，知识产权法各组成部分之间、知识产权法与反不正当竞争法之间的边界应该如何划定？

合理的立法与裁判规则能够为市场主体的行为提供引导，而司法实践中统一裁判规则的形成则有赖于有效的理论指引。通过对理论和实践的梳理能够发现，实践中知识产权重叠保护问题产生的原因恰恰在于立法和理论对这一问题的轻视与回避，这一情况也构成了本书写作的契机。

本书将以广义的知识产权重叠保护作为研究对象，既包括知识产权部门法之间的重叠保护现象，也包括知识产权法与反不正当竞争法之间的重叠保护现象。如无特别说明，本书中“重叠保护”一词指代包含以上类别的知识产权重叠保护现象。其中“知识产权”一词作狭义解释，主要指以著作权、专利权和商标权为主要构成的知识产权法律体系。依据目前的立法，外观设计被置于专利法中，属于专利法的一部分，因此在对重叠保护现象进行考察时，本书将外观设计引发的重叠保护现象归类在专利法重叠保护的部分，作为专利法产生重叠保护的问题代表与著作权法、商标法一并进行讨论。就重叠保护的权利主体而言，本书将讨论范围限定在同一权利主体对于同一符号或符号组合同时或接续地受到不同法律规范保护的情形。

第一章　知识产权重叠保护的司法分歧与问题表征

在司法实践中，因不同法律规范保护同一对象所导致的重叠保护现象并不鲜见。根据国内外学者的研究，知识产权重叠保护以不同的形式表现出来，如著作权部分可能涉及的重叠保护表现为：著作权与商标权、著作权与外观设计、著作权与数据库权利；在专利权部分涉及的重叠保护类型包括专利权与商业秘密、专利权与著作权、专利权与外观设计、专利权与植物新品种、专利权与集成电路布图设计等；在商标法领域涉及的重叠保护类型包括商标与专利、商标与域名、商标与外观设计等。在这些具体类别之下，又可分化出若干所涉及的具体问题。如在商标与著作权之间的重叠保护就可能延伸出平行进口、比较广告等具体问题。这些种类多样、形式不一的知识产权重叠保护现象有时会进入司法程序，成为类型化案件；有时则由于权利人之间利益协商一致，并未通过司法裁判呈现，而是零散地存在于知识产权制度发展的关节与脉络中，成为知识产权部门法律制度交错运行的一部分。由于对知识产权重叠保护问题体系化研究的匮乏，这些碎片化的重叠保护现象并没有机会以一个独立问题的形式出现，重叠保护现象背后所涉及的体系问题、不同类型的重叠保护相互之间的关系以及这些问题可能给整个知识产权制度带来的影响也很容易被理论研究所忽视。但这样的研究现状并不意味着重叠保护问题不值得赋予关注；相反，如果以重叠保护的视角观察，无论是既有研究中的"知识产权权利冲突"问题，还是反不正当竞争法与知识产权法的关系等问题，都会以一种新的面貌呈现并为问题的解决提供新的思路。

简言之，知识产权重叠保护问题虽然表现形式多样，但如果以恰当的视角切入并进行整理，则可能寻找到问题共性和解决路径。本章的任务是对与重叠保护相关的司法实践进行类型化梳理，并在此基础上对其中涉及的理论问题进一步抽象。

第一节　知识产权重叠保护在司法实践中的观点分歧

在我国司法实践中，与重叠保护相关的问题主要通过不同的案例类型表现出来。除了知识产权不同部门法之间对同一符号或符号组合交叉保护导致的重叠保护外，知识产权重叠保护也可能表现为同一符号利益表现为不同权利或法益的情形。如在商业标识领域，商标、商号、知名商品特有名称、装潢都是为了保护同样的市场竞争利益，但以不同的权利或权益的名称出现便是这种重叠保护的典型表现。基于反不正当竞争法对知识产权法益的补充保护功能，如果将反不正当竞争法保护的法益视为广义的权利，同一法益同时或相继地受到反不正当竞争法和知识产权部门法保护的情形就构成了知识产权法与反不正当竞争法对同一市场利益的重叠保护，属于广义的知识产权重叠保护。据此，与知识产权法重叠保护相关的司法实践就可以分为两种类型，分别是与知识产权部门法之间的重叠保护以及知识产权法与反不正当竞争法之间的重叠保护。

一、知识产权部门法之间重叠保护的司法分歧

通过对类型化案例及裁判理由的整理，能够发现与知识产权重叠保护相关的司法实践呈现以下几种类型。

1. 以权利指向不同利益为理由支持重叠保护

由于外观设计与著作权的重叠保护现象较为突出,支持二者间重叠保护的案例类型主要表现在对外观设计和著作权的同时重叠与接续重叠两种情形的肯定。

(1)支持同时重叠

同时重叠,是指外观设计专利权能够与著作权同时地受到法律保护,对于同一设计,权利人既可以选择以专利法为法律依据,也可以依照著作权法排除他人使用。在外观设计尚处于有效期内,原告仍采用著作权为依据主张权利的"沈某诉金某红包设计侵权案"就属于这一典型案例。虽然案件发生时原告可以选择有效的外观设计专利权保护其红包设计,但是仍然通过著作权的复制权,禁止了他人未经许可的复制,实现了保护外观设计的目的。法院在认定其设计具有独创性构成作品的情况下,支持了原告请求。① 可见在此情形下,法院并未拒绝外观设计专利权与著作权的同时重叠保护,并认为权利人可以通过著作权以实现对外观设计的保护。

在实用艺术品中,也存在著作权与专利权的同时重叠保护的问题。如针对权利人提出的双重保护诉求,有法院认为通过专利法以外观设计的方式对实用艺术品进行保护,与通过著作权法以美术作品的方式对实用艺术品可分离的美感部分进行保护并不会相互影响。"涉案美术作品仅是其载体(足球)的装饰,改动和移除设计均不影响载体实用功能的实现,因此涉案作品与载体具有可分离性,由于其具有较高的独创性,可以受到我国《著作权法》的保护"。② 简言之,法院认为对于实

---

① 涉案原告沈某设计的"红包"获得了外观设计专利授权,被告则在糖果盒上使用了相同的设计,虽然案发时涉案外观设计专利尚处在保护期内也并未被认定为无效专利,原告提起的却是著作权侵权诉讼。法院依法认定了涉案红包图案的独创性,认为被告金某未经许可使用了印制有"红包外观设计专利显示的图案的糖果盒,侵犯了原告沈某的著作权"。杭州市中级人民法院民事判决书,(2008)杭民三初字第65号、第66号。

② 东莞市捷进安防用品有限公司与(德国)阿迪达斯有限公司商标权权属、侵权纠纷二审案。本案对实用艺术品的要求是"可以在物理或观念上独立存在"。广东省深圳市中级人民法院民事判决书,(2015)深中法知民终字第1224号。

用艺术中可以与功能性分离的具有美感的部分,可以作为美术作品受到著作权的保护,与专利法对其功能性的保护可以同时存在。

(2)支持接续重叠

外观设计与著作权接续保护的情形主要涉及在外观设计权利保护期届满之后,是否还能继续用著作权对相关设计予以保护。对于这一问题,一些法院给出了肯定的回答。如在“蔡某有与广东群兴玩具股份有限公司侵犯著作权纠纷上诉案”中,针对已经申请的外观设计是否还能继续得到著作权的保护,法院就认为两项权利的利益指向不同,专利权丧失后在同一外观设计上享有的著作权并不随之消失,因为其智力成果的独创性仍受到保护。对设计进行外观设计的保护并不影响著作权采用相对独立的方式对其进行保护,因此,可以给予该产品著作权法上的保护。[①] 对于一审法院的观点,二审法院给予了肯定,认为我国法律未规定作品在申请专利时必须放弃享有的著作权,因此,同一件作品得到著作权和专利权的双重保护并不违反法律规定。权利人既可以选择只保护其中某一种权利,也可以选择同时保护两种权利。[②]

类似案例如“淘米公司与特普丽公司著作权纠纷案”,在该案中两审法院均认为壁纸图案可以相继地受到外观设计专利权和著作权的保护,即便外观设计权消灭也不会影响著作权的效力继续存在。二审法院还在此案中阐述了专利法中“技术换市场”的法理基础,认为到期技术方案进入公有领域主要是针对发明和实用新型进行的规定,立法目的是促进社会技术进步,但外观设计的立法基础与其他两种专利权客体不同,因此,不能因外观设计专利权失效就推知著作权也失效

---

① 蔡某有与广东群兴玩具股份有限公司侵犯著作权纠纷上诉案。涉及已公开并申请外观设计专利权的产品可否得到专利法和著作权法的双重保护问题。原审法院认为,原告公司主张的著作权虽然同其申请的外观设计专利存在权利的重叠,但两种权利仍具有独立性,各自依据不同的法律产生,从不同的角度划定了权利的界限及其与公众利益之间的关系,可以并行存在,某种权利的丧失并不会影响其他权利的效力。广东省高级人民法院民事判决书,(2010)粤高法民三终字第114号、第115号。

② 二审法院认为人民法院应当依据相应法律,判断相关权利是否被侵犯,以及是否应当停止侵权行为。而在确定赔偿数额时,则应贯彻全面赔偿原则,对同一侵权行为造成的相同经济损失,不予判决重复赔偿。

的结论。[①]

与这几例案件的裁判观点类似，关于同一权利对象所负载的多项权利，其中一项权利保护期届满之后其他权利的效力问题，最高人民法院在“晨光笔案”中给出了解释，即在知识产权法律体系内，如果一种客体同时还受到其他部门法的保护，那么其中一种权利的终止并不意味着其他权利也同时失效。[②] 可见，在我国司法裁判中，就对于重叠保护的司法态度而言，对于同一符号或符号组合同时或接续的重叠保护都可能得到法院支持。但在支持重叠保护后，对那些已经超过保护期的权利和后续继续存在的权利之间的关系应如何处理，尤其是不同权利行使行为存在冲突时应该如何解决，在目前的裁判中几乎未作进一步分析。

2. 以维护公有领域为理由反对重叠保护

反对的观点主要集中在知识产权接续重叠保护的情形下。以外观设计与著作权的接续重叠为例，对于已经失效的外观设计是否还能继续受到著作权保护的问题，实践中存在赞成与反对两种不同的观点。两种观点的分歧在于：对失效的外观设计图案，原权利人是否能够以著作权为依据，排除他人在原来的产品范围内使用既有设计。

如在“老谢榨菜案”[③]中，法院基于公有领域的保护，认为应当使涉案设计进入公有领域，不再由著作权保护。裁判将外观设计到期作为著作权不得行使的理由，本意是不认可著作权重叠保护带来的负面影响，但并没有对著作权的权利范围与外观设计的权利范围进行比对，也

---

① 常州市中级人民法院民事判决书，(2014)常知民初字第85号；江苏省高级人民法院民事判决书，(2015)苏知民终字第00037号。

② 最高人民法院民事判决书，(2010)民提字第16号。

③ 一审法院认为，“该项外观设计权利的授予，意味着原告享有著作权的该包装图案在食品包装袋上的使用获得垄断权利，同时该权利所涉的图案须向公众公示。授予该图案作品的外观设计专利权，其保护范围是与其附着的产品紧密相连的，只局限于与外观设计专利产品在相同或相近类别的产品上使用相同或相似的图案。涉案图案在食品包装袋上的使用已进入了公共领域，在该外观设计并未仍然受其他法律保护的情况下，其他任何人都可以自由利用”。二审法院维持原判。浙江省海宁市人民法院民事判决书，(2013)嘉海知初字第10号；嘉兴市中级人民法院民事判决书，(2013)浙嘉知终字第5号。

没有充分论述著作权与外观设计的权利控制行为之间相互重叠的部分,导致裁判结果不具有说服力。与该案情况类似的是“王某茂食品油脂有限公司与永隆商行著作权侵权纠纷案”。[①]

3. 重叠保护在实践中的证据效力

认可重叠保护裁判结果也被作为类型化案例予以举证。如在“深圳博景文化发展有限公司与深圳市金鼎盛工艺品制造有限公司著作权权属、侵权纠纷案”中,[②]被上诉人金鼎盛工艺品制造有限公司提交广东省高级人民法院、深圳市中级人民法院、北京市高级人民法院共计四份判决书,用于证明目前专利权与著作权在我国可以受到双重保护。此外,虽然著作权登记并不会进行是否享有著作权的实质考察,但实际中权利人通常会通过获得著作权登记的方式试图获得多重保护。如在“浙江众华家纺集团有限公司与宿州市众华袜业有限公司侵害商标权纠纷案”中,原告法人代表还将其创作的使用众华商标的薄纱产品式样向浙江省版权局登记,作为获得版权和商标权的双重保护的证据。[③]

4. 通过限定外观设计权利范围划分与其他权利的边界

对于外观设计的权利范围的判断,最高人民法院在“弓箭国际餐具用贴纸案”中明确指出:因设计必须附着在产品上,产品不可分离,所以外观设计专利权范围必须以产品为依托。外观设计专利权人不能超越产品范围行使权利,也不能排除他人在不同产品上使用同一设计的行为。[④] 这一案例的意义在于明确了外观设计专利权的范围,能够在一定程度上为后续著作权的保护划定权利范围。

能够发现,在知识产权部门法与重叠保护相关的司法实践中,赞成

---

① 深圳市中级人民法院民事判决书,(2004)深中法民三初字第670号;广东省高级人民法院民事判决书,(2005)粤高法民三终字第236号。

② 广东省深圳市中级人民法院民事判决书,(2017)粤03民终12905号。

③ 江苏省宿迁市中级人民法院民事判决书,(2007)宿中民三初字第01号。

④ 法院认为确定被诉侵权产品与涉案外观设计专利产品是否属于相同或者相近的种类是判断被诉侵权设计是否落入外观设计专利权保护范围的前提。被诉侵权产品和涉案专利产品用途不同,不属于相同种类产品,也不属于相近种类产品。因此,被诉侵权产品的外观设计未落入涉案外观设计专利权的保护范围。最高人民法院民事裁定书,(2012)民申字第41号。

重叠保护的案例占据了主流。对于同一符号或符号组合同时重叠保护或是接续的重叠保护，都能够找到支持的案例。反对重叠保护的案例类型主要集中在接续重叠保护的情形中，分歧主要体现在外观设计专利权保护期届满之后能否继续用著作权予以保护的情形中。而通过版权登记从而获得著作权与其他类型知识产权重叠保护的情况，则在一定程度上说明目前权利人对于重叠保护的认识存在一定误区，以重叠保护作为权利受到充分保护的目标，这一现状与司法实践中对重叠保护的支持不无关系。另外，也说明司法实践认可重叠保护的趋势与共识。而且，这种认可通常是无限制的，即仅仅停留在认可重叠保护的各项权利都发挥效力，但对于效力之间的冲突和矛盾之处并无深究。

二、知识产权法与反不正当竞争法重叠保护的司法分歧

在知识产权制度的运行过程中，由于符号所具备的多重功能，不同法律规范保护同一权利对象所导致的重叠保护现象并不鲜见。因此，在重叠保护视角下，除了知识产权各部门法调整同一权利对象所导致的重叠保护现象外，也会出现反不正当竞争法对知识产权法正在或已经提供过保护的权利对象进行保护，从而导致知识产权部门法与反不正当竞争法重叠保护的情形。笔者通过在数据库中以"重叠保护""重复保护""交叉保护""双重保护"等与重叠保护类似的关键词进行案例检索和分析，发现在目前司法实践中，对于反不正当竞争法与知识产权法重叠适用的裁判分歧呈现以下特点。

1. 以保护的法益不同为理由支持知识产权部门法与反不正当竞争法的重叠适用

在支持反不正当竞争法与知识产权法的同时重叠保护的裁判观点中，反不正当竞争法与知识产权部门法具有不同的利益指向，因而可以对同一权利对象进行重叠适用是目前较为主流的观点。具体而言，支持重叠保护的裁判观点认为涉案权利对象之上存在其他类型的知识产权并不影响其受到反不正当竞争法的保护，只要保护的法

益不同,那么这种重叠就可以得到支持。由于知识产权部门法所指向权利类型不同,司法实践中知识产权与反不正当竞争法的重叠适用也大致表现为以下反不正当竞争法与专利法、商标法以及著作权法等重叠适用类型。

(1)专利法与反不正当竞争法的重叠保护

在涉及专利法与反不正当竞争法重叠保护的案件中,一些法院认为获得外观设计的知名商品名称可以同时获得反不正当竞争法和专利法的双重保护。如在"衡水老白干诉衡水甘陵酒业不正当竞争纠纷案"中,在原告既享有外观设计专利权又可以基于知名商品名称获得反不正当竞争法保护的情形下,法院不仅认同了原告获得双重保护的合理性,而且尊重了原告对法律依据的选择。认为原告既然选择了以不正当竞争侵权来保护自己的权利,那么本案应适用《反不正当竞争法》来进行裁判。① 在一些案件中,法院会认为在符合法律规定的前提下,即便外观设计已经失效,也并不会影响其作为知名商品装潢继续受到反不正当竞争法保护。如在"维布络安舍与雅丽洁知名商品特有名称、包装、装潢纠纷案"中,法院就认为原告所享有的外观设计专利权虽已失效,但并不妨碍其所享有的知名商品的特有包装、装潢的权益受到反不正当竞争法的保护。②

此外,对于产品装潢取得外观设计专利权是否可以排除其构成"擅自使用与他人有一定影响的商品名称、包装、装潢等相同或者近似的标识"的可能性问题,最高人民法院认为,由于外观设计专利权的审查授权过程并无须实质审查,因此涉案产品获得外观设计专利权并不足以否定其与他人商品装潢的近似性,而且外观设计专利权也不足以否定不正当竞争的可能性。③

---

① 河北衡水老白干酒业股份有限公司诉衡水甘陵酒业有限公司擅自使用知名商品特有名称、包装、装潢纠纷案,河北省衡水市中级人民法院民事判决书,(2009)衡民三初字第43号。

② 维布络安舍(广东)日用品有限公司诉佛山市雅洁丽化妆品有限公司、徐闻县万家惠商贸有限公司擅自使用知名商品特有名称、包装、装潢纠纷案,广东省佛山市中级人民法院民事判决书,(2015)佛中法知民终字第73号。

③ 最高人民法院民事判决书,(2014)民提字第61号。

(2)商标法与反不正当竞争法的重叠保护

同一行为既侵犯商标权又违反《反不正当竞争法》是司法实践中常见的情况。权利人对商标权的专有权并不意味着对反不正当竞争法的排除,在拥有商标权的情形下,如果权利人对商标使用不当,同样可能需要承担不正当竞争的法律责任。如在"清华"商标权纠纷案中,法院认为"清华"既属于原告名称的简称,也属于其驰名商标,原告自身及其驰名商标的知名度也及于"清华"二字,因此应当认定"清华"为原告享有的知名服务特有名称,并对此享有相应的权利。被告的行为同时侵犯了原告的注册商标专用权、知名服务的特有名称权并造成了公众的混淆误认,构成虚假宣传。① 该案肯定了同一标识可以同时构成商标与知名服务特有名称权,属于商标法与反不正当竞争法对同一符号的重叠保护。

与之类似,在"上海玄霆娱乐信息科技有限公司诉北京畅游时代数码技术有限公司商标权、不正当竞争纠纷案"中,法院认为畅游时代数码技术有限公司在宣传推广其"风云无双"网络游戏商品的经营活动中,在"搜狗搜索"网站上设置关键词为"凡人修仙传"的推广链接的行为,既构成商标侵权,同时也构成不正当竞争。在本案中,法院还阐释了侵权竞合的案件处理原则:一般情况下法院会要求权利人明确选择优先适用的法律依据,本案中原告已经明确了优先适用的是商标法律关系,且侵权行为已在原审法院处理后停止,原告也得到了相应赔偿,因此就不再对不正当竞争行为再做处理。② 该案的意义在于通过二审法院的阐释进一步明确了反不正当竞争法与商标法因同一标志触动的事实,也再次证明了实践中两种法律对同一符号或符号组合进行重叠保护的认可。

类似案件如"开平市长沙周六福珠宝店、香港周六福珠宝国际集团有限公司侵害商标权纠纷案"等,法院认定侵权行为同时侵犯了商标专用权并构成反不正当竞争行为,并在赔偿数额计算时采取了合并计算

---

① 江苏省南京市中级人民法院执行裁定书,(2014)宁知民初字第224号。

② 上海知识产权法院民事判决书,(2015)沪知民终字第522号。

的方式。[①] 同样涉及赔偿问题,在支持商业秘密及著作权的双重保护的案例中,法院也采取了合并补偿的思路,即认为如果原告已经在侵犯商业秘密纠纷中获得足额赔偿,就不应再次获得赔偿。[②] 与此同时,最高人民法院还认可了在商标许可使用期间形成的特有包装装潢权益的可能性:“许可使用期间形成的特有包装装潢,既与被许可商标的使用存在密切联系,又具备反不正当竞争法令下的独立权益,具有外溢于商标权之外的商誉特征。”[③]再次强调了同样在商业标识领域中,反不正当竞争法所保护法益的独立性。

(3)著作权法与反不正当竞争法的重叠保护

构成著作权侵权的同时也构成不正当竞争在重叠保护的案件类型中较为常见。在“百度糯米信息技术有限公司诉汉涛信息咨询有限公司”不正当竞争纠纷系列案件中,法院认为,同一行为可能侵害不同权利内涵之法益,只要主张救济的法益类型不同,就有权以不同法律规范作为依据形成多个诉因,并不会导致过度和重复的保护。[④] 在我国首例“涉微信表情”和“微信红包”著作权及不正当竞争案中,法院认为著作权法是对作品创作和传播中产生的专有权利的保护,而反不正当竞争法是对经营中产生的竞争利益的保护,二者保护的利益并不重合,可以同时适用。肯定了应用软件页面既可受著作权法保护也可作为有一定影响的装潢受反不正当竞争法保护。[⑤]

---

① 广东省江门市中级人民法院二审民事判决书,(2018)粤07民终2196号。

② 杭州华祥电子科技有限公司诉杭州罗盘科技有限公司著作权权属纠纷、侵权纠纷案,浙江省杭州市滨江区人民法院民事判决书,(2011)杭滨知初字第3号。

③ 最高人民法院民事判决书,(2015)民三终字第2号。

④ 上海市徐汇区人民法院民事判决书,(2015)徐民三(知)初字第18~22号。

⑤ 腾讯科技(深圳)有限公司、深圳市腾讯计算机系统有限公司诉被告北京青曙网络科技有限公司侵害美术作品信息网络传播权、不正当竞争纠纷案。法院认为当事人将“微信红包”相关页面作为相关服务的整体形象,其中的文字、图案、色彩及其排列组合,具有美化服务的作用,应当属于装潢。上述页面通过大量使用,已经能够起到识别服务来源的作用,构成“有一定影响的装潢”,可以在著作权法之外同时寻求反不正当竞争法的保护。侵权人将当事人的相关页面设计进行复制后稍加修改即用于自己的软件,不正当地利用他人的劳动成果攫取竞争优势,不仅会导致相关公众的混淆误认,同时也损害了正常的市场竞争秩序,构成不正当竞争。北京互联网法院民事判决书,(2019)京0491民初1957号。

可见,不仅同一标识能够成为知识产权法与反不正当竞争法重叠保护的对象,在反不正当竞争法的多种类型化行为中也可以重复叠加。一些裁判中明确允许这种重叠保护存在的正当性:知识产权客体与载体的可分离性决定了同一载体上可能会承载一项以上的权利,相应地,同一行为也可能同时侵犯不同权利。因此,绝对不能将同一载体上对不同权利的保护等同于对同一权利的重复保护。① 对于类似案件的赔偿问题,法院认为同一标识可以同时构成商标与知名商品特有装潢,侵权行为可能同时侵犯权利人的关于商标及装潢的两项权利,但在赔偿金额方面应避免重复计算。②

简言之,在反不正当竞争法与专利法、商标法和著作权法重叠保护的情形中,只要涉案符号具备了被反不正当竞争法所认可的独立法益价值,那么,享有专有权利并不构成排除反不正当竞争法保护的理由。

2. 以利益之间存在包含关系为由反对知识产权与反不正当竞争法的重叠适用

在反对知识产权部门法与反不正当竞争法进行重叠适用的司法实践中,包括两种不同的类型,分别涉及商业标识领域和其他知识产权部门法领域中拒绝反不正当竞争法与知识产权法重叠适用的情形。在这两种类型中,法院拒绝重叠保护的理由也存在一定差异。

在商业标识领域,重叠保护问题主要体现为商标法与反不正当竞争法之间的重叠。在一些重叠保护的情形下,法院认为商标与反不正当竞争法之间存在适用排除的关系,商标法所提供的保护已经能够涵盖反不正当竞争法所保护的法益,反不正当竞争法继续保护有重复保护之嫌。如最高人民法院在"河北英泽隆酒业有限公司与芝华士兄弟

---

① 电子媒介亚洲有限公司(EMEDIA ASIA LTD.)诉全球制造商系统有限公司侵犯著作权及不正当竞争纠纷案,北京市第一中级人民法院民事判决书,(2008)一中民初字第7260号。

② 广州戴梦得皮件有限公司、广州市白云区明大皮具厂、深圳茂业百货有限公司与路易威登马利蒂侵害商标权纠纷二审裁判。法院认为,知识产权作为一种特殊的权利,仿冒者在进行仿冒时往往会同时构成假冒他人的注册商标以及擅自使用他人知名商品特有装潢的不正当竞争行为,即同时侵犯了权利人的关于商标及装潢的两项权利。在侵权事实成立时,赔偿金额方面应考虑避免重复赔偿。广东省深圳市中级人民法院民事判决书,(2015)深中法知民终字第1574号。

有限公司不正当竞争纠纷再审案”中指出，反不正当竞争法所规定的“知名商品特有包装、装潢”，实质目的也是保护特定标识的识别作用，如果涉案标识已经被注册为商标并能通过商标法进行保护，反不正当竞争法对同一标识的保护会构成重复保护，是没有必要的。① 类似案例如“贵州老掌柜与贵州茅台商标权纠纷案”、②“NOK 株式会社与宁波无边橡塑商标纠纷案”、③“泊美诉美即商标权及不正当竞争纠纷案”、④“美雀公司诉麻雀公司商标权、不正当竞争纠纷案”⑤、“约登公司与罗斯柴尔德防护涂料公司不正当竞争纠纷案”以及⑥“老矿长制鞋厂与苏保康公司等商标权纠纷案”⑦等。

在这些案件中，法院基本上根据同一审理思路，即认为商标法已经提供过保护，保护范围已经涵盖了反不正当竞争法所提供的保护范围，因此，后者无须继续提供重复保护。如在“广州星河湾与天津市宏兴房地产商标权及不正当竞争纠纷案”中，法院明确指出：一方面，由于该知名商品名称和商标文字部分完全相同，事实上该知名商品名称获得的商誉可以通过该商标承载的商誉整体体现出来，难以在商标权之外再独立构成知名商品的特有名称民事权益；另一方面，由于商标法作为知

---

① 最高人民法院认为，本案中原告主张的包装、装潢实际上是由注册商标组合而成的，通过商标法完全可以实现保护的目的，无须再适用反不正当竞争法。最高人民法院再审裁定书，(2017)最高法民申 4616 号。

② 法院认为，纸盒正面的外包装已经通过商标权得到了保护，如果再次主张不正当竞争的保护有重复保护之嫌。参见广东省深圳市中级人民法院民事判决书，(2018)粤 03 民终 21434 号。同样审理思路的案件还包括在“上海某实业有限公司与上海某商务服务有限公司、刘某某侵犯商标专用权纠纷、不正当竞争纠纷案”中，法院认为被告某公司实施的域名注册行为和在字号中使用原告商标的侵权行为以及对原告所造成的损害通过已认定的不正当竞争行为得到了保护，故对原告的重复诉求不予重复保护。上海市卢湾区人民法院民事判决书，(2010)卢民三(知)初字第 146 号。

③ 法院认为，被告某公司实施的域名注册行为对原告所造成的损害通过已认定的不正当竞争行为得到了保护，故对原告认为被告某公司同时构成商标侵权的行为，不予重复保护。浙江省高级人民法院民事判决书，(2008)浙民三终字第 88 号。

④ 广东省广州市中级人民法院民事判决书，(2012)穗中法民三终字第 245 号。

⑤ 黑龙江省高级人民法院民事判决书，(2017)黑民终 291 号。

⑥ 湖北省高级人民法院民事判决书，(2017)鄂民终 3182 号。

⑦ 赵某某、青县老矿长制鞋厂等诉苏州苏保康劳保用品有限公司等侵害商标权纠纷案，天津市和平区人民法院民事判决书，(2019)津 0101 民初 310 号。

识产权专门法已经保护该领域，反不正当竞争法一般不再给予其重叠保护。[①]

近年来，越来越多的裁判选择了以类似思路拒绝权利人重叠保护的诉求。如在以“重复保护”为关键词进行判决书全书搜索，所获得的17例涉及反不正当竞争法与知识产权法重叠保护的案例中，绝大多数都否定了重复保护的诉讼请求。如在“温州三辰公司与新一佳公司、雅之倩公司的著作权、商标权与不正当竞争纠纷案”中，法院认为“已可以适用著作权法或商标法予以保护的法益，就没有必要再适用反不正当竞争法一般条款予以重复保护”[②]。在这种指导思想下，在一些案件中，二审法院还对一审裁判没有区分侵权行为的性质究竟属于侵犯商标权行为还是不正当竞争行为，予以重复保护的法律适用错误进行了纠正。[③]

此外，如果遇到权利人同时主张知名商品的特有名称、包装和装潢和未注册驰名商标的情形，最高人民法院的态度是“一般采取择一保护”的方式。典型案例如在“江口醇酒业诉佳冠酒业案”中，法院认为知名商品的特有名称、包装和装潢均在一定程度上起到标识产品来源的作用，属于未注册商标。对权利主张人主张多重保护的，择一保护即可。[④]

总的来看，在商业标识领域，对于标识已经获得商标权保护又请求反不正当竞争法进行保护的情况，法院会认为注册商标所代表的法益已经获得了商标权的保护，就没有必要再次通过反不正当竞争法予以重复保护，否则将与反不正当竞争法的立法宗旨相悖，而且对侵权人也

① 最高人民法院民事判决书，(2013)民提字第1号；最高人民法院民事判决书，(2013)民提字第102号与之作为系列案件，都有类似观点，审判人员相同。

② 温州三辰蓝猫鞋业有限公司诉湖南省新一佳商业投资有限公司、长沙雅之倩百货商贸有限公司侵犯著作财产权纠纷、侵犯商标专用权纠纷和不正当竞争纠纷案，湖南省长沙市中级人民法院民事判决书，(2009)长中民三初字第0065号。

③ 宜昌华祥商业管理有限公司诉海宁中国皮革城股份有限公司侵害商标权纠纷案，湖北省高级人民法院民事判决书，(2017)鄂民终57号。

④ 四川江口醇酒业(集团)有限公司诉泸州佳冠酒业有限公司、林锦泉不正当竞争及侵犯商标专用权纠纷上诉案，广东省高级人民法院民事判决书，(2007)粤高法民三终字第318号；最高人民法院民事判决书，(2013)民提字第3号。

会造成不公。但在一些情况下,如果知识产权部门法无法提供全面保护,则反不正当竞争法可以提供一定的补充保护。如在"景田公司与百岁山公司擅自使用知名商品特有名称、包装、装潢纠纷案"中,二审法院指出,原审法院基于同一侵权事实支持了景田公司关于知名商品的包装、装潢权利的救济请求,属于反不正当竞争法对权利人在商标法无法提供保护的范围内予以补充性保护的体现,与原审法院不予支持景田公司有关知名商品特有名称权的主张并不矛盾。反不正当竞争法可以在商标法无法提供保护的范围内进行补充性保护。[①] 在前述支持商标法与反不正当竞争法重叠保护的情形中,亦是以权利对象具有超出商标权的"外溢"价值为依据的。

简言之,反对重叠保护的裁判观点认为,反不正当竞争法只在商标法无法提供保护的范围内提供补充保护,如果商标法能够将反不正当竞争法所保护的法益涵盖,则无须反不正当竞争法重叠提供保护。

对于商标法得以排除反不正当竞争法适用的依据,有的裁判认为二者之间属于特别法与一般法的关系,在适用特别法的情况下可以排除一般法的适用。[②] 还有的裁判依据是政府部门的行政规章。如在一起涉及权利人同时主张知名商品特有名称与商标权重叠保护的案例中,法院的观点为依照国家工商行政管理局(已撤销)的《关于禁止仿冒知名商品特有的名称、包装、装潢的不正当竞争行为的若干规定》第3条第3款,[③]知名商品特有名称与注册商标权不能重复保护,但认可

---

① 深圳市景田食品饮料有限公司、深圳市百岁山食品饮料有限公司擅自使用知名商品特有名称、包装、装潢纠纷案。二审法院指出,原审法院基于同一侵权事实支持了景田公司关于知名商品的包装、装潢权利的救济请求,属于反不正当竞争法对权利人在商标法无法提供保护的范围内予以补充性保护的体现,与原审法院不予支持景田公司有关知名商品特有名称权的主张并不矛盾。广东省高级人民法院民事判决书,(2016)粤民终699号。

② 福建柒牌时装科技股份有限公司与申喜龙、上海寻梦信息技术有限公司侵害商标权纠纷案。法院认为,商标法与反不正当竞争法是特别法与一般法的关系,在被控侵权行为被认定为侵害商标权的情形下,一般不再适用反不正当竞争法的规定。广东省广州市黄埔区人民法院民事判决书,(2019)粤0112民初2808号。

③ 《关于禁止仿冒知名商品特有的名称、包装、装潢的不正当竞争行为的若干规定》第3条第3款规定:"本规定所称知名商品特有的名称,是指知名商品独有的与通用名称有显著区别的商品名称。但该名称已经作为商标注册的除外。"

商标权与知名商品特有装潢可同时予以保护,前提是包装、装潢属于知名商品特有的包装、装潢的即可。①

在除商标之外的其他知识产权部门法领域,排除反不正当竞争法适用的理由主要是适用知识产权部门法就可以实现评价侵权行为并弥补损失的效果,反不正当竞争法无须再重复保护。如在“北京全景著作权纠纷案”中,法院认为在适用著作权法可以评价全景公司的侵权行为,并可救济原告因侵权行为遭受损失的情况下,不应再适用反不正当竞争法予以重复保护。② 这种观点与商业标识领域中认为商标权的保护范围能够涵盖反不正当竞争法所保护的法益有所区别,原因在于无论是著作权还是专利权,在大多数情况下都有自己保护的独立法益,而商标权与反不正当竞争法所共同指向的商誉具有同源性,在法益的同质性方面也更容易被法官视为利益之间存在包含关系,进而排除重叠保护。

3. 避免过度救济的司法探索

出于避免重复保护的司法自觉,在司法实践中对于知识产权法与反不正当竞争法重叠保护可能带来的过度救济进行了一定程度的探索,并在赔偿额的计算方式和反不正当竞争法接续保护的特殊条件等方面形成了一些特定的司法规则。

(1)避免形成重复救济的赔偿额计算方式

在支持知识产权部门法与反不正当竞争法重叠保护的裁判观点中,法院对二者重叠保护的支持并不意味着赔偿数额的重叠计算。一

---

① 在“郫县隆福泉水加工厂、四川蓝剑蓥华山天然矿泉水有限公司仿冒纠纷案”中,法院认为“冰川时代”自2005年即被蓝剑矿泉水公司注册为注册商标,故“冰川时代”不能再作为知名商品特有的名称予以保护。但与此同时认定了“冰川时代”桶装矿泉水的蓝剑矿泉水公司对此享有的相应权益受到法律保护。四川省德阳市中级人民法院民事判决书,(2016)川06民初38号;四川省高级人民法院民事判决书,(2018)川民终337号。

② 北京知识产权法院民事判决书,(2018)京73民终1472号。(此案还明确了反不正当竞争法类型化条款不能与原则性条款同时应用,否则会导致《反不正当竞争法》中规定的11种不正当竞争行为不存在明确的适用界限,使法律的适用缺乏确定性及可预见性,并可能最终导致上述规定被架空。不正当竞争行为需要达到一定程度才可以由反不正当竞争法规制等法律适用规则。)

些案件中，法院虽认定侵权行为既侵犯了商标专用权，又构成了反不正当竞争法中的不正当竞争行为，但在赔偿数额的认定上，却并未采用叠加重复的方式进行计算。典型案例如在“剑南春诉宝松利商标及不正当竞争纠纷案”中，虽然法院同时认定被告行为构成不正当竞争和商标侵权行为，但在赔偿问题中法院认为不正当竞争行为和商标侵权行为具有连续性，侵权行为的表现载体和形式具有同一性，赔偿数额方面可一并判决，不再区分商标侵权赔偿和不正当竞争赔偿数额。①

与这种赔偿计算方式的思路相一致的是，反对反不正当竞争法与其他权利重叠保护的理由也主要是从利益补偿角度出发的，认为在部门法已经能够实现侵权评价和利益补偿的情况下，无须反不正当竞争法提供重复保护，避免过度激励。可见，在避免重复救济的视角下，无论是否支持重叠保护，裁判者的出发点都是相同的。但为了实现这一目标，不同裁判所选择的路径有所区别：一种是直接将反不正当竞争法保护的法益包含在商标法益之内，通过商标法的适用排除反不正当竞争法的适用；另一种则是在认定侵权行为既构成侵犯商标权，又构成违反反不正当竞争法的同时，采用侵权竞合方式，要求当事人主动选择进行裁判的主要依据。② 在后一种情况下，一般而言，法院在处理知识产权权利与反不正当竞争法的共同请求时，原则上仍会先考虑权利人的主张的事实是否属于同一行为，如果属于同一行为，再考虑权利人选择的单一法律是否足以涵盖被告的侵权行为及侵权后果，抑或该行为是否给权利人的合法权益造成多种损害从而需要通过多种法律予以重叠保护。这一过程实际上既是法院在不断厘清知识产权法与不正当竞争

---

① 四川绵竹剑南春酒厂有限公司诉深圳市宝松利实业有限公司、四川省绵竹绵窖酒厂侵犯商标专用权及不正当竞争纠纷上诉案。法院还指出，在停止侵权方面，因原告“绵竹大曲”商业标识已取得商标权保护，本案中被告只需停止对原告注册商标权的侵犯即可达到原告要求被告停止侵权的目的。湖南省高级人民法院民事判决书，(2010)湘高法民三终字第11号。

② 江苏省高级人民法院《关于知识产权侵权损害赔偿适用定额赔偿办法若干问题的指导意见》亦颇有此倾向，该意见第16条规定：“在权利发生竞合时，原告以其多项权利受到侵害提起诉讼，经审判人员释明后，以其选择的一项权利作为计算单位确定赔偿数额；原告不作出选择的，以对其最为有利的一项权利作为计算单位确定赔偿数额。”

法所调整的法益之间的边界与区别的过程,也是从避免重复救济的角度出发,对于损害和救济进行权衡的过程。

对于赔偿额的计算方式,也存在以下几种不同类型。

第一种类型是对反不正当竞争法与其他权利的损失进行合并计算,并不进行区分。大多数法院都倾向于对原告多个关联侵权行为所造成的损害后果不加区分,并在判赔数额上进行合并认定。从对裁判文书的整理可知,采取合并计算的方式产生的实践原因包括:原告在起诉时并未要求对赔偿请求进行区分、被告的多个关联行为具有共同目的、行为所造成的损害后果实质上相同、区分存在困难等。如在"深圳尚米与上海玄霆商标权纠纷案"中,法院认为损害赔偿的数额应以原告遭受的损失作为计算基础,在同一被控行为同时违反两个或两个以上的法律规定时,因其给原告造成的损失只有一份,故损害赔偿数额并不因此而增加。①

第二种类型是对因知识产权侵权和不正当竞争造成的损害及赔偿进行明确区分。这种情况较少,如在一例商标侵权和反不正当竞争案件中,法院认定侵权行为构成商标侵权及不正当竞争,但最终分别酌定被告因两种不同的侵权行为分别对原告进行了赔偿。但在判赔数额部分没有分别予以详细论述,合计赔偿金额为25万元。②

第三种类型较为特殊,是法院在赔偿额计算中虽然没有对因知识产权及不正当竞争行为造成的损害分别予以认定,但是其明确将被告对知识产权的侵权行为作为计算损害赔偿数额的基础,而是将被告的不正当竞争行为作为赔偿额计算的重要参考因素。③ 如在"商务印书馆诉华语教学出版社商标权及不正当竞争纠纷案"中,在明确可计算被告因商标侵权行为的获利数额的情况下,北京知识产权法院所确定的惩

---

① 上海知识产权法院民事判决书,(2017)沪73民终143号。

② 上海双鹿上菱企业集团电器有限公司诉上海上菱西诺机器有限公司、宁波英格尔电器有限公司侵害商标权及不正当竞争纠纷案,浙江省宁波市中级人民法院民事判决书,(2016)浙02民初1035号。

③ 徐聪颖:《论侵害商标权及不正当竞争案件中的损害混同与聚合》,载《河北法学》2019年第9期。

罚性赔偿数额已经超过了原告诉求的赔偿数额："本院在前述计算的侵权获利的基础上考虑华语教学出版社涉案侵权行为的主观恶意，综合确定的1.5倍赔偿数额已经超出了商务印书馆300万元赔偿数额的诉讼请求，本院对商务印书馆300万元赔偿数额的诉讼请求予以全额支持。"因此对诉求数额给予了全额支持。该案中，被告利用知名商品装潢的不正当竞争行为构成了对其进行惩罚性赔偿的重要考量要素。①

在综合考察后能够发现，由于受损利益的一致性，将基于知识产权受损的利益和基于反不正当竞争法受损的利益进行分别考察和计算具有一定难度。第一类合并计算赔偿额的方式能够有效防止因重叠保护带来的过度救济，也是实践中较为常见的做法，与司法实践中对于知识产权部门法与反不正当竞争法重叠保护的司法态度是一致的。

（2）采用反不正当竞争法进行接续保护需满足特定条件

实际上，对于反不正当竞争法对知识产权法已经提供过保护的权利对象能否进行接续保护的问题，我国司法实践曾针对一些特殊权利对象进行过规定。如对于外观设计终止后能否继续用反不正当竞争法进行接续保护，最高人民法院认为，获得外观设计权的商品外观，在专利权终止后还可以依据反不正当竞争法进行保护，但应当满足一些特殊条件。包括：①使用该设计的商品必须构成知名商品。②该设计已经实际具有区别商品来源的作用，从而可以作为知名商品的特有包装或者装潢。③该设计不属于由商品自身的性质所决定的设计，也不属于为实现某种技术效果所必需的设计，或者使商品具有实质性价值的设计。④他人对该设计的使用会导致相关公众的混淆或误认。从以上条件可知，认可外观设计与反不正当竞争法接续重叠保护的基础，是该图案或设计"已经实际具有区别商品来源的作用，可以作为知名商品的特有包装或者装潢"。在这种情况下，接续地受到反不正当竞争法保护

---

① 原告商务印书馆有限公司诉被告华语教学出版社有限责任公司侵犯商标权及不正当竞争纠纷案，法院认为"鉴于华语教学出版社在《新华字典》（第11版）中使用了与商务印书馆知名商品特有装潢相近似的装潢，造成了相关公众的混淆、误认，其具有一定的主观恶意"。北京知识产权法院民事判决书，（2016）京73民初277号。

的对象已经不是“设计”,而是“知名商品的特有包装或者装潢”。从受到专利法保护的外观设计到终止后用反不正当竞争法保护的“前外观设计”,此时受到反不正当竞争法保护的符号性质已经发生了变化,反不正当竞争法所保护的也不再是外观设计所要保护的“与产品结合的美感价值”。如果从这一角度观察,反不正当竞争法并未对失效外观设计进行保护,其提供保护的对象仍然是其类型化法益中的“知名商品特有包装或装潢”,只不过这一法益的前身是“外观设计”。

可见,与同时重叠保护的情形中支持反不正当竞争法与其他权利重叠保护的要求一致,在接续重叠保护的情形中,无论权利前身类型如何,反不正当竞争法提供后续保护的条件都具有一致性,即该符号具有反不正当竞争法所保护的特定法益,这种法益的价值无论在同时还是接续的情况下,都独立于平行存在或在先存在的其他权利。就这一意义而言,反不正当竞争法所保护的一直是其特定的法益类型,并未延续原有权利的保护时间,不属于真正意义上的“重叠保护”。此外,虽然在外观设计专利权终止后,反不正当竞争法仍然可以在满足法定条件的前提下继续给予接续重叠保护,但专利权终止的法律事实至少使社会公众收到了该设计可能已经进入公有领域的信号,因而主张该设计受到知名商品特有包装装潢保护的权利人,应提供更加充分的证据来证明有关设计仍受到法律保护。①

通过对案例和裁判理由的整理能够发现,与重叠保护相关的案件广泛存在于知识产权法与反不正当竞争法的共同司法实践中,但由于理论共识和类型化整理的缺失,导致与之相关的裁判分歧只能通过个案裁判的方式体现出来,不仅未形成裁判分歧之间的有效对话,而且由于知识产权法与反不正当竞争法之间重叠适用规则的缺位,导致了目前两部法律适用边界的模糊,并在一定程度上加剧了反不正当竞争法的适用扩张。这样的司法现状也促使对该问题进行理论反思成为必

① 《最高人民法院年度报告(2010)》,载王松主编:《最高人民法院司法观点集成(知识产权卷)》,中国法制出版社2017年版,第836页。此观点实质上是将失效的外观设计作为知名商品装潢,其是否会导致反不正当竞争法过度适用值得商榷。

要。在理论研究中，需要厘清两类法律调整范式和调整对象之间的区别，构建反不正当竞争法与知识产权法共同适用的具体规则。在司法实践中，则需要对现有的裁判价值与裁判思路进行改进，以保证知识产权法与反不正当竞争法能够在维持自身体系性的前提下实现对符号市场利益的协调配置。

三、知识产权重叠保护的国际司法现状

随着知识产权法扩展的历程，国际立法中对知识产权重叠保护问题的态度也经历了"从拒绝到承认"的发展历程。[①] 如美国版权局曾经的实际做法是，获取专利权的外观设计或申请中的图画或照片在授予专利后不能得到版权注册。这其实是美国版权局在让外观设计的作者进行法律保护的选择。[②] 但法院现已允许这种保护。总的来看，各国立法与司法实践中并未明确禁止知识产权重叠保护。不仅如此，在一些国家和地区的立法与司法实践中，还会为重叠保护提供制度上的支持。如根据欧盟的设计和商标注册的规定，许多企业可以就同一对象同时申请外观设计和商标，并获得重叠保护。

目前，在国外的立法与司法实践中，对于知识产权重叠保护问题也存在不同观点。

一方面，有的学者针对重叠保护问题提出了担忧，认为该问题会对知识产权法律体系造成破坏。有的国家立法对重叠保护问题进行了一些限制性的规定。如英国法规定，如果一个艺术作品获得授权制作成工业品或销售这样的产品，保护期就从著作权法所保护的作者终身加死后 70 年缩短至 25 年，[③]荷兰最高法院也对商标法寻求与著作权法重

① 梁志文：《论知识产权规范竞合及其解决路径——兼评最高人民法院的一则解释》，载《法商研究》2006 年第 2 期。

② See 37C. F. R. 202,10(A)(1991).

③ 保护年限从该艺术作品被制作成工业品首次销售的年度结束起计算的工业版权保护，此后就不能禁止他人制作这样的产品。英国 1988 年《版权、外观设计和专利法》第 52 条，Copyright,Designsand PatentsAct,1988,c.3, §52(U.K.)。

叠保护的情形进行了特殊限制。[①] 美国也在一些具体案例中拒绝了权利人主张重叠保护的请求。[②]

另一方面，一些国家和地区的立法并不排斥重叠保护现象的产生，甚至是持支持或默许的态度。如欧盟对于商标与外观设计重叠的主要态度为：如某一对象既符合设计的新颖性、独创性等注册要件，同时在商标上也具有识别性，那么立法并不排斥同一对象同时取得两者的重叠保护。常见的表现是法律同意就产品的立体形状先申请欧盟注册设计，然后再提出欧盟商标申请，因此许多标志符号同时申请 RCD 与 CTM。一般认为，若符合设计的新颖性、独创性等注册要件，并在商标上具有识别性，取得两者权利的接续保护并无不可。

针对重叠保护采用类似态度的国家还包括德国。同许多欧洲国家一样，德国在专利法与著作权法之外，用外观设计法保护外观设计，因此在德国法中，"商标可以作为或成为新式样，新式样也可作为或成为商标，但必须各自符合商标与新式样保护法的法定要件，方能重复享有二者之保护"。[③] 简言之，只要履行了法律要求的登记手续，即符合商标和外观设计法相应要求的符号或符号组合，就能进行重叠保护。

美国商标与设计专利产生重叠主要体现在商业外观（trade dress）之上。随着美国商标保护的发展，商业外观的意义已涵盖产品之设计、外貌以及任何足以对消费者呈现其视觉印象的产品或服务。在美国，由于设计专利的有效期限仅为 15 年，若该设计所实施的产品使用已经获得识别性，申请人可以通过商标来延长保护，进而可能得到无限期的商业外观保护，利用设计专利与商业外观取得权利重叠保护是申请人

---

① 荷兰最高法院在"宝马案"中认为，当存在著作权法和商标法双重保护之情形，商标权人寻求商标法之外的著作权法保护必须要有特别的利益或理由。参见 BMWv. Blok, HR6February, 1998, IER1998, at104。

② See Viva R. Moffat, *Mutant Copyrights and Backdoor Pantents*: *The Problem of Overlapping Intellectual Property Protection*, Berkeley Technology Law Journal, Vol. 19, p. 1522 (2004); Dastar Corp. v. Twentieth Century Fox Flim Corp, 539U. S. 23 (2003).

③ 刘孔中：《著名标章及相关表征保护之研究》，台北，联经出版事业股份有限公司 2002 年版，第 45 页。

广泛适用的申请策略(如著名的可口可乐商标)。美国商业外观必须可以辨识与区别其商品及服务标识以指示商品来源,某些类别的商业外观,比如包装与服务标章,其可能具有先天识别性而取得美国商标保护,但对于产品设计的商业外观,申请人必须提出后天识别性的证明,例如,提出广泛使用,或者推广的证明方可以取得美国商标保护。如果一个商品的特征,仅仅具备装饰性以及美感,但无法辨识商品来源,则并不能取得美国商标保护。有学者认为,如果该商品已经符合设计与商标的保护要件,而且在并未造成竞争市场的明显阻碍的情况下仍应该合理地给予两项权利双重保护的空间。①

总的来看,各国立法与司法中并未明确禁止知识产权重叠保护。不仅如此,在一些国家和地区的立法与司法实践中,还会为重叠保护提供制度上的支持。但在某些具体领域会对重叠保护问题进行限制,但对于重叠保护问题,各国司法实践中并未得出统一的结论。

第二节　知识产权重叠保护的问题表征

实践中对重叠保护问题的司法分歧所体现的,既有理论研究中研究不足的缺陷,也有司法审判中标准缺失态度纠结的现状。简言之,本书认为目前对于重叠保护问题的争议焦点可以总结为:知识产权重叠保护是什么,应当如何界定;对重叠保护应当采取怎样的法律态度;如何评价以及应该如何协调处理重叠保护带来的符号利益分配问题三个方面。与之相对应,模糊的法律界定问题、缺席的理论共识与纠结的法律态度构成了重叠保护问题在目前理论研究和司法实践中的问题表征。

---

① 叶哲维:《由欧盟与美国之案例探讨设计与商标的累积保护与竞合》,载《智慧财产权月刊》2016 年第 213 卷。

一、模糊的法律界定

概念是辨识社会现象最为基础的工具,也是解决法律问题最为基础的工具。[①] 缺乏共识的界定与分类、碎片化的研究现状导致了重叠保护法律界定模糊的情况。与其他已经有确切定义的问题不同,"知识产权重叠保护"并非一个具有研究共识的问题。无论是在知识产权理论体系中,还是在民事权利的理论体系中,都难觅对这一问题的系统界定。"名不正则言不顺",对重叠保护问题的模糊界定在一定程度上直接导致了实践中对重叠保护问题处理标准缺失和法律态度摇摆与纠结。

首先,既有研究中对知识产权重叠保护问题存在标准不一的多样化界定。在既有的研究中,知识产权的重叠保护在不同角度上被定义。仅从概念名称角度,用来指代重叠保护的术语就包括:"知识产权双重(多重)保护"[②]、"知识产品重叠保护"(overlapping intellectual property)、[③]"权利并存"(concurrence of right)、[④]"知识产权法律交叉"(interface of intellectual property law)[⑤]等。对于"重叠保护"内涵的界定,被不同学者描述为以下情形:知识产权重叠,也称为重叠知识产权(intellectual property rights)或(权利)累积,是指两个或两个以上的知识产权在同一对象上存在的情况。重叠可能是由于两种或两种以上不同类型的成果或是两种或两种以上的知识产权保护单一类型的

---

① [美]E. 博登海默:《法理学:法律哲学与法律方法》,邓正来译,中国政法大学出版社1999年版,第486~487页。

② 郑成思:《知识产权论》,法律出版社1998年版,第361页。

③ See Viva R. Moffat, *Mutant Copyrights and Backdoor Patents: The Problem of Overlapping Intellectual Property Protection*, Berkeley Technology Law Journal, Vol. 18, p. 1474(2004).

④ See Willem Grosheide, *Concurrence of Trademark and Copyright Standards: Some Thoughts-Developmentsin Dutch Lawwith Reference to American Law*, Ford ham Conferenceon Intern. Intell. Prop. Law & Policy, 1999.

⑤ See Kevin E. Mohr, *At the Interface of Patentand Trademark Law: Shoulda Product Configuration Disclosedina Utility Patent Ever Qualify for Trade Dress Protection?* Hastings Law Journal, Vol. 19, p. 339(1997).

成果的结果。[①] “同一智力成果或商业标识上的两项或两项以上的知识产权属于同一权利人的情况。”[②]“知识产权中不同权利在同一对象上的重合。”[③]“一种可能适用于共同主客体的不止一种知识产权的情况。”[④]“同一主题或对象的多个知识产权的累积。”[⑤]

这些概念直观地描述了不同种类的权利类型叠加在同一对象之上的情形。综合以上界定能够发现,既有研究中对重叠保护的界定大致是从两种不同角度进行的。一些学者是从权利状态的角度出发,认为重叠保护是“权利的聚合”“权利的并存”“知识产权中不同权利在同一对象上的重合”。另一些学者是从法律规范相互之间的关系出发,认为重叠保护是“法律交叉”。事实上,法律规范的交叉重叠与权利的重叠并非一回事,不同法律规范的重叠也并不意味着权利内容之间的重叠,但由于对重叠保护的概念界定模糊且缺乏有说服力的通说,导致许多关于重叠保护的研究所指向的问题内涵并不相同,自然也就不可能形成有效的理论对话,更无法形成对实践的有效指引。

法律体系的基本单位是法律概念。如果我们试图完全否弃概念,那么整个法律大厦将化为灰烬。[⑥] 虽然新的问题总是层出不穷,但体系会将价值观储存在概念之中,裁判者通过查找相关概念在体系中的定位,就能够发现案件事实对应的法律规则,既不必重复论证概念合理性,也不必盲目地从头再来。[⑦] 因此,达成共识的概念界定是进行理论对话的前提。模糊不清的概念不仅于体系化无益,而且无法指引裁判者在体系中寻找对应的规则。可以说,目前司法中的分歧与理论研究

---

① See R. Tomkovicz, *Intellectual Property Overlaps, Theory, Strategies and Solutions*, Routledge, 2012, pfrefacep:1.

② 姜丹明:《知识产权损害赔偿》,人民法院出版社2000年版,第110页。

③ 冯晓青:《论知识产权权利重叠、权利冲突及其解决》,载郑胜利主编:《北大知识产权评论(第1卷)》,法律出版社2002年版,第111~129页。

④ Nilkof & S. Basheer, *Overlapping Intellectual Property Rights*, OUP, 2012, p. Lv.

⑤ Estelle Derclaye & Matthias Leistner, *Intellectual Property Overlaps: A European Perspective*, Hart Publishing, 2011, p. 1.

⑥ [美]E. 博登海默:《法理学:法律哲学与法律方法》,邓正来译,中国政法大学出版社1999年版,第486~487页。

⑦ 李琛:《从知识产权司法需求论我国民法典的编纂》,载《法律适用》2016年第12期。

中对“重叠保护”这一概念的模糊界定不无关系。

其次,多样化的分类标准导致了研究碎片化。与概念界定的情形类似,在不同分类标准下,知识产权重叠保护呈现不同的样态,在既往的中外研究中,这些分类标准包括重叠保护的时间顺序、权利主体、重叠的权利对象类别、权利重叠的范围大小、重叠保护的层次等。①

1. 时间标准:同时重叠保护与接续重叠保护

按照两项或两项以上的知识产权对同一符号或符号组合进行保护的时间,知识产权重叠保护被分为同时的重叠保护和接续的重叠保护(sequential overlap)。前者指在一项知识产权尚在保护期之内时,其他类型的知识产权也可以对其保护的情形,如计算机程序被著作权和专利权重叠保护以及商标版权化保护或是用外观设计证明在先著作权等。② 后者则是指一项知识产权到期之后,由其他知识产权继续进行保护的情形。此外,根据重叠的法规数量,同时的重叠甚至还有可能出现三重或四重重叠的情况。如版权、设计、商标权的重叠或是版权、设计、商标、专利权的重叠等。

2. 主体标准:主体相同的重叠保护与主体不同的重叠保护

根据权利主体是否相同,可以将重叠保护分为主体相同与主体不同的重叠保护。前者为在同一智力成果或商业标识上的数个知识产权为同一主体享有的重叠保护的情形,又可称作狭义的重叠保护。后者为在同一智力成果或商业标识上的知识产权为不同主体所享有的重叠保护的情况。也有学者认为,主体相同的重叠保护即重叠保护的狭义理解。③ 除著作权与外观设计、著作权与商标权、商标权与外观设计相互之间的重叠外,权利人相同的同时重叠还包括计算机软件与集成电路布图设计的同时重叠等多类型的权利重叠保护的情形。

---

① 还有学者将其中一项权利明确排除另一项权利所涵盖的客体范围的情形称为消极重叠(负重叠)。以与正向的重叠保护相对应,但不属于本书论述内容。

② 商标的版权化保护是指商标权利人指在援引《商标法》第32条关于“申请商标注册不得损害他人现有的在先权利”的规定时主张自己的在先注册的商标标识享有著作权,通过主张著作权的方式保护商标权,案例如“工行行徽案”等。

③ 陶鑫良、袁真富:《知识产权法总论》,知识产权出版社2005年版,第265页。

3. 权利类型标准

按照交叉重叠的权利类别，重叠保护的类型可分为：专利权与其他权利的重叠（专利和版权、专利和设计权利、专利和商业秘密、专利和植物多样性保护、专利和实用新型、专利和数据独占）、著作权与其他权利的重叠（著作权和商标、著作权和设计权利、著作权和数据库权利、著作财产权和著作人身权）、商标与其他权利的重叠（注册商标和未注册商标、商标和设计、商标和商品名称、商标和域名、不正当竞争和商标、公共隐私权和商标权）。[①]

除以上分类之外，就形成重叠的权利对象而言，广义的重叠保护不仅包括在同一智力成果或商业标记上不同类别的知识产权之间的多重保护，也包括在同一知识产权内部的多项权利之间的重叠保护。[②] 有学者将反不正当竞争法所保护的权益也纳入重叠保护的范畴之中，包括反不正当竞争法对于商业秘密的保护和其他权益的保护。[③] 由于欧盟法中存在法规的层级划分，按照重叠保护的地域管辖层级，知识产权重叠保护还可以有水平和垂直之分。在国外学者的论述中，重叠保护能够根据重叠的原因被分为"真正的重叠保护"和"虚假的重叠保护"两种类型，前者是指由于权利对象具备了多项权利对于客体的要求，从而可以获得多项权利重叠保护情况，即本书所称之"复合型客体"，而虚假的权利重叠则是指那些由于权利客体扩张导致的重叠。[④]

① N. Wilkof & S. Basheer, *Overlapping Intellectual Property Rights*, OUP, 2012.

② J. A. Lee, *Overlapping Rights in Different Business Models*, in Kung-Chung Liu & Reto Hilty, eds., Remuneration of Copyright Owners: Regulatory Challenges of New Business Models, Springer, 2017, p. 4.

③ Estelle Derclaye & Matthias Leistner, *Intellectual Property Overlaps: A European Perspective*, Hart Publishing, 2011.

④ 本书将解决两种不同类型重叠保护的措施一并进行概括。因为从结果角度考察，无论是权利扩张还是复合型客体导致的重叠都需要对不同规范重叠保护的符号利益进行分配。而且客体之所以符合多项权利的要求，根源在于符号所具备的多重功能性。在一定程度上，权利客体的扩张正是由符号所具有的多重功能性导致的，因此二者无法严格区分。真假重叠的分类方式在处理重叠保护问题时缺乏实际意义，而且还会有越来越多的复合型客体出现，导致权利不得不扩张。因此，在解决路径中综合两种类型进行总结。

这些种类多样分类方式将重叠保护分成了多种不同的类型，而当分类标准叠加，又会出现种类更为多样化的重叠保护类型。仅以时间标准和主体标准相叠加，就会出现主体相同的同时重叠保护、主体不同的同时重叠保护、主体相同的接续重叠保护、主体不同的接续重叠保护四种类型。这些类别下对应着的是大量不同类别的实际问题，许多学者也就是针对这些具体问题展开讨论研究的。尽管在法律体系中，多样化分类方式有可诟病之处（如民事权利的划分也有不同划分标准），但在重叠保护概念未得到明确界定的情况下，越是细化的分类就越容易导致研究的碎片化并加剧体系化难度，阻碍有效结论形成。

概念是理论研究的基本共识，如果研究探讨的出发点和样态都各有不同，仅凭"重叠保护"这一表面相似的研究对象，将很难得出有价值的沟通和对话，反而有可能使真正的研究湮没在大量碎片化的研究中。这样的研究状况也为重叠保护问题在体系内找到恰当的安放位置变得更加困难，从而在一定程度上阻碍了通过体系化的方式给予重叠保护问题客观评价。而失去了体系加持，无法汲取体系与逻辑营养，重叠保护问题更加成为碎片化研究中缺乏体系逻辑关照的只言片语，无法形成有效适用的解决路径。

正如有学者言，讨论的重叠保护问题意义不再局限于个案裁判，而是已经上升到知识产权不同部门法之间的界分以及知识产权体系自洽的高度。[①] 而理论研究只有建立在对概念的清晰界定之上才能对实践发挥有效的指导作用，才能与司法实践开展良性互动。综合以上对知识产权重叠保护的多种界定和分类可知，知识产权重叠保护问题并非一个已经达成理论共识的确定概念，而是在知识产权法律制度发展过程中产生的一类特殊法律现象的统称，可以指代多种不同的重叠保护情形。而在不同情形下，知识产权重叠保护的样态和产生的问题均有

① 徐棣枫、邱奎霖：《实用艺术作品双重保护问题及裁判路径探讨》，载《知识产权》2016 年第 12 期。

所不同。因此，在形成有效讨论之前，有必要将理论和实践中广泛存在的不同类型的“知识产权重叠保护”现象进行同一语境下的界定，才有机会进一步分析重叠保护的本质、原因、产生的问题和可能的解决路径等问题。

二、缺席的理论共识

法律不是神的产物，而是人的产物。指导实践的法律规则来自学者和法官对法律文本、价值和体系的正确阐释、理解和适用。法律的发展不仅与立法密切相关，也与法学研究的发展密切相关。当一种理论足够成熟并获得广泛认可后，它将会被立法予以确认，立法者也许并不使用这些法学研究中的概念，但立法者对法律概念的选择和使用需要在法学研究的关照下进行。就此意义上而言，占据主流的法学研究话语在很大程度上决定了立法者对法律概念的选择。[①] 然而遗憾的是，对于知识产权重叠保护问题，无论是理论研究中还是司法实践中，都未达成有效指导实践的理论共识。除对于重叠保护问题是否属于“真问题”的讨论之外，[②]对于知识产权重叠保护问题还存在支持说、反对说与折中说三种不同态度。[③]

1. 重叠保护支持说

支持重叠保护的学者的理由大多是相互重叠的各项权利之间所保护的利益并不相同，不予重叠保护会导致民事主体权利受损，因此重叠保护不应该受到限制。其出发点是对知识产权人私权的全面保护。

就论述的具体角度而言，有学者认为权利人的同一知识产品受到多重保护的根据是“我国民事法律制度保护民事主体合法权益的基本原则”。[④] 有学者通过对商标权与著作权、外观设计专利权之间的重叠

---

① 陈金钊、熊明辉主编：《法律逻辑学》，中国人民大学出版社 2012 年版，第 74 页。

② 可见本书导言中对研究现状的描述。

③ 知识产权理论界存在从现行的制度框架内出发的“知识产权重叠保护支持说”以及从法律经济学及利益平衡角度得出的“知识产权重叠保护反对说”。

④ 冯晓青：《论知识产权权利重叠权利冲突及其解决》，载郑胜利主编：《北大知识产权评论》第 1 卷，法律出版社 2002 年版，第 114 页。

和交叉进行全面的审视和研讨,认为对同一对象的多重保护并不是重复保护,而是对其所承载的多重利益的关切,因此应该允许对三维标志的多重保护。[①] 有学者从欧盟及美国的相关案例出发,认为如果商品可以符合设计与商标的保护要件,而且并未造成竞争市场的明显阻碍,就应该合理地给予两种权利重叠保护的空间。[②] 还有学者认为由于现行的法律制度以及法律保护的侧重点不同,因此不同权利类型对权利人的保护侧重点也不同,当遇到侵权情形时,权利人就可以在双重或多重的权利中选择一种权利作为请求权基础。[③]

2. 重叠保护反对说

对重叠保护持反对观点的学者从重叠保护与知识产权的目标以及与社会公共利益之间的关系出发,认为重叠保护会带来一系列危害,影响激励机制,背离立法初衷。如有学者认为知识产权重叠保护现象属于一种因权利扩张而生的副产品,已经背离了知识产权的平衡政策目标。因此,应该对这种现象从原则上加以禁止,尽量避免由于知识产权重叠保护问题可能造成的危害。[④] 有学者认为,知识产权法的三个组成部分,著作权法、专利法和商标法设计初衷是朝着有利于公众的出发点设计的,但权利扩张和重叠保护会模糊立法原意,有可能会妨碍流向公众的利益[⑤]或认为重叠保护影响社会资源再利用。[⑥] 还有学者认为,在国际知识产权组织已经将分配正义作为主要目标后,权利重叠也会影响分配正义。[⑦]

---

① 张玉敏、凌宗亮:《三维标志多重保护的体系化解读》,载《知识产权》2009 年第 6 期。

② 叶哲维:《由欧盟与美国之案例探讨设计与商标的累积保护与竞合》,载《智慧财产权月刊》2016 年第 213 卷。

③ 郑成思:《知识产权论》,法律出版社 2003 年版,第 364 页。

④ 何炼红:《知识产权的重叠保护问题》,载《法学研究》2007 年第 3 期。

⑤ See Moffat, Viva, *Mutant Copyrights and Backdoor Patents*: *The Problem of Overlapping Intellectual Property Protection*, Berkeley Technology Law Journal, Vol. 19(2004); UDenver Legal Studies Research Paper Series.

⑥ See Tomkowicz, Robert J., *Intellectual Property Overlaps.* (*December* 22, 2010).

⑦ See Yanisky Ravid, Shlomit, *The Hidden Though Flourishing Justification of Intellectual Property Laws*: *Distributive Justice*, *National versus International Approaches* (October 12, 2016), Lewis & Clark Law Review, Vol. 21, p. 1(2017).

类似观点包括:有学者从公有领域和私权的关系入手,认为不同智慧财产权之构成要件不同,同一标的物如果同时符合不同权利的构成要件,在理论上是可以获得重复保护的,但如此会使智慧财产权回归到公有领域的时间变长(甚至无法回归到公有领域),其竞争对手应尊重的权利内容会陷入不确定,而且不符合公私部门相互增益的制度理性目的。所以权利人应该在一开始就谨慎选择其权利保护途径,一旦选择某一特定保护法律,就不能同时或在所选择保护届满之后,再援引其他法律保护同一目的。① 有学者从激励的角度分析了重叠保护的后果,认为一般而言,如果创新者的财产受保护的期限越长范围越广,对创新思想的激励越强,但传播和应用它们的激励也就越弱,②因此,重叠保护的存在将妨碍知识产权制度正常地发挥它的激励功能,其后果只能是保护过度。“事实上我们不仅需要一种激励,而且需要一种正确的激励。”③因为一些产业的技术创新竞争相对于垄断是一种更为有效的激励手段,“拥有无挑战性的经济权力将窒息进取阻碍繁荣并消沉精力;对竞争具有免疫力是一种自我麻醉竞争,是产业发展的一种激励因素”。④ 也有学者认为知识产权重叠保护的可行性将鼓励权利人向国家寻求更多的权利保护,为此私人当事人将耗尽利益的总价值。⑤ 针对知识产权与反不正当竞争法或民法的重叠保护问题,有学者提出了对知识产品进行反不正当竞争法和民法保护的条件,即只有那些未被知识产权特别法所禁止的,在知识产权法律体系地位模糊的知识产品才可能加以重叠保护。⑥

此外,针对一些具体的重叠保护类型,也有支持与反对两种相反的

---

① 刘孔中:《比较商标法》,台北,新学林出版股份有限公司 2014 年版,第 71 页。

② [美]罗伯特·D. 考特、[美]托马·S. 尤伦:《法和经济学》,施少华等译,上海财经大学出版社 2002 年版,第 110 页。

③ Mark A. Lemley, *Property, Intellectual Property and Free riding*, Texas Law Review, Vol. 83, p. 1059(2005).

④ United States v. Alcoa, 148f. 2d 416, 427(2d Cir 1945).

⑤ See Gordon Tullock, *The Welfare Costs of Tariffs, Monopolies and Theft*, Economic Journal, Vol. 5, p. 226 - 232(1967).

⑥ 李扬:《商标法中在先权利的知识产权法解释》,载《法律科学》2006 年第 5 期。

观点。如针对外观设计保护期届满后，是否还可以采用其他类型的知识产权进行接续保护的问题，有学者持支持观点，认为并非所有的外观设计都能同时满足作品“独创性”、商标“显著性”或是构成“知名商品”的要件，因此大部分保护期届满后的外观设计会按时进入公有领域，即便失效的外观设计上仍依附着其他类型的知识产权，公众仍可在其他权利边界范围外加以利用。[①] 还有学者认为，不应该从直观上就排除重叠保护，采用类似欧盟重叠保护的方式保护外观设计，更有利于我国外观设计产业的发展。[②] 而持相反观点的学者认为，如果一项创新同时享有外观设计专利权和实用艺术品著作权，将导致一项侵权行为承担多个侵权责任。这有违侵权责任法的立法主旨。[③]

3. 折中说

持折中说的学者并未对知识产权重叠保护作出肯定或是否定的评价，而是认为导致知识产权的重叠保护问题的原因多元化，重叠保护的效果也存在正面与负面等不同类型，因此，无法通过立法对重叠保护问题进行统一规定。但在救济方式的选择中，权利人可以自行选择对自己有利的方式，却不能同时选择多种救济方式。在对同一侵权行为所主张的损害也应该根据行为客观上所起到的主要作用决定。[④]

以上各类观点，大多基于不同角度对于重叠保护现象或是具体类别重叠保护给出了支持或反对的观点，但遗憾的是，这些研究既未就重叠保护的处理给出系统的解答，也未对具备多种客体要求的复合型权利对象在涉及重叠部分的利益分配和区分标准给出答案。简言之，由于模糊的概念界定，目前重叠保护的相关研究缺乏相同的对话平台，未深入重叠保护的问题本质，自然也就无法得出具有通说性质

---

① 袁博、袁茂荣：《外观设计专利失效导致其他权利受限吗》，载《检察日报》2014 年 6 月 18 日，第 3 版。

② 李小武：《回到外观设计保护制度的起点——从 GUI 的保护谈起》，载《清华法学》2012 年第 5 期。

③ 徐晓雁、张鹏：《外观设计专利权的扩张与限缩——以外观设计专利权与其他知识产权的边界为视角》，载《科技与法律》2014 年第 4 期。

④ 刘平：《知识产权的重叠保护与侵权责任》，载《政法论坛》2010 年第 3 期。

的理论共识。而这种理论共识的缺位，直接导致了司法中对问题的回避和态度的纠结不定。

三、纠结的法律态度

在概念不清、立法缺位的情况下，通过对司法实践中案例类型的分析能够发现，对于是否支持知识产权重叠保护，司法态度呈现较为纠结的特征。针对知识产权各部门法的重叠保护现象，一方面，由于法律并未设定禁止性规定，许多裁判均对重叠保护的正当性予以认可；另一方面，为了避免大量重叠保护现象的产生，一些司法实践采用了“独创性高度”等方式作为区分不同权利的标准。而针对反不正当竞争法与知识产权之间的重叠保护，一些裁判态度较为明显地趋向于避免重叠保护的情况产生，有意抑制反不正当竞争法对于商标法的补充性重叠保护。此外，在赔偿金额的计算上，司法实务出于避免重叠救济的司法考量已经形成了惯例。

1. 以不反对重叠保护的裁判观点为司法主流

经过前述对重叠保护现象的分析可知，在知识产权各部门法与重叠保护相关的司法实践中，赞成重叠保护的案例占据了主流。对于同一符号或符号组合同时重叠保护或是接续的重叠保护，都能够在司法实践中找到肯定的案例。反对重叠保护的案例类型主要集中在接续保护的情形中，裁判分歧主要体现在外观设计专利权保护期届满之后能否继续用著作权予以保护的案例类型中。对于反不正当竞争法与其他权利的同时重叠保护问题，司法实践中较为主流的观点是，涉案对象之上存在其他权利不影响其构成不正当竞争，只要不正当竞争法与其他权利具有不同的利益指向，那么这种重叠就是可以得到支持的。

在赞同知识产权法重叠保护的理由中，“电子媒介公司诉全球制造商系统公司不正当竞争纠纷案”中的裁判理由具有一定代表性，在该案中，知识产权客体与载体的分离性、不同权利客体保护范围之间的区别是法院支持权利人基于不同的权利基础主张权利的主要理由。[①] 可见，不同知识产权的客体的保护要件以及权利范围不同、权利人基于不同权利主张所得到的保护内容及范围不同构成了司法领域支持重叠保护的主要理由。

在类似案例中，肯定重叠保护的理由还包括："法无禁止即可行""不同层面的利益并不冲突""已经形成了新的权利及识别利益"等。在一些典型案件中，甚至出现了法院对当事人就同一商业标识提出的著作权、商标以及知名商标包装装潢的侵权诉求全部予以认可，却对被告"重叠保护"的抗辩不予回应的情况。[②] 在对案例的检索过程中，对于原告或被告方提出的有关重叠保护的抗辩，法院有时会因为缺乏进行解释的理论依托而采取回避的态度。如在前述案例中，两审判决原告都提出了原告方构成同一标识重叠保护的问题，但两审法院不约而同地回避了这一问题。这种情况并非孤例，在一定程度上反映了立法与理论的不足造成司法实践的纠结态度。

此外，在一些特殊情形下，如对于著作权法中存在多种类型的作品，对于同一对象是否可以构成著作权法意义上的不同作品并可以由权利人主张不同权能的问题，司法实践中给予了肯定的回答。如茅盾先生的手稿《谈最近的短篇小说》是否同时构成文字作品和美术作品，

---

① 电子媒介亚洲有限公司与全球制造商系统有限公司不正当竞争纠纷案，法院认为："因知识产权客体与其载体具有分离的特性，故在同一载体上可能同时承载两个以上的知识产权客体，同一侵权行为当然可能同时构成对不同类型知识产权的侵犯。不同知识产权的客体虽附着于同一载体上，但其具有的保护要件以及权利范围并不相同，故绝不能将对同一载体上不同知识产权客体的保护等同于对权利人进行同一权利内容及范围的重复保护。鉴于同一权利人主张不同种类的知识产权保护所得到的保护内容及范围并不相同，故这一保护无疑具有必要性。鉴于此，在权利人并未明确放弃权利的情况下，除非法律有明确规定，否则权利人当然有权同时以不同的知识产权作为权利基础主张权利。"参见北京市第一中级人民法院民事判决书，(2008)一中民初字第7260号。

② 深圳美西西餐饮管理有限公司诉东莞市厚街吖茶饮食店擅自使用知名商品特有名称、包装、装潢纠纷、侵害商标权纠纷案，广东省东莞市第二人民法院民事判决书，(2017)粤1972民初8917号；东莞市厚街吖茶饮食店诉深圳美西西餐饮管理有限公司擅自使用知名商品特有名称、包装、装潢纠纷、侵害商标权纠纷案，广东省东莞市中级人民法院民事判决书，(2018)粤19民终12131号。

二审法院和一审法院都给出了肯定的结论。① 可见,实务中对于同一法域之内的重叠并不排斥。换言之,司法实务中对于"重叠"这一现象本身并不排斥。事实上,除专利法中的发明和实用新型之间没有重叠保护的可能性之外,②著作权法中的作品类型和商业标识体系中的商标、商号、知名商品装潢等都有可能构成一定程度上的重叠,但只要没有与法律的禁止性规定相冲突,也未产生干扰体系的不良后果,一般法院不会作出否定性裁判。

2. 避免重叠保护的司法探索

为了解决著作权其他类型权利重叠保护的区分性难题,司法实践中采用了设置"创作高度"的方式试图减少可能带来的重叠保护问题。这种区分方式主要表现在著作权与商标权可能产生重叠的"商标版权化保护"与实用艺术的保护这两种类型的案例中。

在采用著作权法保护商标权的情形下,通过采用提高创作高度的方式尽量避免著作权法对商标标识的重叠保护是司法实践中常见做法。如在"商标版权化"的相关案例中,一些司法机关为了消除"商标版权化保护"对于商标权制度的不当冲击,试图通过提高对商标独创性的高度要求,尽量把商业标识排除在著作权法的保护范围之外。③ 但对于这种方式也有学者提出了不同意见,认为试图通过著作权法保护的商标与普通的作品没有本质的区别,在著作权认定中应该始终保持稳定一致的独创性标准,不能因商业标识的"特殊身份"就变动标准,导致著作权法对作品判断标准的摇摆不定。④ 在最高人民法院对于"工行行

---

① 法院认为"我国著作权法并没有排除同一作品因兼具不同的外在表达,从而被认定为不同作品种类的可能性。涉案手稿是以文字形式表现出来的文学和艺术领域内的智力成果,既是文字作品也是美术(书法)作品,一审法院对手稿作品性质的认定并无不当,本院予以确认"。南京市中级人民法院民事判决书,(2017)苏01民终8048号。

② 《专利法》特别规定了避免二者重叠的相关规定,并且特别规定了现行申请的实用新型在之后的申请中获得专利权的,实用新型自申请日起无效。

③ 这一思路在"CAMEL案"中得到了典型体现,即加重商标权人的举证责任。具体而言,就是从著作权归属等方面严格要求商标权人完成举证责任以及提高侵权判定标准。

④ 参见袁博:《论"商标版权化保护"的正当性与标准》,载《中国知识产权》2014年总第89期。

徽案”的判决中，能够发现对这种做法的否定评价。[①]

采用“创作高度”区分不同权利的方式不仅出现在著作权与商标权之间，在可能导致著作权与专利权相互重叠的情形下，主要是与实用艺术品相关案件中也能够发现这一标准的适用痕迹。我国司法实践对实用艺术品是否可以由著作权法进行保护的判断中，大量采用了独创性高度标准，并自“乐高案”中对积木是否构成实用艺术品的判断开始，将其作为一项司法原则固定下来。[②]

对于采用这种高标准的理由，在“央视诉暴风视频侵权案”中，[③]法官针对电影作品和录音录像制品的区分作出了如下论述：对于实用艺术品创作高度的要求主要考虑的是著作权法与专利法之间的逻辑关系。与其他作品类型相比，实用艺术品的特殊之处在于，其不仅可以作为作品获得著作权法保护，同时亦可以作为外观设计获得专利法保护。在存在交叉保护的情况下，实用艺术品的独创性标准不可避免地会对外观设计保护产生影响。如果对于实用艺术品仅要求具有最低限度的独创性，则可能出现的后果是任何一个实用艺术品只要其形状不是功能所唯一或有限限定的，均可能构成作品，从而可能出现《中华人民共和国著作权法释义》中所指出的情形：实用艺术品都用著作权法保护会破坏工业产权的保护体系。[④] 正因如此，实用艺术品需要具有较高的创作高度。如在“广州新族诉广州冠以美著作权纠纷案”中，法院也认为

---

① 最高人民法院认为，“著作权法保护有独创性的作品，只要符合著作权法对作品的要求，就受到著作权法的保护，并不按照作品的创作目的进行区别对待。如果商标标识具有独创性，构成著作权法保护的作品，其当然受到著作权法提供给作品的各种保护，包括禁止他人未经许可复制、发行其作品。……如果某一客体同时符合两个法律的保护要件，当然可以同时受到著作权法和商标法的保护”。最高人民法院驳回裁定书，(2012)知行字第60号。

② 最高人民法院审理的乐高案即属于此类情形。在“英特莱格案”中，北京市高级人民法院亦认为，在原告主张权利的53件积木块中，有3件没有达到应有的艺术创作程度，因此不能作为实用艺术品作品保护。

③ 央视国际网络有限公司诉暴风著作权侵权案，北京知识产权法院民事判决书，(2015)京知民终字第1055号。

④ “实用艺术品同工业产权中的外观设计不易区分，工业产权保护在手续和保护期方面显然不具备著作权保护的优势，如果都用著作权法保护，将会严重影响工业产权保护体系的发展。”

需要从维持专利法的角度严格审查实用艺术品作为美术作品的构成要件。该要件为"该实用艺术作品应达到美术作品的创作高度"。[①]

通过以上分析能够发现,对于这种采用独创性高度作为实用艺术保护条件的司法原则为许多司法裁判所认可,但在不同的裁判中,对于"创作高度"的意义却有所区别,一些裁判虽然采用了"创作高度"之类的表述,但实际针对的是对作品创造性有无的区分,还有的裁判用"创作高度"来区分制品与作品。[②] 在"商标版权化保护"和实用艺术品等涉及重叠保护的情形下,法院对创作高度的要求是从区分不同权利保护范围的角度出发的,旨在排除对商标的版权保护和实用艺术品中专利法与著作权法的重叠保护现象。从司法效果观察,虽然采用"独创性高度"这一本身含义模糊的标准作为排除著作权泛化保护的工具仍然力有不足,但这一司法自创的区分标准也从另一侧面反映出理论支持的不足与司法实践避免重叠保护的自发自觉之间的矛盾。

综上所述,目前司法实务中以"法无禁止即可行"为主流的解释原则和避免重复救济的司法自觉共同构成了我国重叠保护相关司法实践的特殊现状,这种纠结的法律态度也进一步说明了对重叠保护问题予以充分研究的必要性。

---

① 广州新族化妆品有限公司、广州冠以美贸易有限公司著作权权属、侵权纠纷案。法院认为:"如果我们在实用艺术作品独创性要件判断上过于宽松,将导致无人愿意申请外观设计专利,进而导致专利法相关制度形同虚设。所以,也有必要严格审查作为美术作品保护的实用艺术作品独创性要件。作为美术作品保护的实用艺术作品除需要满足作品的一般要件外,还需要满足美术作品的特殊要件。"广州知识产权法院民事判决书,(2017)粤73民终537号。

② 卢海君:《著作权法语境中的"创作高度"批判》,载《社会科学》2017年第8期。

第二章　知识产权重叠保护的概念证成与本质推演

确定知识产权法重叠保护的概念和本质是对该现象进行正确评价的前提,也是对其进行正当性检视的基础。因此,在对知识产权重叠保护问题进行法律界定的基础上,本章的任务主要是进一步对其本质进行挖掘。在分析方法上,本章借鉴了法律逻辑中概念界定的方法和法律推理的"三段论",拟从知识产权的客体共性为价值回归的切入点,以知识产权对象的"符号论"为指引,通过逻辑推演的方式对知识产权重叠保护进行概念证成与本质推演。

第一节　知识产权重叠保护的界定要素

知识产权重叠保护是一种在知识产权法律制度运行过程中出现的特殊现象,对法律现象进行描述并将其抽象为法律概念,需要把握其基本的界定要素。本书认为,为实现对"知识产权重叠保护"这一概念的准确界定,需要明确对象共性、属概念和种差这三个必不可少的要素。

首先,在知识产权体系之内,不同部门法都有自己独立的权利对象,如果仅停留在部门法所确定的客体层面进行分析，重叠保护问题便缺少了基本的对象基础。因此，明确知识产权各类权利对象之间的共性是讨论重叠保护性质的前提和基础。其次，属概念的确定将有助于确定重叠保护问题在理论体系中的纬度坐标。只有明确知识产权重叠保护与知识产权法之间的关系，才能确定重叠保护问题的上位概念，从而为确定概念的内涵和外延寻找依据。最后，重叠保护概念与其他类似概念之间的区别是概念界定中的"种差"，构成了重叠保护概念在体系中的"经度"。在对知识产权重叠保护进行界定的过程中，以上三个要素将共同决定作为法律概念的"知识产权重叠保护"在知识产权法律体系内的理论坐标。

一、符号论在界定重叠保护问题中的意义

1. 统一对象形式的必要性

在知识产权法研究中，基础理论的"积贫积弱"与部门法研究的"枝繁叶茂"相伴相生。"当绝大多数研究者都沉溺于局部问题时，总论的形成缺乏基本的学术累积"。[①] 尤其是当需要以知识产权法作为整体参照研究一些部门法之间关系的问题时，这种基础研究的孱弱就体现得尤为明显。由于缺乏以知识产权法整体框架为背景讨论问题的习惯，当我们需要超越部门法研究范围，讨论到一些涉及各个部门法之间联系的问题时，就会出现难以跳出原有部门法的框架自说自话的思维局限。更遗憾的是，部门法理学也缺乏对于部门法之间权利配置及其相互关系的理论支持，导致在讨论某一部门法的具体问题时研究深入、观点纷呈（诸如关于深层链接的理论就有"服务器标准""实质呈现标准""实质替代标准""用户感知标准""法律标准""间接提供理论"等多重标准），但关于知识产权各项权利之间的权利规则，或各部门法之间的重叠问题却鲜有讨论。

在著作权法、专利法和商标法中，不同的客体标准在各自的规范领域内维持着相对独立的法律运行规则。以作品、发明和实用新型以及

① 李琛：《论知识产权法的体系化》，北京大学出版社2005年版，第95页。

商标为表现形式的客体在涉及重叠保护情形时,却会因为部门法客体之间不具有形式上的共性,缺乏"公约数"而导致无法直观地发现问题的症结所在。由于解决重叠保护问题需要涉及不同的知识产权部门法以及作为补充法的反不正当竞争法,重叠保护问题已经不仅是关涉不同部门法之间相互重叠的具体问题,而是直接关系到知识产权法对于知识产品市场利益的分配原则以及知识产权法各部门法之间的界分的基础性问题。因此,对不同部门法的对象以特定形式进行统一,寻找能够被部门法共同认可的"公约数"就成为知识产权部门法之间对话的基础。

对于实践的需求作出简单直接的消极回应、只见个体不见体系,不是现代法律体系应该具有的特征,按照部门法的规定简单输出也无法解决涉及多重部门法规定的问题。将新的利益需求置于体系中,变直接回应为抽象概括,才是作为现代知识产权法所应该具备的立法技术。因此,从不同客体之间的共性出发进行价值回归,以知识产权各部门法的组织构成角度考察,寻找客体间的共性就成为界定和解决重叠保护问题的必经之路。

统一的形式意味着统一的调整规则。如果说无论是作为著作权法的客体"作品",还是作为专利法客体的"技术方案",抑或外观设计的客体"图案和色彩的组合"都是表现形式较为具象的存在,那么,通过抽象共性的方式确定知识产权对象的统一形式,方有可能一窥重叠保护问题的"真容"。当不同类型的客体脱去它们各自具象的"外衣",回归到其初始的价值来源,相互之间的重叠冲突的本质才会较为明晰地展露出来,也才有机会为重叠保护问题制定相对统一的调整规则。

2. 符号是知识产权对象的统一形式

有许多学者都对知识产权客体的共性进行过研究,"无体财产说""智力成果说""智力成果和工商业标记说""知识产品说""信息说""符号说""形式说"等。在诸多研究结论中,本书认为"符号说",也称"符号论",是较为恰当的切入视角,符号性是知识产权对象的共性。

符号论统一了作为智力成果的作品、技术方案和作为非智力成果的工商业标记。对此,李琛教授曾有过经典的论述:一种非智力成果为什么和智力成果集结为同一个法域?答案就在于:商标与智力成果的形态都是符号。类似的财产形态、类似的财产利用行为和类似的规范之间形成了一个逻辑链条。[①] 符号就是构成这一链条的基本元素。许多学者亦认同符号在统一知识产权权利对象中的作用,如"作品、发明和商标作为知识产权的权利对象不仅外观形态上都表现为符号组合,而且本质上与符号的非物质性、整体性和任意性特征吻合。知识产权对象的共性是符号性"。[②] "作品是具有精神功能的符号组合,也是各种存量知识要素和增量知识要素有机构成的系统。"[③]"符号对于商标不仅具有本体意义,还是一种研究方法。"[④]用专门研究符号现象的符号学来分析商标概念不仅对理解商标的概念有帮助,而且能够有助于理解商标及其生成演变过程具体问题[⑤]等。

承继李琛教授的观点,本书所指"符号说",是将知识产权对象的统一形式解释为符号组合。在此基础上,符号作为知识产权法权利对象的统一形式,也成为知识产权重叠保护的对象。知识产权重叠保护的具象表现就从著作权、商标权、专利权之间的重叠,抽象化为具有不同功能的符号利益之间的重叠。

3. 符号是权利与法益的统一形式

符号论对于解决重叠保护问题的另一重意义在于,其对于解决反不正当竞争法与知识产权法的重叠保护问题也能提供解释路径。对于二者间的共性,我国学者早有论述:知识产权法不仅保护设权模式下狭

---

① 李琛:《论知识产权法的体系化》,北京大学出版社2005年版,第116、126~127、139页。

② 谭玥:《论知识产权对象的符号性》,载《深圳大学学报(人文社会科学版)》2009年第3期。

③ 王坤:《作品概念的科学建构及其在著作权法上的意义》,载《知识产权》2010年第6期。

④ "由于商标本身就是一种符号,商标法既是市场经济社会的重要法律,又是一种符号规范,因此,在商标法学领域,符号学不仅是一种研究方法,而且还具有本体上的意义。"参见彭学龙:《商标法基本范畴的符号学分析》,载《法学研究》2007年第1期。

⑤ 王太平:《商标概念的符号学分析——兼论商标权和商标侵权的实质》,载《湘潭大学学报(哲学社会科学版)》2007年第3期。

义的知识产权,也保护反不正当竞争法模式下的知识财产法益。[①] 就其本质而言,权利和法益都是利益的表现形式,只不过权利较之尚处在"成长阶段"的利益,具有更为清晰的法定保护范围,而反不正当竞争法则以法益作为考察视角,但在本质上,它们都可以用符号市场利益来进行指代。从符号利益的角度观察,无论是经由赋权法保护的权利还是经由反不正当竞争法保护的法益,都可以统一到符号利益这一共性上来。符号构成了权利与法益共同的表现形式,从而能够将知识产权法所调整的权利与反不正当竞争法所调整的法益纳入统一框架,用统一的视角去解决知识产权法各部门法之间以及反不正当竞争法与知识产权法之间的重叠。

在民法学界,法益也有广义和狭义之分,前者包括一切受到法律保护的利益,权利和未设权的法益都在其保护的范围之内。[②] 与之对应,在广义的知识产权法中,以著作权、专利权和商标权为主的知识产权部门法所保护的权利和反不正当竞争法保护的法益,也可以作为广义的"法益",统一到符号利益这一形式,从而可以在处理重叠保护问题时,使知识产权法和反不正当竞争法具有同样的价值基础,进而分享同样的规则。实际上,重叠保护问题本来就不为知识产权各部门法所独有,正如前述类型化案例所显示的分析结果那样,知识产权部门法与反不正当竞争法的交叉重叠也构成了重叠保护问题的重要组成部分。因此,将反不正当竞争法与知识产权法的权利对象统一为"符号",认同二者在保护内容和调整方式上的趋同性,是探索包括反不正当竞争法在内的知识产权法重叠保护问题整体协调方案的价值前提。

综上所述,符号是知识产权的统一财产形态,是形成统一调整规则的理论基础。本书所采用的"符号说"特指符号与权利客体间的联系,

---

① 知识产权法保护基于智力成果和商业标识产生的利益,保护范围不仅包括设权模式保护的狭义知识产权,还包括了反不正当竞争模式保护的知识财产法益。刘春田主编:《知识产权法》,高等教育出版社 2010 年版,第 365 ~ 366 页。

② 熊谞龙:《权利,抑或法益? ——一般人格权本质的再讨论》,载《比较法研究》2005 年第 2 期。

重点在于符号作为不同客体共性的表现形式，在此情境下，“符号”指代不同的知识财产类型所具备的相同外在形式，因符号所具备的功能不同，因而在知识产权法律体系中对应不同的客体。对这些功能迥异的符号利用方式，就是知识产权法中的权利行为，以符号利益与客体价值之间的对应关系为基础对符号利用方式的设定与限制，构成了知识产权法的权利内容。（见图 1）

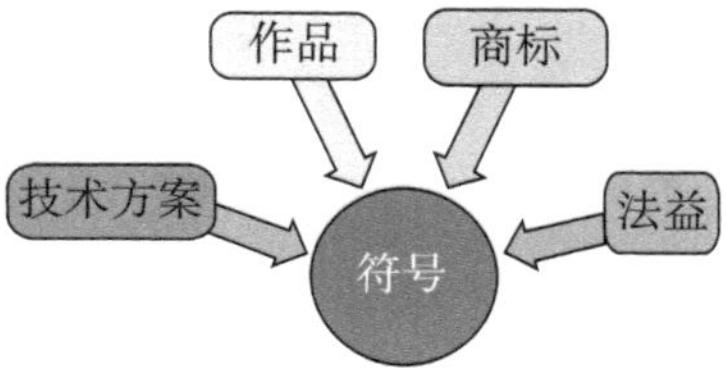

图 1　知识产权统一的财产形态

如果说，在对权利对象未作统一考量的情形下，知识产权的概念能够被界定为“基于创造性智力成果和工商业标记依法产生的权利”①“基于信息产生的权利”②“直接支配智慧产品并享受其利益的权利”③“对特定智力成果、商誉和其他特定相关客体等享有的权利”④等，那么在符号论视角下，知识产权所赖以产生的对象都可以替换为“特定符号或符号组合”，知识产权就可以界定为“知识产权是人们依法对特定符号或符号组合所享有的权利”，知识产权法则可以被界定为“以特定符号利益为调整对象的法律”。对知识产权重叠保护的直观描述，便是“不同法律规范在同一符号或符号组合之上的重叠现象”。

二、体系坐标的纬度：与上位概念的种属关系

1.“知识产权”是“知识产权重叠保护”的属概念

确定“知识产权重叠保护”与“知识产权”两个概念之间的关系，是

① 刘春田主编：《知识产权法》，中国人民大学出版社 2000 年版，第 3 页。
② ［日］中山信弘：《多媒体与著作权》，张玉瑞译，专利文献出版社 1997 年版，第 1 页。
③ 张俊浩：《民法学原理》，中国政法大学出版社 1997 年版，第 457～459 页。
④ 王迁：《知识产权法教程》（第 6 版），中国人民大学出版社 2019 年版，第 3 页。

在界定重叠保护问题时需要确定的第一顺位的要素，这是一个确定属概念的过程，目的是确定重叠保护体系坐标的“纬度”。法律概念之间具有一定的层序关系。在逻辑学中，上一层次的概念被称作“上位概念”，又可称作“属概念”，而下一层次的概念则从属于上位概念，又有“种概念”之称。[①] 这种层序关系在刑法中体现得较为明显，如“犯罪概念—类犯罪概念—具体罪名概念”就属于典型的概念层序关系。在民事法律体系中，上位概念对下位概念的下辖关系也较为常见。如“支配关系是上位概念，归属关系是下位概念，归属关系即完全支配关系”。如果上位概念与下位概念之间出现逻辑混乱，就会有损体系的融洽。[②]

通过确定具体问题在体系中的定位进而寻找到对应的规则，是体系化的重要功能。只要确定问题在体系中的准确定位，就不必从头论证价值与逻辑的合理性。法律中的推理过程，在很大程度上是以各种专门性质的概念、规则与原则为基础的。[③] 下位概念与上位概念之间的种属关系便是构建体系的“凝合剂”，而概念，则是体系构建的砖石。概念界定的过程就是确定具体问题体系坐标的过程，只有确定具体问题在体系中的准确坐标，才能够对问题性质得出正确评价，进而寻找合理的解决路径。

知识产权重叠保护问题是知识产权内部的法律问题之一，主要涉及知识产权各部门法和与知识产权相关的反不正当竞争法之间对同一符号或符号组合的重叠保护问题。因此，从体系构成和问题层级角度观察，重叠保护问题隶属于知识产权法，即知识产权重叠保护是知识产权法的种概念。这种从属关系意味着，如欲界定知识产权重叠保护问题，需要首先明确其上位概念的内涵，如欲探寻重叠保护问题的本质，也需要首先对知识产权法的本质进行界定。综上所述，在概念界定中，

---

① 雍琦：《法律逻辑学》，法律出版社 2004 年版，第 44 页。

② 作者认为在逻辑上，“民事法律行为”的上位概念应为法律行为，而在《民法通则》中，“民事法律行为”的上位概念为“民事行为”，有违逻辑。参见李锡鹤：《民法原理论稿》，法律出版社 2012 年版，第 10、743 页。

③ [美]E. 博登海默：《法理学：法律哲学与法律方法》，邓正来译，中国政法大学出版社 1999 年版，第 490 页。

“知识产权”构成了“知识产权重叠保护”的属概念。

2.“知识产权重叠保护”是由“知识产权”所衍生的种概念

概念具有衍生性,新的概念会基于一定方式从既有概念中产生。从发生学的角度,法律概念大体通过继承、移植、革新和创造四种方式而成形。[①] 在这些方式中,除创造之外,继承、移植和革新都是以既有概念为基础进行的衍生。[②] 本书认为,“知识产权重叠保护”是由“知识产权”所衍生的种概念。

首先,概念的性质决定了概念的衍生性。在社会科学领域,概念与类别的关系并非显而易见,甚至就法学方法论角度而言,大多数法律概念本身都是一种法学类型。[③] 因此,在许多情况下,下定义的过程实际上是对某种特殊类型的限定过程。[④] 概念的意义或许是封闭的,但类型则是开放的,法律概念的这种开放性既可以适用于新的事实,又可以适用于新的价值观。[⑤] 如果把“类型”作为与“概念”相似的思维形式,那么类型的开放性也决定了概念不可能是封闭的。知识产权重叠保护作为一种新的问题类型,出现在知识产权法律概念所调整的问题类型之中,但又与其他类似的问题存在差别,具备了成为衍生概念的可能性。概念的规范性也决定了在推导出新的概念过程中,必须严格以规范目的为限度,并且遵循严格的程序。知识产权概念本身具备丰富的内涵和不断扩大的外延,自其诞生以来,以之为基础衍生的概念不断丰富着知识产权法的理论体系。本书认为,知识产权重叠保护问题也属于其中之一。

其次,法律与实践的互动关系决定了法律概念的衍生性。法律是

---

① 陈金钊、熊明辉主编:《法律逻辑学》,中国人民大学出版社2012年版,第70页。

② “当法律人将意义与目的注入他们的法学概念,并认为那样最好的时候,这些概念就会逐渐产生他们自己的生命,并因为他们本身效力于本身固有的逻辑法则,使他们步入许多始料未及的途径。”[英]丹尼斯·罗伊德:《法律的理念》,张茂柏译,台北,联经出版事业公司1984年版,第284页。

③ 陈金钊、熊明辉主编:《法律逻辑学》,中国人民大学出版社2012年版,第72页。

④ “法律看上去是为某个概念下了定义,但实际上只是对某种类型进行了限定。”[德]卡尔·拉伦茨:《德国民法通论》,王晓晔等译,法律出版社2003年版,第102页。

⑤ [德]伯恩·魏德士:《法理学》,丁晓春、吴越译,法律出版社2003年版,第88页。

实践的科学,是“当为与应为的对应”。[①] 法律需要稳定,也需要与时俱进以应对不断变化的实践需求。通过内涵稳定的概念固定价值并通过对概念的衍生将其应用到新的社会现象中去,是维持法律安定性和进步性的重要途径。而解释和运用概念的过程,就是概念衍生的过程。概念的意义不是自己生成的,它必须和推理等方法结合起来才能衍生出意义。无论是概念自在的意义,还是解释者所添加的意义,都依附于解释者的理解及其释放。

知识产权重叠保护的问题源于实践,客体扩张带来的符号功能重叠是造成重叠保护的主要原因,模糊的法律界定已经给实践带来了法律适用的困难和裁判不一的问题,法律面对这种实践需要给出回应。首要的一步就是承认重叠保护问题的存在,给予重叠保护法律上的概念界定。只有具备了法律承认的概念,才有可能在法律实践中释放其意义。

最后,价值的衍生性决定了概念的衍生性。概念是价值的载体和容器。当新的价值产生,概念也需要向新的概念开放。价值需要被传承,需要在法律体系内部实现从概念到规则再到原则的贯彻。概念既是价值储藏的最小单位,也是价值传递最为基础的细胞。概念需要根据社会事实发展以及价值观的变迁进行开放性的衍生。[②]

作为尚未获得针对性立法规范的领域,对知识产权重叠保护问题的裁判标准也应从知识产权法的相关原则和价值目标中去寻找依据。与此同时,只有蕴含在既有概念与规则体系中的价值通过司法适用的方式在裁判中得到实现,才有可能得出符合体系要求的结论。“对于法律适用者而言,法律概念所储藏的价值,构成了对这些概念进行解释的边界”。[③]

综上所述,在概念层序关系中,“知识产权法重叠保护”是“知识产权”的下位概念,是由知识产权法的概念衍生而出的概念。这一概念的产生方式,是基于概念自身类别的开放性、价值的开放性以及对社会实

---

① [德]亚图·考夫曼:《类推与“事物本质”——兼论类型理论》,吴从周译,台北,学林文化事业有限公司1999年版。

② 陈金钊、熊明辉主编:《法律逻辑学》,中国人民大学出版社2012年版,第73页。

③ 陈金钊、熊明辉主编:《法律逻辑学》,中国人民大学出版社2012年版,第75页。

际需要的回应而产生的，二者之间具备内涵与外延的一致性以及价值上的延续性。根据概念间的种属关系，在对于知识产权重叠保护进行界定的过程中，知识产权的内涵、外延以及所蕴含的价值都构成了对知识产权重叠保护概念的规定性要素。概念对于价值的延续性，要求知识产权重叠保护的概念，也应该延续知识产权法的价值追求。

三、体系坐标的经度：与类似概念的种差

如果说，确定知识产权重叠保护与上位概念之间的关系是为了确定该问题在体系中定位所需的"纬度"，那么界定重叠保护与其他类似问题之间的关系就是要确定其在体系中的"经度"，是确定概念"种差"的过程。通过确定重叠保护问题在知识产权法律体系中与其他类似问题之间的联系与区别，不仅能够在比较中确定重叠保护问题独立的研究价值，而且可以从体系中研究发掘既有智慧，继而从对类似问题的解决方式当中寻找类推适用的可能。最终通过体系"经度"与"纬度"的结合，确定知识产权重叠保护问题在知识产权法律体系中的坐标以及该坐标所对应的规则。

在既有研究中，与重叠保护问题相关的类似概念包括权利冲突、权利竞合、权利重叠等，从这些相关概念与重叠保护的关系中能够发现目前对于重叠保护研究的不同现状。下文将分别对这些概念进行比较与分析。

1. 权利冲突与重叠保护

在承认重叠保护问题客观存在的观点中，权利冲突与重叠保护作为关系密切的伴生概念被同时提及。尤其是在我国的相关研究中，对知识产权权利冲突的研究远甚于重叠保护。知识产权权利冲突在司法实践中也一度被作为一个亟待解决的问题而成为一类独立的案件类型，并由最高人民法院专门出台了针对性的司法解释，[①]知识产权的重

① 最高人民法院于2005年11月18日公开发布了《关于审理涉及知识产权权利冲突民事纠纷案件适用法律若干问题的解释(征求意见稿)》。

叠保护问题反而是作为一个前提或从属问题被一带而过。本书认为，正确理解二者之间的关系不仅能更加清晰地理解知识产权重叠保护问题，而且能够厘清实践中关于知识产权权利冲突问题的一些误区。因此，此部分将知识产权权利冲突与知识产权重叠保护问题密切相关的概念一并加以研究，并将着重考察知识产权重叠保护问题与知识产权权利冲突之间的内在联系。

如前文所述，"权利冲突"一词广泛存在于与知识产权理论研究相关的法律文件和各级司法裁判中，但其概念本身却备受争议，远未达成共识。[①] 频繁出现在现有文献和司法实践中的诸多"权利冲突"指代并不统一，囊括了侵权、权利不能同时行使、权利行使受限等多种情形。由于概念指代的模糊性，导致了在后续研究中对于权利冲突的原因和解决路径也处于一种笼统和模糊的状态。正如有学者指出的"我国知识产权权利冲突理论不能完全解决同一知识产品受不同民事法律保护所引起的法律问题"。[②] 本书认为，在研究方法方面，"知识产权权利冲突"问题的相关研究能够为重叠保护问题提供参考，即在研究中需要先对研究问题的真伪进行甄别，判断哪些现象属于真正的"知识产权重叠保护"。只有将不属于重叠保护的类型剔除之后，才有可能探寻对知识产权重叠保护的问题本质。

对于重叠保护和权利冲突之间的法律关系，在相关研究中存在三种观点。第一种观点认为，重叠保护与权利冲突是一种包含与被包含的关系，不为法律所允许的重叠保护就是权利冲突。[③] 第二种观点认为，权利冲突既是重叠保护的特殊情况，也是权利人在与重叠保护打交道过程中所要注意的问题。一旦重叠保护关系没有处理好，就会和他人的

---

① 刘作翔：《权利冲突的几个理论问题》，载《中国法学》2002 年第 2 期；郝铁川：《权利冲突：一个不成为问题的问题》，载《法学》2004 年第 9 期；李常青：《权利冲突之辨析》，载《现代法学》2005 年第 3 期；张浩书：《反思"权利冲突"问题的真与伪》，载《内蒙古社会科学（汉文版）》2006 年第 2 期；张平华：《权利冲突辨》，载《法律科学》2006 年第 6 期。

② 梁志文：《论知识产权规范竞合及其解决路径——兼评最高人民法院的一则解释》，载《法商研究》2006 年第 2 期。

③ 陶鑫良、袁真富：《知识产权法总论》，知识产权出版社 2005 年版，第 265 页。

在先权利发生不当重叠,产生权利冲突,侵犯他人的在先权利。① 第三种观点认为,重叠保护是权利冲突的根源,与权利冲突之间是因果关系。②

本书认为,知识产权领域的重叠保护与权利冲突密切相关,在一定程度上,正是由于重叠保护才导致了权利之间相互冲突和过度保护。③由于同一对象之上聚合了两种或两种以上的权利,才有可能导致权利所控制的行为之间的相互冲突。在有的情形下,重叠保护是造成权利冲突的原因,而在另外一些情形下,重叠保护则被作为预防或解决冲突的手段,如"商标版权化保护"以及用外观设计证明在先著作权等。当相互重叠的权利之间可以并行存在时,并不会引发权利冲突;反之,当相互重叠的权利之间无法共存时,则可能引发权利冲突,在这一意义上,权利冲突构成了重叠保护的特殊情形。

2. 重叠保护与规范竞合

在既有的理论研究中,重叠保护与竞合也有密切的联系。同一事实,分别被两个以上的法条规定的现象,学界有不同的分类和称呼,如法条竞合、法规竞合、法律要件竞合、请求权规范竞合、权利竞合、请求权竞合、请求权聚合(或聚集)、累积性竞合和非累积性竞合等。④"竞合"中的"竞"字有竞争、冲突和抵触的意思,而"合"字则具有重叠、包容的意思,"竞合"就有争相符合或同时该当之意。⑤ 当不同的权利与规范聚合在同一对象之上,这些权利或规范就可能产生相互竞合的效果。因此,权利竞合与规范竞合都与重叠保护有着密不可分的关系。尤其是后者,将有可能直接影响重叠保护将造成的法律效果。如有学

---

① 杨雄文:《知识产权法总论》,华南理工大学出版社 2013 年版,第 141 页。

② See E. Derclaye & M. Leistner, *Intellectual Property Overlaps: A European Perspective* (Hart2011).

③ See Estelle Derclaye, *The Oxford Hand Book of Intellectual Property Rights*, edited by R. Dreyfuss and J . Pila, Oxford University Press(2017).

④ [德]卡尔·拉伦茨:《德国民法通论》,王晓晔译,法律出版社 2003 年版,第 348~356 页;[德]迪特尔·梅迪库斯:《德国民法总论》,邵建东译,法律出版社 2000 年版,第 67~70 页;王泽鉴:《民法总则》,中国政法大学出版社 2001 年版,第 93 页;龙卫球:《民法总论》,中国法制出版社 2002 年版,第 133~135 页。

⑤ 王利明:《违约责任论》,中国政法大学出版社 1996 年版,第 279 页。

者就认为,重叠于实用艺术品上的著作权与外观设计的本质,是著作权与专利权两种不同类型的请求权之间的竞合,如果同时支持这两种权利的保护,相当于违背了民法中关于请求权竞合的处理原则。①

基于本书对于知识产权重叠保护的界定,知识产权重叠保护是指同一符号或符号组合之上同时或接续地受到两种或两种以上的法律保护的情形。当两种或两种以上不同的法律叠加在同一对象之上时,规范相遇就构成了重叠保护的必然结果。不同规范相遇的结果是规范效果的同时并存,还是通过竞合只保留一种规范得以有效实施,主要取决于重叠保护的具体情形。具体而言,需要处理规范相遇的情形主要出现在知识产权部门法同时重叠保护的情形中。由于存在规范选择问题,在此类情形下需要甄别同一行为的"多重性质"来确定适用的法律规则。在符合法律规定的情形下,不仅知识产权部门法之间能够对具有不同功能的符号或符号组合给予重叠的保护,知识产权部门法与反不正当竞争法也可以同时或接续地对同一符号或符号组合进行重叠保护。在此意义上,规范竞合并不能完全涵盖知识产权重叠保护的问题类型,重叠保护的外延和内涵都与规范竞合存在区别。

3. 重叠保护与权利重叠

在关于重叠保护的不同观点中,由于"重叠保护"与"权利重叠"两类提法的混用,导致了对重叠保护问题真伪的争议。针对这一现象,本书认为有必要在此做一些概念上的澄清。

首先,关于"权利重叠",一些学者持以否定的观点,认为权利重叠是一种"假象"。这一结论基于以下两种论证思路:一种论证思路是从区分权利客体和权利对象的角度,认为权利的客体与权利的对象具有不同的指向和内涵,前者所指向的是以利益为内容的权利本质,后者则指向的是权利的外在形式或事实要素。前述支持重叠保护观点的学者也大多从这一区分出发,认为重叠保护所保护的是不同利益,不属于

---

① 周翔:《论实用艺术品的法律保护——兼评实用艺术品著作权与外观设计专利权的关系》,载《法制与社会》2009年第25期。

"权利"的重叠,只不过因为权利对象的重合导致了重叠的假象。基于"对象客体区分论",有学者就对"知识产权权利重叠是指知识产权中不同权利在同一客体上的重合"①这一概念提出了批评,认为"同一客体"的用法不妥。因为客体是权利的本质,权利不同客体必然不同,重叠的"权利客体"并非"同一客体",而是不同的客体。因此,重叠保护可以定义为,不同的知识产权在同一对象上的重合。此所谓对象,是指作为事实存在的智力成果或商业标识,当其成为著作权之所指时,便成为著作权客体;当其成为商标权之所指时,便成为商标权客体,以此类推。②

另一种论证思路则是通过对知识产权相关客体的符号解读分析知识产权重叠保护的本质。在"符号功能论"中,同一符号发挥的不同符号功能满足了人类的不同需求,这正是不同种知识产权的利益来源和价值基础。③ 通过符号所发挥的不同功能区分不同权利所保护的抽象利益,统一于"知识产权"项下的知识产权权利客体便不再具有同样的面目,著作权、专利权及商标权的权利客体会因符号功能的差异性表现出明显的差异性。从符号利益的差异性的角度观察,"符号说"与"客体与对象区分论"存在类似的理论基础,即客体代表的是不同权利所保护的抽象利益,而对象则是载体。迥异的立法目的决定了不同类型的知识产权所控制的行为内涵是不同的,如果以行为所控制的利益作为考察切入点,那么并不存在重叠,即不存在"权利重叠"的现象。

两种思路殊途同归。否定重叠保护的论证基点在于不同权利保护的利益并不相同,因此即便权利对象是相同的,因重叠在对象之上的权利客体不同,因而并未产生真正的权利重叠保护。以"权利束"的角度观之,在否认权利重叠的学者眼中,各项权利行为与其实现的利益也应如最初法律设定一般,泾渭分明、清晰可辨,自然也就不会存在权利交叉与重叠保护。然而,完美的权利运行状态只存在于应然的假设中,在

① 冯晓青:《论知识产权权利重叠、权利冲突及其解决》,载郑胜利主编:《北大知识产权评论》第1卷,法律出版社2002年版,第111~129页。

② 陶鑫良、袁真富:《知识产权法总论》,知识产权出版社2005年版,第265页。

③ 李琛:《论知识产权法的体系化》,北京大学出版社2005年版,第118~124页。

实际权利运行中，由于知识产权非物质性的特征，会使权利所控制的行为之间产生一种较之有形财产更为复杂的情况。各项权利控制行为无法做到完全分离，当同一权利控制行为被不同权利所涵盖，便呈现一种重叠保护的外观。一些权利失效之后，如果仍受到另外一些权利行为的控制，权利对象仍无法完全回到公有领域。此外，权利发展过程中，客体的扩张、复合型权利对象的出现、对同一载体的多层次利用也会在一定程度上导致原本设置分明的权利出现重叠保护现象。本书认为，重叠保护现象是客观存在的。在权利重叠与重叠保护相区分的视角下，以不同法律规范保护的利益是否相同作为标准，“重叠”代表了两种不同的含义：一种是不同权利类型和法律保护的利益不同，但权利对象或权利行为的同一性导致了重叠保护的外在表现。这种情况不属于权利重叠，但属于本书所界定的重叠保护。另一种则是权利对象与权利行为不同，但不同的法律所保护的是同样的利益，这种情况属于真正意义上的权利重叠，是本书所研究的重叠保护类型中的一类特殊情形，属于广义上重叠保护的范畴。

尽管从客体与对象区分的角度而言，抽象意义上的“权利重叠”是否存在还值得探讨，但对于“权利重叠”是伪命题的论证却已经从另一个侧面论证了重叠保护存在的客观性：无论权利是否由不同主体享有，由于保护的利益不同，同一对象之上的不同权利之间无法合并，即权利并未重叠，重叠的是不同层次和类别的法律规范对权利的保护，即法律规范之间的重叠保护。在实践中，区分并剥离每一项权利行为背后所代表的利益，不仅成本高昂，而且过于抽象。如果仅以保护的符号功能与内在利益的不同便否定这种客观存在的现象，对于规范重叠保护的现象的客观存在却视而不见，对于理论研究和司法实践都是有害无利的。因此，作为一种多重权利保护同一对象的权利外观而言，区分“权利重叠”与“重叠保护”，承认知识产权重叠保护的客观存在，是对这一问题进行研究并有效指导实践的前提。

综上所述，通过分析“重叠保护”与“权利重叠”、“权利竞合”与“权利冲突”等概念之间的关系可以发现，既有研究中对类似问题的研究并不能解决知识产权重叠保护中所产生的一系列理论及实践问题，也从另一个角度论证了重叠保护问题研究的价值所在。同时，通过将“重叠保护”与“权利重叠”进行概念辨析，进一步明确了本书所要讨论的“重叠保护”与“权利重叠”的区别在于产生重叠的层次不同，重叠保护问题主要是指权利对象上不同法规的重叠，产生叠加的层次集中在权利对象而非权利客体方面。与“权利重叠”所指代的权利客体方面的重叠存在区别，知识产权重叠保护问题具有不同于类似概念的外延和内涵，是衍生于知识产权法律体系并具有研究价值的新问题之一，需要通过回归体系的方式对其进行界定和进一步分析。

第二节 知识产权重叠保护的概念证成

一、知识产权重叠保护与上位概念的关系

概念具备两个逻辑特征，分别是反映事物本质的内涵与反映概念适用范围的外延。对法律问题进行体系定位的前提是概念的内涵清晰，能对问题有明确的指向。因此，对那些无法清晰界定的概念，就需要首先完成对其内涵和外延的界定，而这种界定过程，其实也是界分问题边界、厘清该问题与其上位概念以及其他相关概念之间关系的过程。基于下位概念对上位概念的种属关系，“知识产权”这一属概念的内涵和外延对“知识产权重叠保护”的内涵与外延具有决定作用。

首先，“知识产权”概念的内涵决定了“知识产权重叠保护”的内涵。概念之间的种属关系不是整体与部分的关系，具有从属关系的概念内涵反映的是类和分子之间的关系。在内涵上，分子具有类的本质属性。因此，从一个上位概念，我们大致可以推测一个下位概念的基本内涵，或指称对象的本质。[①] 下位概念的内涵不仅包含了自身概念的内

① 陈金钊、熊明辉主编：《法律逻辑学》，中国人民大学出版社 2012 年版，第 57、73 页。

涵,而且包含了上位概念的内涵。[①] 这一内涵上的决定关系意味着知识产权重叠保护问题的性质与知识产权作为非物质财产权的性质相一致,而知识产权法律体系内部利益的调整范式以及权利限制,都对重叠保护问题具有同样的效力。知识产权法的原则、价值目标以及相关规范,都构成了对于重叠保护问题的学理和法律依据。

其次,作为知识产权的属概念,知识产权重叠保护的外延也取决于知识产权的外延。本书认为,这种外延方面的规定性决定了知识产权重叠保护的外延具有限定性和扩张性两种特性。一方面,就目前的规范类型而言,本书所论述的重叠保护外延,以知识产权部门法以及与知识产权相关的反不正当竞争法之间的重叠为限。其他法律内部以及其他法律规范与知识产权法之间也会有重叠保护的现象存在,但这些重叠保护的类型不在本书所界定的知识产权重叠保护所讨论的范围之内。另一方面,就规范所调整的权利对象范围而言,却呈现不断扩大的趋势。概念的外延是由概念的适用范围决定的。由于概念所反映的对象不同,有的概念仅包含一个单独事物(如“最高人民法院”),而有的概念则包含若干或无限数量的事物(如“法律规范”),故而不同概念的外延范围也就不同。对于知识产权而言,其权利对象的类型和数量决定了这一概念的外延范围。随着技术进步和社会发展,不仅既有的权利对象会出现新的利用方式,新的对象因具备了作为权利的客体特征,也会不断被扩充进知识产权的权利范围,成为知识产权的权利对象。因此,就权利对象不断增加的发展趋势而言,知识产权的概念外延也是不断扩大的,与之相适应,知识产权重叠保护的外延也会随着知识产权对象的增加而扩大。

二、符号论视角下的知识产权重叠保护

概念是整体化思维的基本特征,是体系化的必要条件。[②] 如果按照“被定义项 = 属差 + 种概念”的定义方式,知识产权重叠保护的种概念

---

① 雍琦:《法律逻辑学》,法律出版社 2004 年版,第 46 页。

② 李琛:《论知识产权法的体系化》,北京大学出版社 2005 年版,第 41 页。

是“知识产权”，具备知识产权这一概念内涵的所有特征。因此我们可以根据“知识产权”的概念推导出“知识产权重叠保护”的概念。在符号论视角下，知识产权是人们依法对特定符号或符号组合的市场利益所享有的权利，知识产权法是以特定符号利益为调整对象的法律规范的总和。根据知识产权法与知识产权重叠保护之间的种属关系，本书对知识产权重叠保护的定义为：知识产权重叠保护是指同一权利人拥有的同一符号或符号组合能够被两种或两种以上的知识产权部门法同时或接续地进行保护的情形。

法律概念是社会事实的反映，概念的设定一定是为了解决一定的实际问题。[①] 知识产权重叠保护问题既是一个理论问题，也是一个实践问题。对该问题的法律界定不仅涉及理论研究中知识产权法各部门法对于符号利益的分配方式，也牵涉实践中如何处理重叠保护问题带来的体系化矛盾与法规冲突。因此，“知识产权重叠保护”这一概念的设定，就是为了通过对该问题在法律上的准确界定，合理评价知识产权重叠保护问题带来的法律效果，进而得出对该问题的妥善解决路径。

本书拟将知识产权法各部门法之间的重叠保护现象知识产权法与反不正当竞争法之间的重叠保护现象一并纳入考察范围。希望解决的问题包括知识产权体系内各部门法之间的重叠保护、知识产权法与反不正当竞争法的重叠保护两个部分。前者包括外观设计专利权与著作权之间的同时或接续重叠保护、商标权与著作权之间的同时或接续重叠保护以及商标权与专利权之间的同时或接续重叠保护等问题；后者包括著作权、商标权、专利权与反不正当竞争法同时或者接续的重叠保护问题。具体包括：在同时重叠保护中，知识产权部门法在给予同一对象保护的同时，反不正当竞争法也给予叠加保护的情形，以及在接续重叠保护中，当某项具体知识产权保护期届满之后，反不正当竞争法接续

① 如论者言：涉及一个法律规定或用语，必须是“有所为而来”，亦即对其设计有功能上的期待，希望其有助于解决当时当地所遭遇的问题。因此该用于设定成功时并非一个人的创造，而是整个社会对所提出的价值互相共认之后，使那个用语具备通过相约成俗附和该价值的能力。参见黄茂荣：《法学方法与现代民法》，中国政法大学出版社2001年版，第53页。

地提供保护的情形。为了将这些问题置于同一法律框架下予以解决，本书拟采用广义的知识产权重叠保护的概念，基于本书对知识产权重叠保护的定义，广义的知识产权重叠保护是指知识产权法各部门法之间以及知识产权部门法与反不正当竞争法之间对同一符号或符号组合进行同时或接续保护的情形。

三、知识产权重叠保护的内涵与外延

作为法律概念，知识产权法具有相对确定的内涵，因此知识产权重叠保护的内涵也是确定的，所有的知识产权重叠保护都具备以下内涵，即不同法律规范进行重叠保护的是同一符号或符号组合，造成重叠保护的原因是该符号或符号组合所具备的多种功能同时或相继地符合不同类型权利客体的标准。重叠保护以两种或两种以上的相关法律规范调整同一对象为表现形式。

从功利主义的角度观察，知识产权法是作为一种激励机制存在的。如果将反不正当竞争法和知识产权各部门法都视作一种激励机制，那么在正常情况下，功能不同的符号与激励机制之间是一一对应的，如具有美感的符号或符号组合与著作权法相对应，而专利法激励的则是具有功能性的技术方案等。但在重叠保护情形下，符号功能的复合性导致了同一符号对象与激励机制之间出现“一对多”的情况。而激励机制之间的差异又进一步导致了体系的冲突和实践中可能的“顾此失彼”。因此，如果将符号功能与激励机制的对应关系作为考察视角，那么判断是否构成重叠保护重要标准便是：属于同一权利人的同一符号或符号组合上是否存在一种以上激励机制。这一特征也构成了知识产权重叠保护区别于其他概念的种差。

概念的确定性大致可以表现为四种类型，分别是内涵清晰、外延封闭；内涵清晰、外延开放；内涵不清晰、外延封闭以及内涵不清晰、外延开放四种。[①] 本书对于知识产权重叠保护的界定显然属于第二种，即内

---

① 雍琦：《法律逻辑学》，法律出版社2004年版，第48～49页。

涵清晰、外延开放。原因在于,与相对确定的内涵相比,知识产权重叠保护的概念具有相对开放的外延。主要原因是能够成为知识产权对象的符号或符号组合将随着技术发展和社会进步不断扩张,导致重叠保护的对象范围也必将随之不断扩张。因此,未来凡是能够造成两种或两种以上的知识产权法保护的符号或符号组合都属于知识产权重叠保护概念所涵盖的对象。此外,将重叠保护的外延扩大至将反不正当竞争法与知识产权法之间重叠的情形包括在内,主要原因是此类重叠保护在符号利益的表现形式层面、激励机制与符号利益的对应方面具有共同特征,从而使两类不同的重叠保护具备了在同一框架下进行讨论的可能性。具体阐释如下:

首先,知识产权法根据符号的不同功能,构建相应的激励机制,实现符号市场价值,并通过制度间的协调实现知识产权法整体的体系融贯和整个制度目标的实现。无论是知识产权各部门法所规定的客体还是反不正当竞争法保护的法益,都是实现这一目标的基本组成。如果回归到符号功能进行考察就能够发现,反不正当竞争法保护的法益并没有脱离知识产权所要保护的那部分符号价值,只不过保护的形式不同、强度有异。但知识产权内部的重叠保护和反不正当竞争法与知识产权法的重叠保护,都涉及符号的功能与激励机制的对应关系,反不正当竞争法保护的法益,也是知识产权制度构建的构成元素,与知识产权部门法所保护的各类权利一起构成了知识产权法所调整的符号市场利益的对象。

其次,两类重叠保护在控制符号市场利益的方式上也具有相同的特征。无论是知识产权部门法还是反不正当竞争法,都通过控制和评价符号利用行为的方式实现对符号利益的分配目的。在一些研究中,已经注意到了法益与权利在保护程度上的趋同性以及以"行为"作为控制手段的共同特征。[①] 两种调控方式的最大区别在于,在知识产权部门

---

① See Annette Kur, *What to Protect, and How Unfair Competition, Intellectual Property, or Protection*, Max Planck Institute for Intellectual Property and Competition Law Research Paper, p. 12 – 13.

法范畴内，著作权、专利权和商标权都是以“权利束”的方式来划定权利范围，并通过给予某一特定行为合法或非法的评价来调整符号市场利益的，对权利行为的管理是集约化的。而反不正当竞争法则是通过对单个行为进行法律评价的方式来实现对符号市场利益的调整。通过调整和评价符号利用行为的方式则构成了知识产权部门法和反不正当竞争法在调整方式上的共性。

综上所述，权利对象形态和调整方式的共性决定了知识产权部门法间、知识产权部门法与反不正当竞争法间的重叠保护问题可以放在同一个框架下进行讨论。这种共性也决定了如果抛开与反不正当竞争法重叠的部分而仅讨论知识产权内部的重叠保护，将可能由于重叠保护的问题类型未被穷尽而得出有误差的结论。

第三节　知识产权重叠保护问题本质的逻辑推演

一、演绎推理：确定问题本质的逻辑过程

确定知识产权重叠保护的本质，是一个法律推理的过程。按照推导问题思维进程的不同，法律推理的类型包括演绎推理、归纳推理和类别推理等不同类别。其中演绎推理的方向是由“一般”到“特殊”的推理，从推理前提的一般性推出能够反映特殊的特质。归纳推理则与之相反，它的推理方向是从“特殊”到“一般”，即从特殊性中进行总结归纳，得出“一般”所具有的特质。类比推理与二者都不同，在推理方向上是平行的从“特殊”到“特殊”。推理是论证问题的逻辑过程，也是使论证具备科学性的科学方法，因知识产权重叠保护是需要从一般事物推知特殊事物性质的逻辑推导过程，因此，本书将借鉴演绎推理方式对知识产权重叠保护问题本质进行逻辑推演。

演绎推理一般由三个命题组成，通常把演绎推理通称为“三段论”。这三个命题分别是：大前提、小前提与结论。具体而言，“大前提”是指

用以作为认识某类或某个对象事物情况基本依据的一般性命题,包含了某类或某个对象事物情况在内的一般性知识;"小前提"是有待认识的关于某个对象情况的命题,也就是关于我们所需要认识对象的命题。最后就是两个前提连接而推导出的命题及结论。

值得一提的是,虽然从逻辑顺序上看演绎推理是由"一般"向"特殊"的推理过程,然而在实际的思维运行过程中,运用演绎推理的认识起点其实是小前提。正是因为有了进一步认识某类或某个对象的需要,人们才会有意识地将其与头脑中已有的知识联系起来,从而以之为依据,得出关于某类对象的新的认识和结论。因此,虽然演绎推理就其从前提推导出结论的思维进程来说,是由"一般"推向"特殊",然而,就演绎推理的实际运用而言,其认识起点却是先有"特殊",然后寻找"一般",而后得出结论的过程。可见演绎推理的"演绎",实际是把大前提反映的一般性质展现出来,并使之具体化,或者说是依据一般性知识而对具体对象认识的延伸和扩展。演绎推理的推导过程其实就是把"特殊"导入"一般"而得出结论的过程,或者说是用一般性原理来认识或论证特殊性命题的过程。[①]

具体到对于重叠保护问题本质的探究,此处的"特殊"便是我们所要发现的重叠保护问题的本质,在演绎推理的三段论中,它构成了推理的小前提。而"一般",即据以得出结论的大前提是什么?如前所述,知识产权与知识产权重叠保护之间是上位概念与下位概念的关系,知识产权重叠保护是知识产权的从属概念,由知识产权这一概念衍生而来,知识产权重叠保护概念的内涵与外延均取决于知识产权的概念。由此可知,知识产权的本质构成了对知识产权重叠保护问题本质进行演绎推理的大前提。简言之,欲界定知识产权重叠保护问题的本质,需要将其分为两个部分,前置限定是"知识产权",之后才是"知识产权重叠保护",重叠保护问题的本质从属于知识产权的本质。因此,若要准确界定知识产权重叠保护问题本质,首要的问题就是确定知识产权的本质。

---

① 雍琦:《法律逻辑学》,法律出版社 2004 年版,第 169 ~ 172、189 页。

鉴于以上推理规则，本书将从知识产权对象的共性——符号的角度出发，首先界定知识产权的本质，继而推出知识产权重叠保护问题的本质。

此部分的论证逻辑为：知识产权是符号利益分配方案——重叠保护问题涉及重叠部分的符号利益分配——重叠保护属于符号利益分配的子方案。

二、推理前提：作为符号利益分配方案的知识产权制度

在符号论视角下，知识产权是人们对特定符号或符号组合所享有的权利，知识产权法则可以界定为以特定符号利益为调整对象的法律规范的总和。法律是调整特定社会利益的规范，从规范的社会功能角度而言，知识产权制度和物权制度的目的都是实现对特定财产的分配，知识产权制度的特殊性仅体现在所分配的财产形态是符号上的，因此二者在社会功能上并无本质的区别。[①] 本书认为，知识产权的本质是特定符号利益的分配方案，这一结论是结合知识产权的调整范式与知识产权对象的共性——"符号"所共同得出的。

知识产权法律制度是通过确定一些具有共性的要素进行体系构建的。如果将构建知识产权法律体系的过程比作一座大厦的建造过程，那么这些要素就是建筑图纸最为关键的施工数据。这些要素大致包括：确定权利客体的标准、权利所控制的行为类型、权利客体的交易模式和保护模式、侵权和赔偿的方式、权利限制模式等。而在建筑的过程中，从基础的建筑材料到框架结构其实都离不开符号所具备的功能性。知识产权法的权利结构，本质上是根据符号利益的差别进行组织的，不仅部门法的构建以符号的不同功能为基础，对客体标准的建立、救济模式的选择也都与符号所发挥的不同功能有关。

本书认为，知识产权法对符号利益的分配范式如下。

---

① 知识产权制度应当走下"鼓励创造"的神坛，步入"分配利益"的俗境，不再沉迷于"鼓励创造，社会发展"的幼稚假定，而是厘清各种相关利益，最大限度地达致公平。参见李琛：《论知识产权法的体系化》，北京大学出版社2005年版，第141、161页。

1. 权利客体与符号利益的对应关系构成了知识产权法的价值基础

法律关系的客体又称作权利客体，是权利主体的权利与义务所指向的对象。[①] 并非一切独立于主体而存在的客观现象，都能够成为法律关系的客体，客体的范围不仅会受到一定生产力发展水平和社会历史条件的制约，还取决于客体对于主体所能发挥的价值。[②] 事物的价值存在于主体和客体的关系结构之中，价值主体所希望借由客体价值属性得以实现的各类价值目标的集合体，就是事物对于主体的价值。在这种价值关系中，主体的价值需求构成了价值目标和价值生成的原点与评价的标准，并赋予或引发事物作为价值客体的属性。[③] 价值主客体关系的一个显著特点就是客体价值的性质和实现程度主要取决于价值主体，而非价值关系的客体。因此，价值实际上就是对主客体相互关系的一种主体性描述，它代表着客体主体化过程的程度和性质。[④]

在知识产权法律关系中，作品、发明、实用新型、外观设计和商标分别构成了著作权法、专利法和商标法的客体。著作权的客体是符号，作品本质是法律规定的文学和艺术领域内的符号利益分配形式。[⑤] 商标权的客体也是符号——商标的本质是特定符号与特定商品信息或服务信息之间的对应关系。[⑥] 这些客体均能够以符号作为统一的表现形式，换句话说，不同的权利客体就是符号的不同表现形式。符号利益具体化为权利客体的过程，就是知识产权不同部门法对客体标准的设置过程，也是划分不同权利客体的过程。作品独创性、商标的显著性标准和"专利三性"都是构成知识产权客体的积极要件。与此同时，不同部门

① 沈宗灵主编：《法理学》，高等教育出版社 1994 年版，第 391 页。

② 朱景文主编：《法理学》，中国人民大学出版社 2015 年版，第 305 页。

③ 只有那些能够满足主体需要并得到国家法律确认和保护的客观现象，才能够成为法律关系的客体，成为主体权利和义务所指向的对象。参见朱景文主编：《法理学》，中国人民大学出版社 2015 年版，第 47 页。

④ 李顺德：《价值论》，中国人民大学出版社 1987 年版，第 3、107 ~ 108 页。

⑤ "作品本质是在泛关系网络与著作权社会关系网络中生成的，是在文学艺术与科学领域内社会公众共同接受的引起利益分配的形式。"参见付继存：《著作权法的作品观：从本质主义到建构主义》，载《知识产权》2016 年第 1 期。

⑥ 刘期家：《商标权概念的反思与重构》，载《知识产权》2009 年第 4 期。

法也为客体设置了消极要件,将那些不予保护的特定符号排除在外。清晰的客体标准能够有效划分不同类型的符号利益,在实现不同部门法的立法目标的同时,使知识产权体系完整、逻辑清晰有助于整个立法目标的实现。

而符号成为客体的根本原因,在于符号所具有的为人们所认可的市场价值。对权利主体而言,符号不仅可以满足人类的各种层面的价值需求,[①]而且能够通过在市场流通实现其交换价值。简言之,是符号的市场利益决定了其成为以调整符号利益法律关系为任务的知识产权法的客体。符号,就一定意义上而言,既可以认为是不同类型的符号——权利客体的表征,也可以认为是符号市场利益的"凝结物"。权利客体以符号为形式,符号所具有的价值和市场利益是使符号得以成为客体的决定性要素。而权利客体的形成,就是符号这一客体"主体化"的过程。随着越来越多的事物符号价值被发掘,也会有越来越多的符号以客体的形态进入知识产权法律关系中,成为法律所保护的客体。

2. 激励机制与符号功能的对应关系构成了知识产权法的体系框架

在知识产权法中,符号的不同功能构成了知识产权的价值基础,不同部门法的共同目的是实现相应的符号功能,保证符号利益的实现。同一符号发挥的不同符号功能满足了人类的不同需求,这正是不同种知识产权的利益来源和价值基础。[②] 知识产权的权利构造是根据符号利益的差别进行组织的,不仅部门法的构建以符号的不同功能为基础,对客体选择的标准建立、侵权模式的选择等规则也都与符号所发挥的不同功能有关。如果将不同类型的知识产权保护视为特定的激励机制,那么在一定意义上,符号功能与知识产权法的激励机制是对应的。

具体而言,作为著作权客体的作品体现的是符号的认知功能和审美功能,作为专利权客体的技术方案体现的是符号的构造功能和实用功能,商标体现的是符号的指代功能和区分功能,外观设计则采用的是

---

① 如著作权和工业产权的划分就是以符号所满足的精神和物质需求为标准的。

② 李琛:《论知识产权法的体系化》,北京大学出版社2005年版,第118~124页。

符号的表彰功能和广告功能。符号的不同功能,也能够作为区分不同客体之间的标准。例如,虽然外观设计同作品一样都属于"富有美感"的符号,但外观设计的美感是用来美化特定产品的,作品的美感则只关涉符号本身,两类符号的不同功能造成了同为符号的作品与外观设计的本质区别,[①]为后续区分两种符号功能与激励机制的对应关系奠定了事实基础。

知识产权法中的具体规则也与符号功能有关。符号有两种基本功能,一是指代功能,二是创生功能。[②] 商标法的调整方式与著作权法和专利法存在明显区别,主要原因就在于作为工商业标记的符号功能与作为智力成果的符号功能存在差异。同外观设计与作品的区别标准类似,智力成果这种符号形式具有独立价值,并不以服务其他被指代物为任务,而商标的符号形式本身不具有独立的价值,作为符号的商标所要彰显的不是自身符号组合的价值,而是其背后商誉的价值。商标"形"为符号,"神"为商誉。[③] 知识产权法是按照符号功能差异性来"定制"调整与激励方式的,不同的符号功能对应着不同的调整方式,在一定意义上,是符号的性质和功能决定了符号的激励方式。

符号功能与调整方式的对应关系在商标法中体现得尤为明显。作为商标的符号,指代和区分功能是商标的符号所发挥的主要功能。TRIPs将商标定义为任何能够将一个企业的商品或服务区别于另一个企业的商品或服务的符号或符号组合。这种符号功能与作品所发挥的符号功能之间存在明显差异,这种差异性体现在制度设计中,最重要的表现便是商标法律制度与智力成果法律制度对于符号保护期限的差别设置。具体而言,著作权与专利权的保护期是有限的,无论时限长短,保护期届满必须进入公有领域。而法律虽然也为商标法设置了一定的

① 熊文聪:《知识产权权利冲突:命题的反思与检讨》,载《法制与社会发展》2013年第3期;熊文聪:《拨开重叠保护的迷雾:知识产权对象再认识》,载刘春田主编:《中国知识产权评论》,商务印书馆2011年版,第121页。

② 李琛:《论知识产权法的体系化》,北京大学出版社2005年版,第135~139页。

③ 李琛:《商标权救济与符号圈地》,载《河南社会科学》2006年第1期。

有效期限,但只要满足法律规定便可以无限次续展。① 与著作权对于作品的保护期限相比,法律对发挥符号指代功能的商标进行了完全不同的期限设置。原因就在于,商标的指代功能决定了对其保护并不能阻碍增量知识产生,因此使权利人永久地拥有商标并不会导致公有领域减损,反而有助于权利人长期积累的商誉被有效保存,便于消费者选择。但对于具有符号创生功能的智力成果而言,无论是著作权法还是专利法,都需以促进公有领域增量知识的产生为制度目标,如果它们与商标法具有相同的续展设置,必然会导致知识符号被垄断,违背知识产权法促进社会文化进步的基本价值目标。可见,符号的不同功能直接导致了制度设置中的差异。

符号的功能特征具有多种表现形式,在理论研究中,符号性质之间的差异性与激励机制的设置密切相关。如有学者就认为,是符号的识别性要素多寡决定了其所对应的激励机制构成,从而导致了确权模式的不同。如对于不同客体采用事前审查还是事后审查的方式,是否认可独立创作例外等,都是基于符号本身所具有的可识别性要素数量确定的。如果区别特征较多,确权成本较高,版权法的确权模式就是恰当的;反之,则应该采取专利法的确权模式。②

可见,无论是符号的创生功能与指代功能的区分,还是符号所包含的识别性要素数量,归根结底是由符号的功能特征决定了激励机制的构成方式。就现有制度而言,符号功能与激励机制之间存在一一对应的关系,如发挥指代功能的符号——商标,与商标法形成了对应关系;发挥创生功能的两类不同功能的符号,以是否具有功能性作为区分标准,分别对应着专利法与著作权法两类激励机制。其中发挥实用功能的技术方案交由专利法调整,而发挥审美和艺术功能的作品则以著作权法进行激励。可以说,"符号功能"与"激励机制"之间的对应关系构成了知识产权法的体系框架,也构成了判断新的问题与体系设置目标

① TRIPs 第 18 条明确规定:商标的注册可以无限续展。

② 崔国斌:《知识产权确权模式选择理论》,载《中外法学》2014 年第 2 期。

契合与否的标准。

3. 权利行为与权利客体的对应关系构成了知识产权法的权利内容

在法律关系中，权利范围体现为法律赋予权利主体的对于权利客体具体利用行为的范围。而主体对于权利客体的利用行为，则以“权利束”的方式构成了权利内容。在知识产权法中，权利客体与权利行为之间还存在一种特定的内在联系，在一定意义上，权利客体是权利行为的“凝结物”。按照田村善之教授的观点，因为“无体物或知识创作物与行为是不可能严格区分的，虽然在知识产权法的领域经常说知识创作物的保护或者信息的保护，但最终知识产权都不过是制约人们行为模式的权利而已”。[①] 简言之，知识产权法中的“权利客体”“法益”实际上属于对具有共性的一系列特定权利行为的凝结，通过这样的方法，就可以对这些以“权利客体”形式凝结的行为施以集约化管理。但在本质上，这些被凝结的权利行为实际上与物权中对特定有体物的利用行为别无二致。而从制度设计的角度来看，从对单一权利行为的评价到对权利客体的集约管理，既是法技术的运用，也是制度效率的表现。

从这一角度观察，所有权和知识产权之间最大的区别或许仅仅在于，所有权的权利内容表现为与特定有体物的物理性接触利用行为，有体物的物理性在客观上形成了权利范围的限制，所有权不会被无限扩大。[②] 而由于缺乏类似物权的“物理刹车器”，对于以非物质性的符号为权利对象的知识产权，权利边界的界分和扩张都以抽象的方式表现，权利扩张相对更为容易。尤其在重叠保护的情形下，就更需要考虑是否在已经赋予特定符号或符号组合法定的控制和利用行为之后，还要就同样的符号功能继续赋予该符号其他的权利控制行为。

---

① 将任何行为人都共通的抽象性要素——如将著作权法中的复制和公众信息网络传播等要素——作为“行为”进行规制，将个别行为的不同点排除后所剩的固有要素作为个别“知识创作物”如在著作权法中就是作为著作物（作品）——进行把握。参见［日］田村善之、李扬、许清：《“知识创作物未保护领域”之思维模式的陷阱》，载《法学家》2010 年第 4 期。

② 参见［日］田村善之、李扬、许清：《“知识创作物未保护领域”之思维模式的陷阱》，载《法学家》2010 年第 4 期。

综上所述,知识产权法的立法目标是通过确定权利客体、权益,进而控制行为,以实现符号市场利益在创作者和资本之间的分配,并实现与社会公众利益的平衡。权利行为的范围限制内含在客体与行为的对应关系中,并以知识产权法对符号利益的调整规范作为基础。知识产权法只调整有限的符号利益,在这一意义上,知识产权法是对特定符号利益分配的方案。(见图2)

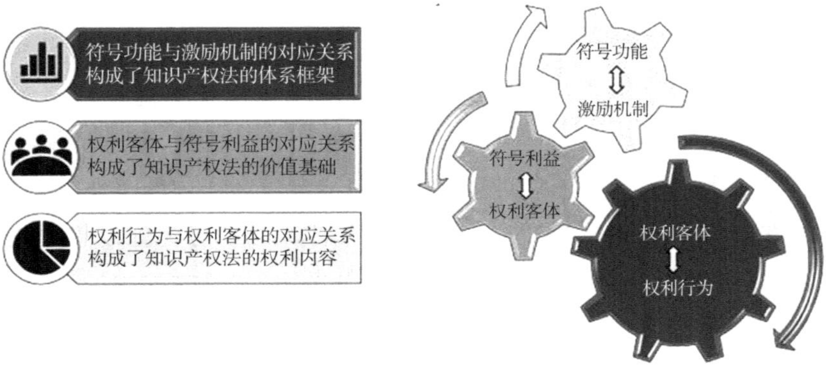

图2　作为符号利益分配方案的知识产权制度

三、推理结论:符号利益分配方案的子方案

1.重叠保护是知识产权法对符号利益再分配的子方案

通过以上论述,可通过如下推论过程得出知识产权重叠保护问题的本质:

知识产权法的本质是符号利益分配方案

重叠保护是知识产权法的种概念

知识产权重叠保护的本质是符号利益分配方案的子方案

这一推论过程可以具体化为:如果将知识产权法视为对知识产品符号利益进行分配的总方案,知识产权各部门法都属于这一分配方案的子方案。在重叠保护情形下,需要处理的是同一符号和符号组合在不同法律规范重叠保护的情形下应该如何分配符号利益的问题。这一问题在逻辑构成上与以分配特定符号利益为目标的知识产权部门法应属于同

一层级,因此,重叠保护问题也属于符号利益分配方案的子方案。

概念构成上的种属关系决定了知识产权重叠保护的内涵取决于知识产权法的内涵,知识产权法属于符号利益分配方案的本质,也决定了知识产权重叠保护问题属于符号利益分配方案的一类特殊情况。换言之,知识产权重叠保护问题是知识产权法作为符号市场利益分配方案的子方案,对重叠部分符号利益的再分配构成了重叠保护的问题本质。知识产权对符号利益的调整范式决定了重叠保护情形下的调整范式。作为从属方案的知识产权重叠保护,最重要的任务就是对重叠部分的符号利益制订恰当的分配方案,而这种方案与知识产权对符号利益的分配方案之间的关系是主方案与子方案的关系。这种从属关系在处理与知识产权重叠保护相关的法律问题时主要体现在对符号利益的分配范式选择中。

在重叠保护的情形下,由于不止一种法律规范能够对同一符号利益进行调整,出现了许多涉及符号利益再分配的具体问题,包括但不限于:是否允许符号上的利益进行叠加?符号上的利益叠加会引发哪些法律效果?由于符号功能的复合性,是否允许符号表达具有多重市场利益?同一符号或符号组合之上的市场利益之间应该如何划分边界?分配符号之上的利益需要遵循哪些要求?如何维持知识产权人基于符号所享有的利益与公众利益之间的平衡?本书认为,如何处理重叠保护中关于权利范围划分的问题,实际上就是在对符号上所承载着不同类型的利益进行分配和处理的问题。换句话说,对重叠部分符号利益的再分配构成了重叠保护的问题本质。

符号之上的多重利益不是知识产权带来的,而是其在市场运作中获得的,需要法律予以确认和分配。知识产权的主要作用是在法律上固定企业的技术与市场优势,而技术与市场优势本身不是知识产权带来的。[①] 本书认为,知识产权法应如何合理分配这部分具有多重功能的符号利益,使其既符合不同部门法的规定又满足知识产权法的立法目

---

① 李琛:《知识产权基础功能之重解》,载《知识产权》2014 年第 7 期。

标,在实现符号利益最大化的同时也符合知识产权法律制度体系化要求,是妥善解决重叠保护问题的关键。

2. 现象意义上与效果意义上的两类“重叠保护”

由于知识产权法的抽象性,人们可能会在两种不同意义上使用“重叠保护”。第一种意义上的“重叠保护”指同一符号或符号组合受到不同类型的知识产权法律规范同时或接续保护的情形,在这种情况下,知识产权重叠保护指代的是一种法律制度运行过程中产生的现象。但有时,人们对“重叠保护”做出肯定或否定的评价时,所针对的却并非单纯的制度运行表象,而是对重叠保护所带来的影响和效果进行评价。因此,在第二种意义上,重叠保护指其在效果和影响层面的含义。

法律现象的出现是一种法律制度运行过程中的客观存在,除非颠覆既有的调整范式,否则按照知识产权法对符号利益的调整范式,当同一符号或符号组合上所具备的不同功能符合知识产权部门法对于客体的要求,“重叠保护”的现象就自然会产生,这种现象并不会因为理论或司法实务中的否定性评价就消失。与之相反,对重叠保护所造成的效果和影响却是可以评价的。在目前相关的学术观点中,学者所要反对或否定的,也正是在目前的制度环境中,重叠保护给知识产权制度所带来的体系混乱等负面的法律效果。因此,在研究中需要区分“重叠保护”所指代的究竟是现象层面的还是法律效果层面的,在既有制度体系之下能够有所改进的,也仅仅是重叠保护现象所带来的负面法律效果。

基于知识产权重叠保护的问题本质,重叠保护是隶属于知识产权法的、对符号利益进行分配的子方案,这种特殊的情形对符号利益分配提出了较为复杂的要求。如果能够在符合知识产权法调整范式要求的基础上,对重叠部分的符号利益进行恰当分配,那么,重叠保护问题就仅仅是知识产权体系内部的一种具有特殊分配规则的符号利益分配方案。但如果对重叠保护可能造成的负面影响不加以限制,对这一现象中需要协调既有分配方案的特殊分配规则不予关注,那么重叠保护现象就可能会成为负面效应的代名词,并成为需要知识产权法律体系加以解决的“系统 bug”。就目前重叠保护情形下对符号利益的分配效果而言,是否符合知识产权法作为主方案的体系要求,是否需要为其制订特殊的分配方案,都将取决于以主方案对符号利益的分配范式为标准对其进行检视的结果。本节所作的逻辑论证过程见图 3。

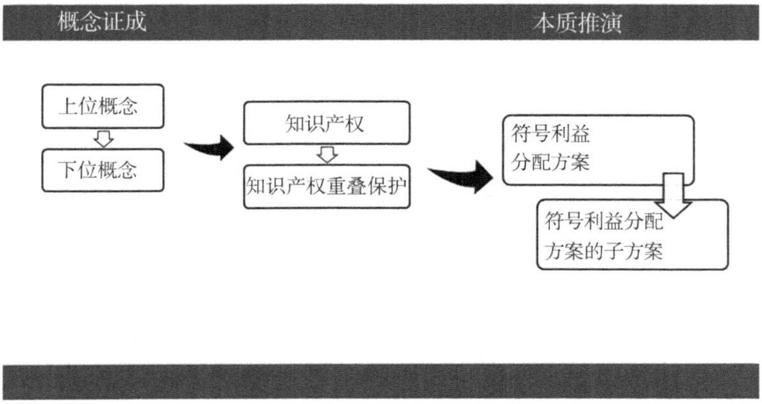

图 3　知识产权重叠保护问题本质的逻辑推演

第四节　检视标尺的形成与内容

知识产权重叠保护现象是客观存在的,对重叠保护所造成的影响评价却是主观的——评价结论取决于所采取的评价标准。坚持私权保护至上的论者与公共利益至上的论者所持的立场不同,自然也会因评价标准的不同而得出迥异的评价结论。因此,评价结果的恰当性取决于评价标准的恰当性,如果想得出对重叠保护现象的正确评价,就需要首先确定合理的评价标准。

在对于符号市场利益分配过程中,知识产权法已经建立了一套相对完整的调整范式。这些范式体现在权利客体与符号利益的对应关系、激励机制与符号功能的对应关系以及权利行为与权利客体的对应关系之中,构成了知识产权法律体系的内在规定性。无论是作为整体的知识产权法律制度,还是作为知识产权部门法,都需要满足其作为一部法律体系所应该遵循的内在规定性。同样,作为子方案的知识产权重叠保护也应该遵循这些内在规定性。这些规定性构成了对于知识产权重叠保护问题进行分析和评价的依据。简言之,对于重叠保护的问题的评价标准可以总结为:子方案需要从属于主方案,主方案的特点构成了子方案的内在规定性和对其进行检视的标准。

一、检视标尺的层级构成

如果说知识产权法是基于符号利益的市场分配方案,那么这种分配方案本身包含一定的内在规定性,作为子方案的知识产权重叠保护,在对符号利益进行分配时也需要遵循这些规定性。换句话说,这些规定性本身也构成了对于重叠保护分配效果的考察和评判要素。能够在多大程度上通过这些评判标尺的考察,将直接决定对重叠保护目前的分配方案应该采取的法律态度。此外,在检视之前先行确立考察标尺的理论意义还在于:首先,考察标尺的复合性将实现对重叠保护问题的多视角考察,避免在单一的考察视角下得出以偏概全的结论;其次,通过确定考察标尺的层次,能够帮助确定重叠保护的负面影响所导致的问题类型,从而在制度设计中有的放矢,采取有针对性的制度措施。

法律体系并非为同一水平上规范的集合,而是由不同层级构成的有机整体。凯尔森认为,法律体系中的规范是层层授权的,任何一个低级规范的效力都源于一个高一级的规范。① 弗里德曼也认为,法律规范具有层级,并将层级分为原则和规则。② 价值目标、原则和规则在法律制度中处于不同的层级,三个层次从上至下是层层具体化的关系。③ 自上而下观察,法律对自身价值目标的实现方式,就是在法律体系中将其具体化为法律原则,法律原则再进一步具体化为与社会事实距离更近的规则,最终通过法律的实施使其变为现实。与之相对应,体现在法律

---

① [美]汉斯·凯尔森:《国际法原理》,王铁崖译,华夏出版社1989年版,第339页。

② [美]劳伦斯·费里德曼:《法律制度》,李琼英、林欣译,中国政法大学出版社1994年版,第46~47页。

③ 法律原则是法的价值目标的具体化,法律规范又是法律原则的具体化。一定原则与其所统摄的规范的统一,构成具体的规范性制度,而这种制度又服务于法律体系中的一定价值目标。参见黄建武:《法律的价值目标与法律体系的构建》,载《法治社会》2016年第2期。

的具体运用与解释中的规则可以被描述为：每一层级的制度构成要素的运行都需要以上一层级为依据和标准。规范、原则和价值三级层次间依次递进的从属与约束关系，自下而上地构成了在面对需要进行法律解释的具体问题时的追索路径。[①] 因此，对于重叠保护问题的考察也可以从对规则的考察入手，建立从规则到原则，再到价值的不同层级的考察标尺。

具体而言，在知识产权法律体系中，规则对应着知识产权各部门法的具体法律规范文本，原则对应着由立法目的所具体化并以不同形式体现规则中的抽象的内在规定性，价值则对应着知识产权法的立法目标和价值追求。作为层次最高的评判标准，价值对原则和规则的解释发挥着决定性的作用。一如博登海默所言，在不受先存的规范与原则指导的相互冲突的利益间进行选择，就需要进行价值判断。但是，这些判断并非随意的，而是将价值判断纳入作为判案依据的法律渊源中，法官在解释这些渊源时，必须作基础目的和价值观方面的考虑。[②] 规则、原则和价值的组合就是知识产权法的体系要求，也是对重叠保护问题进行考察的标尺构成。检视标尺内容见图 4。

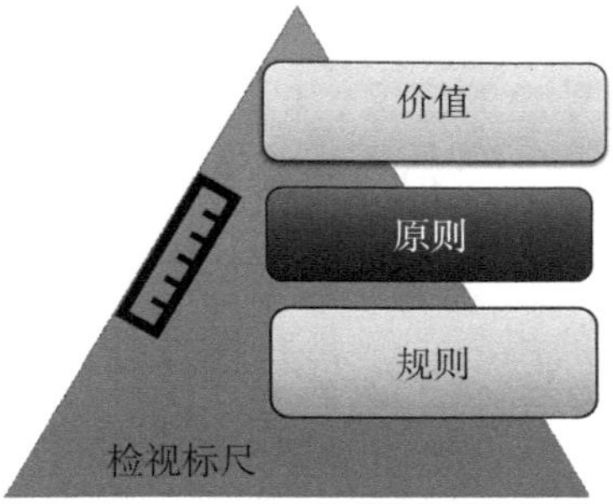

图 4　检视标尺内容

① 法律规范的解释应当以法律原则为依据，而法律原则的解释则要以立法目的为标准。由于在法学研究中，原则与规则之间最主要的区别，就在于原则的适用是一种价值考量，不可以直接应用，而规则的适用是一种事实判断，能够对号入座。

② [美]E. 博登海默：《法理学：法律哲学与法律方法》，邓正来译，中国政法大学出版社 1999 年版，第 503 页。

二、检视标尺内容的具体化

通过对“知识产权重叠保护”等关键词的检索能够发现,在对该问题的相关研究中,支持与反对重叠保护的观点一般在以下问题上产生分歧,分别是:知识产权重叠保护是否导致了不同部门法之间的冲突;是否违背了知识产权法的立法目的,导致知识产权法背离立法初衷;重叠保护是否会影响知识产权法的激励机制,导致过度垄断;重叠保护是否会破坏知识产权法与公有领域之间的平衡关系等。① 对这些问题进行类型化整理后能够发现,这些问题涵盖了三个对重叠保护问题进行考察的层面,分别是重叠保护与规则、原则和价值之间的契合程度。相应地,这三个层面也构成了对重叠保护问题进行考察的标尺。

1. 规则层面的检视

规则一般以法律法规的形式通过文字表现出来,因此对知识产权重叠保护是否符合法律规定的判断是一种事实判断,以检索现有法律规范中与重叠保护相关的内容为主要考察方式。考察内容主要包括现行各知识产权部门法是否对重叠保护问题做出过相应规定,这些规定对于重叠保护问题的立法态度如何等。

根据本书基于符号论的定义,知识产权法是调整符号利益的法律规范的总称,因此,对重叠保护问题的合规性检视内容由两部分构成:一是反不正当竞争法和知识产权部门法对于重叠保护问题是否有明确的规定以及这些规定的内容。二是在现行部门法中,对于部门法之间的区分是否有明确规定,对于有可能涉及两个或两个以上部门法规定的特殊类型权利对象,是否有相应的处理原则。前者主要是指向部门法中的具体规定,后者则是法律在区分不同部门法时所规定的“界标”。以上两部分对于规则的考察旨在确定既有规则对于重叠保护问题的法

① 何炼红:《知识产权的重叠保护问题》,载《法学研究》2007 年第 3 期;陈默:《论卡通角色权利重叠保护的边界》,载《河南大学学报(社会科学版)》2013 年第 4 期;徐晓雁、张鹏:《外观设计专利权的扩张与限缩——以外观设计专利权与其他知识产权的边界为视角》,载《科技与法律》2014 年第 4 期。

律态度,也是最为直接的考察方式。

2. 原则层面的检视

原则层面的检视内容包括重叠保护问题是否会导致既有规定的冲突;重叠保护是否会造成过度激励,是否应予以限制;允许重叠保护的制度成本收益如何,又会对后续带来怎样的制度激励效果等。如果对规则的检视可以概括为对重叠保护问题的“合规性检视”的话,那么对原则层面的检视可以称为对重叠保护的“合理性”检视。相较于对规则的检视,对原则层面检视标准更为抽象,需要考察在允许重叠保护的情形下,符号利益和激励机制之间的关系是否与知识产权法对符号利益调整的原则相匹配,激励程度是否符合比例原则等。因此,在本质上,对原则层面的检视,就是对重叠部分符号利益分配合理性的检视。

由于在重叠保护情形下的符号利益分配亦需要符合知识产权法作为符号利益分配方案的具体要求,这些要求有时并非以具体文字化的规则即法律规定的方式展现出来,而是以较为抽象的原则的方式存在于知识产权法的体系中需要加以概括的。因此,在进行原则层面检视时,需要首先概括抽象出知识产权法对于符号利益分配的基本原则,然后再将这些基本原则与重叠保护问题进行比对。比对的内容主要包括对重叠保护与激励程度之间的对应关系、对重叠保护法律效果的成本收益比等方面。前者的主要检视在目前重叠的保护情形下,对符号利益的分配方案是否损害了知识产权法对符号利益分配的有限激励原则,是否会导致部门法激励机制之间出现冲突;后者则主要是从经济分析的角度对重叠保护进行成本收益考察,主要从效率的角度考察目前的重叠保护现象会带来怎样的制度效果,对于后续权利人的行为会产生怎样的引导和激励作用等。

3. 价值层面的检视

对重叠保护价值层面的检视内容主要包括重叠保护是否违背了知识产权法的立法宗旨,是否有损其立法目的,在允许重叠保护情形下同时或接续地实现部门法的立法目的是否有可能会导致与知识产权法整体的立法目的之间的冲突,怎样进行平衡等内容。作为一个由不同部门法所组成的法律整体,知识产权法的价值目标注定不是单一的。因此,对重叠保护价值目标层面的考察也应由两部分构成,分别是部门法中的价值目标以及知识产权法作为一个整体的价值目标。就部门法的价值目标而言,知识产权部门法的价值目标体现通常规定在各部门法的序言中,以"立法目的"的方式呈现。在检视过程中,可以通过比对的方式采用类似规则检视的方法得出结论。在具体检视方法上,因知识产权法总体价值目标相对较为抽象,因此需要通过一些具体的表现形式来实现对价值目标实现程度的检视。

第三章　对重叠保护法律效果的体系检视与评价

本章的主要任务是对知识产权重叠保护问题进行评价。正确的评价结论建立在合理的评价标准之上。对重叠保护情形下符号利益分配效果的考察，并未超出知识产权法调整符号利益的问题边界。基于对重叠保护问题本质的界定，对知识产权重叠保护情形下符号利益分配方案合理性的评价结果，取决于该方案是否符合知识产权法对符号利益的分配范式。本章将以司法实践中的重叠保护现状为主要检视内容，相应地，本章中“重叠保护”一词，也更多地强调其在效果层面上的含义。

根据检视标尺的结构组成，检视内容分别对应规则、原则和价值三个检视层级。在法律进行适用和解释的过程中，对规范文本的考察是裁判者的首要选择。法官对于具体问题的求解过程是从具体到抽象的，即在遇到法律问题时，首先会查阅是否有直接对应的法律法规，在没有针对性规定的情形下才会运用原则和价值考察的方式。因此，在对重叠保护问题的检视中，本书也遵循了从具体到抽象的顺序，从对规则的检视开始，逐步上升到对原则和价值的检视。

第一节　对重叠保护的合规性检视

一、检视规则的内容构成

合规性检视以对法律规范的考察为主，是最为直接的一种检视方式，主要考察重叠保护问题与相关法律规则的契合程度。检视内容由两部分构成：一是法律对于部门法之间的界分标准进行了明确规定，需要考察在重叠保护情形下是否会导致不同部门法之间的界分标准发生混淆。二是在现有部门法中，对于有可能满足两个或两个以上部门法客体规定的特殊权利对象类型，法律是否有相应的处理原则，有哪些具体规范表现。前者主要是指区分不同部门法时所规定的“界标”，后者则是法律针对重叠保护问题所做的针对性规定。通过规则层面的考察，旨在确定既有规则对于重叠保护问题的法律态度以及重叠保护问题对既有法律规则的影响。

1. 部门法之间的界分规则

知识产权法律规范的任务是通过对符号利益的调整，以实现其价值目标。但知识产权法并不会调整所有类型的符号利益，而是根据立法目的，只选取了其中一部分作为保护和调整的对象，这部分符号就构成了知识产权法的权利对象。在知识产权法部门法不予保护的符号中，有两种类型，一种类型属于被整个知识产权法律体系排除在外的对象。如著作权法、商标法和专利法中都对有损社会利益，违反社会公德的一些符号利益不进行授权保护的规定。这些符号利益被有的学者在分类中称作“负重叠”，意指无论哪种部门法都不会对其进行保护。而另外一类被排除在某一部门法保护范围之外的符号利益，则属于部门法之间调整对象界限划分的结果，即根据部门法的划分，某种类型的符号利益只能由特定部门法进行调整。

“为了赋予法律以逻辑上的一致性、可预见性和稳定性，高度发展的各种法律制度都力图创制一个有关法律概念、法律技术与法律规范的自洽机体。”[①]为了实现体系自洽的目的，知识产权法设置了与符号功能相对应的符号利益调整机制类型。如前所述，符号功能与激励机制之间存在一一对应的关系，不同的符号功能对应不同的激励机制。如创生功能的符号利益和指代功能的符号利益，分别交由调整智力创作成果的著作权法、专利法和调整工商业标记的商标法进行激励；而对于同是具有创生性功能的符号，则将其中涉及功能性的符号类型，交由专利法进行调整，并在著作权法中就对此类符号进行了保护范围上的排除规定。

具有特定的调整对象是能够成为独立部门法的制度基础，而明确各部门法的特殊调整对象标准，则构成了划分不同部门法的界限。在知识产权部门法中，此类对于特定符号利益的排除性规定，就属于对重叠保护问题进行合规性检视的第一类规范，即部门法之间的界分规范，主要考察的内容是重叠保护对这些部门法之间的界分规则产生的影响。

2. 为避免重叠保护的针对性规范

随着社会与科技发展，在初始的制度界分之后，产生了越来越多的特殊的复合型对象。“复合”的意义是指这些符号功能能够满足不止一种知识产权部门法对于客体的要求，因而可以成为不止一种知识产权法部门法的客体。正如有学者所形容的：“在 18 世纪、19 世纪以及 20 世纪的大部分时间里，知识产权领域就像一个简单但小而有序的、带有围篱的花园。只有版权、商标和专利三种权利，几乎没有其他权利存在。这三项权利都是界限清晰的，彼此之间并不会重叠。自 20 世纪后半叶以来，现存的物种已经在它们的边界之外生长，许多其他物种被添加到花园中，反过来又在原有物种之上继续生长，原有的围篱开始倒塌，原本仅会在少数情况下出现在版权与外观设计中的重叠问题开始出现而且变得日趋严重。”[②]

---

① [美]E. 博登海默：《法理学：法律哲学与法律方法》，邓正来译，中国政法大学出版社 1999 年版，第 319 页。

② Estelle Derclaye, *Matthias Leistner*: *Intellectual Property Overlaps*: *A European Perspective*, Oxford: Hart Publishing, 2010, p. 1.

新类型权利对象的出现使原本界限清晰的知识产权部门法之间产生了越来越多的交叉,为了减少这些新增的复合型客体有可能对知识产权法律体系造成的冲击,法律额外做了一些补充性的规定,尽量避免重叠带来的负面影响。这些补充性的规定建立在既有的部门法界分标准之上,是专门针对重叠保护问题进行的补充性规范。如果将原有部门法的界分性规范视作维持各自界限的“篱笆”,这些补充性规定就是为加固篱笆而做的补丁。“打补丁”的过程类似于电脑系统升级,目的是堵上系统漏洞,对新出现的符号利益重新划分界限,使其各归其所,维持体系安定。通过合规性检视对这些针对重叠保护问题的补充规定进行整理,能够探知知识产权法律体系对于重叠保护问题的法律态度,并为那些重叠保护情形下尚未获得分配依据的符号利益寻找到利益分配思路。

此外,制度发展与技术发展密切相关的是知识产权法体系化不足的原因之一,而技术的迅速发展又促使规范在追赶技术进步的道路上疲于奔命,试图通过增设权利客体的方式跟上技术发展的脚步,甚至来不及对新增的符号利益进行符合体系化要求的妥善安置。通过对已有规范的整理,也能够重新明晰部门法界限,为知识产权法对未来更为复杂的符号利益调整奠定基础。

二、知识产权部门法之间的界分规则

功能性原则是知识产权法律体系中具有部门法界分功能的最为重要的原则之一。由该原则衍生的一系列具体规则成为区分专利法、著作权法和商标法的“界标”。此处的“功能”指的是与“实用”或与技术相关的符号功能,有学者认为,只有“法律功能性”而非“事实功能性”才是功能性原则的真正含义。[①] 在著作权法中,“思想/表达二分法”是一项涉及著作权法保护范围的重要原则,其原意是著作权法保护的表达不包括公有领域的思想和事实,被认为是著作权法保护范围的区分

① 梁志文:《论版权法上的功能性原则》,载《法学》2019年第7期。

性原则,[①]由于技术思想的技术方案和操作原理等也属于“思想”范畴,而专利被认为是一种技术方案,因此,在不保护技术方案的层面上,“思想/表达二分法”也构成了区分著作权法与专利法保护范围的区分性规则。尤其是在著作权法的范围内出现了一些可能具备功能性的复合型客体时,该原则的界分功能就体现得愈加明显了。

以功能性原则为基础所形成的部门法界分规则体现在具体规范中,分别有以下表现形式:

1. 商标法中的界分性规定

我国《商标法》对于重叠保护的限制性规定主要体现在限制专利权与商标权的重叠保护方面,限制的方式是通过立法将具有功能性或由功能性决定的形状排除在商标授权范围之外。界分性规则体现在《商标法》第 12 条:以三维标志申请注册商标的,仅由商品自身的性质产生的形状、为获得技术效果而需有的商品形状或者使商品具有实质性价值的形状,不得注册。由于我国已经在专利立法中排除了“主要起识别作用的标识”成为专利权客体的可能性,[②]因此,对于商标法的功能性排除就主要体现在三维标志中,主要是针对立体商标进行功能性排除。

功能性排除原则作为世界各国商标法所共同认可的原则,其立法宗旨在于维护知识产权法的立法目的,防止由功能决定的形状被永久性地垄断在商标权范围之下,阻碍社会技术进步。相关原理在著名的“飞利浦剃须刀案”中曾被详细阐释。[③] 我国《商标法》第 12 条重申了这条原则,目的是避免具有功能性的形状在专利到期之后被商标权

---

① 著作权法不保护思想,这是世界各国公认的规则。TRIPs 第 9 条第 2 款规定:版权保护应延及表达,但不延及思想、工艺、操作方法或数学概念之类。《美国版权法》第 102 条第 2 款也有类似的规定。但也有学者认为“思想/表达二分法”所区分的并非“思想”与“表达”,而是“此表达与彼表达”或者是“受保护的表达”与“不受保护的表达”,参见李琛:《树 · 阳光 · 二分法》,载《电子知识产权》2005 年第 7 期。

② 此处的“专利法客体”主要是外观设计客体,参见《中华人民共和国专利法》第 25 条第 6 项。

③ EuGH, Rs. C – 299/99, GRUR 2002, 804 – Koninklijke Philips Electronics NV/Remington Consumer Products Ltd.

接续保护,从而阻碍该技术被公众自由利用,即使该形状经过使用获得显著特征,也不允许其作为商标注册。专利法是对符号技术功能性进行保护的法律规范,商标法对于功能性的排除,是为了避免技术方案不被商标所垄断,在客观上起到了避免专利法与商标法重叠保护的效果。

通过在商标法中规定功能性排除原则维持专利法与商标法的界分,是世界各国商标立法的惯例。英国[①]、德国[②]、日本[③]等国的商标法都通过类似的规定排除了功能性的形状注册为商标的可能性。但此处仍存在例外情形:如果一个三维形状并非由商品自身的某种性质产生,只是在最初使用时消费者将其视为识别该商品来源的标志,则该三维形状经过长期使用获得第二含义之后,有可能根据《商标法》第 11 条第 2 款的规定被注册为商标。但如果该三维形状是由商品自身的某种性质产生的,即使经过长期使用获得了第二含义,为了防止剥夺竞争者对该商品正当经营活动,也不能将该三维标志形状注册为该商品的商标。简言之,只要是由三维标志自身性质决定的形状,无论是否在事后取得了显著性,都无法获得商标注册。

这样的规定是符合商标法立法原理的:一方面,形状无法起到识别商品来源的作用,因此,不能将形状作为商标显著性的标志,而缺乏显著性的商标是不能够获准注册的;另一方面,如果允许此类商标注册,将有可能会剥夺其他经营者的公平竞争机会。如在"之宝公司商标异议复审行政纠纷案"中,商标局的观点是被异议商标指定使用的商品为"吸烟用打火机",属于"仅表示商品自身性质产生的形状",因此,属于《商标法》第 12 条规定的不得注册的情形,裁定被异议商标不予核准注

---

① 英国《商标法》第 3 条第 2 款规定,如果标记完全是由下列要素构成的,则它不能注册为商标:(1)由于商品自身的性质产生的形状;(2)商品要达到的技术效果所必需具备的形状;(3)能够为商品带来实质性价值的形状。

② 德国《商标法》第 3 条第 2 款与英国《商标法》的规定类似,排除了功能性的形状注册为商标的可能性。

③ 日本《商标法》第 4 条第 1 款第 18 项规定,为了确保商品或者商品包装发挥的功能所必需的立体形状构成的商标不能获得注册。

册，一审法院和二审法院均持相同观点。针对之宝公司所主张的“替代性设计抗辩”，即市场中如果存在替代性设计就不会造成特定形状的垄断的观点。二审法院认为，如果允许被异议商标获准注册，该形状会被垄断在商标权范围之内，当同行业的其他竞争者需要对打火机进行设计时，就不可避免地会使用被异议商标的关键特征，此时将导致同一行业的其他竞争者的重大不利，之宝公司的这种竞争优势不是源于其自身所具有的商誉，而是由于被异议商标的所具有的特殊的功能性设计。[①] 由此可见，我国司法实践在立体标志的功能性判断中采取的是非常严格的态度，旨在防止对形状叠加商标保护后造成垄断而侵害公共领域，这样的立法态度也为后续商标法对专利权的接续保护进行了限制：即便一些图案设计可以通过商标法获得“无限续展”的保护期限，但对那些可能对技术发展带来阻碍的功能性设计是无法获得商标法保护的。

2. 著作权法中的界分性规定

坚持以功能性排除原则作为专利法与商标法区隔的“界标”，是对符号创生功能与指代功能之间差异的体系化确认。商标法所对应的符号功能仅仅是识别与指示，如果将具有创生功能的符号也囊括其中，将阻碍符号创生功能的发挥，不仅会带来符号功能与激励机制之间对应关系的混乱，也会最终影响知识产权法的体系自洽，并导致公有领域受损。同理，具有符号创生功能的著作权与商标权之间的区隔亦应遵循同样的界分原理。而功能性排除原则不仅适用于避免专利法与商标法之间的重叠保护，也同样适用于专利法与著作权法之间的重叠保护问题。在知识产权各部门法中，著作权法与专利法同属于符号创生功能的激励机制，对二者的调整对象也有着严格的区分。任何实用功能均不能成为著作权法的保护对象。

实用艺术品的重叠保护问题与权利区分问题是学者对重叠保护问题讨论较为集中的领域。兼具著作权的美术作品与功能性特征的实用

① 之宝制造公司诉国家工商行政管理总局商标评审委员会商标异议复审行政纠纷案，北京市高级人民法院行政判决书，(2015)高行(知)终字第4355号。

艺术品本身就是兼具功能性与美感的复合型客体,对实用艺术品的保护问题构成了观察重叠保护问题的“知秋一叶”。

我国对实用艺术品采取的保护条件可以概括为“可分离性”原则,即只有在实用艺术品的功能性与艺术性能够相互分离的情况下才会给予其著作权法保护,如果两种特性不能分离,表达美感的符号价值则会被著作权法“拒之门外”。这种分离有物理上的分离与观念中的分离两种类型,前者是指实用艺术品的功能性与艺术性可以物理地分成两个部分,如带有装饰性的台灯、存钱罐等,如果能够将装饰与功能的载体分离,那么著作权法可以对其装饰的艺术性部分进行保护。“观念可分”则是较为抽象的一种分离性原则,意指虽然无法从物理上区分实用艺术品的艺术性与实用性,但如果能够从观念上区分其艺术性,并达到脱离功能性亦能够独立存在,并不会影响功能性实现时,著作权法可以对其艺术性进行保护。典型的例子如各类艺术性的香水瓶、酒瓶等实用艺术品等,即便不采用艺术设计,其作为容器的功能也是不会受到影响的,因此,艺术性的抽离并不会影响其功能性。采用“可分离性”原则处理实用艺术品的保护问题,在世界上许多国家的立法和司法中也都得到了认可。如美国《版权法》第 101 条的规定[①]和典型案例“梅泽案”就都是践行可分离性标准的表现。[②] 美国最高法院通过该案判决同意了美国版权局对于艺术作品的保护扩展至那些既具有艺术性又起到某种实用目的之作品的意见。在“梅泽案”之后不久,美国版权局又颁布了一项用以执行“梅泽案”判决的条例,其时间早于 1976 年《著作权法》第 101 条的用语,并以此将现代的可分离性检验标准(separability test)引入了著作权法。美国国会基本上就是从“梅泽案”之后的这项条

---

① 美国《版权法》第 101 条规定:“这类作品应当包括工艺美术品,但这只涉及工艺美术品的外形而不涉及其机械的或适用的方面;实用品的外观设计,当其所具有的图形、雕刻或雕塑的特征能够从物品的实用性方面分离出来,能够独立于物品的实用方面而存在,而且也只有在这种程度上,该外观设计应当被视为图形、雕刻或雕塑作品。”

② 1954 年美国最高法院在“梅泽案”中判定,一个造型为身着长裙头顶圆盘的舞蹈女子造型灯座属于实用艺术作品,应享有版权。Mazer v. Stein,347 U. S. 201 (1954).

例中采纳了相关用语，将之移植到1976年《著作权法》第101条。[①]

“分离性”原则在实践应用中存在一定难度，尤其是“观念分离”标准，更由于其高度的抽象性常常带来许多案件争议。但著作权法为何不采用一个相对简单的筛选方式，即只将艺术性特征作为对实用艺术品给予保护的条件，无论其是否具有功能性？根本原因还在于从体系化的角度出发，著作权法必须要维持自身与专利法的区隔，从而保持整个知识产权法律制度的稳定性。而稳定性和可预先性恰是法律制度作为第二性的上层建筑最为珍贵的价值所在。如果著作权法仅将艺术性作为保护标准而抛弃可分离性，势必会导致一些艺术性与功能性无法分离的实用艺术品也成为著作权法保护的对象，而“功能性”一旦进入著作权法的权利范围，必将与专利法对功能性的保护方式发生冲突，影响整个知识产权法律体系的稳定。无论采用哪种可分离性的标准，其共性都是要求将著作权法所保护的符号美感功能与专利法所保护的符号技术性功能相区别开来，所维持的是专利法与著作权法保护的不同范围及界限。

我国司法实践中对实用艺术品的另外一个保护条件也与可分离性原则的立法初衷形成了呼应。在司法实践中，对实用艺术的保护还需要另一条件，就是要求实用艺术达到一定的“独创性高度”。在《中华人民共和国著作权法释义》中所给出的理由是，由于实用艺术品同外观设计存在一定的相似性，而著作权法在保护的程序要求和保护期限长度上明显具有较多优势，如果对只具有较为一般的艺术水平的实用艺术品都可以用著作权予以保护的话，则外观设计的法律体系会受到冲击。司法实践亦认同了这一理念，在“英特莱格诉乐高（天津）案”中，[②]通过区分不同积木块的艺术创作高度决定是否给予其著作权法保护，并将这一原则确定下来，成为司法实践中的指导性规则。[③] 虽然采用独

---

① 金海军：《美国最高法院2016年度知识产权判例解析》，载《知识产权》2017年第9期。

② 北京市高级人民法院民事判决书，(2002)高民终字第279号。

③ 在“央视国际网络有限公司诉暴风著作权侵权案”中，也援引了此项规则。参见北京知识产权法院民事判决书，(2015)京知民终字第1055号。

创性高度的方式来避免著作权法对实用艺术品的保护泛化仍存在一定争议,但如果聚焦不同立法方式背后所欲达到的目的则能够发现努力通过各种方式将专利法所调整的具有功能性的符号利益排除出著作权法调整范围,从而避免重叠保护现象的产生,是著作权立法和司法共同努力的目标。

综上所述,功能性原则作为区分著作权法、专利法与商标法的部门法界分规则,通过不同的方式表现在立法和司法中,成为知识产权部门法之间避免重叠保护的规则依据之一。

三、针对重叠保护问题的限制性规则

1. 排除主要起标识作用的设计:《专利法》第 25 条

我国《专利法》对于重叠保护的限制性规定主要体现在外观设计法中的对特定对象的排除之上,目的是限制外观设计专利权与著作权、商标权之间的重叠保护。根据我国《专利法》第 25 条第 1 款第 6 项的规定,被排除在外的特定对象主要是那些以平面印刷品的图案、色彩或者二者的结合做出的主要起标识作用的设计。

本条是 2008 年《专利法》第 3 次修改时增加的内容,2020 年《专利法》修改时维持了这一规定。根据立法机构的解释,此条规范所针对的问题主要是在外观设计申请中存在大量的创新性水平不高的瓶贴、平面包装袋等,不仅降低了我国外观设计申请的整体水平,而且由于此类设计起到的多是标识作用,又属于平面设计,因此,容易引发商标权和著作权之间的重叠保护与权利冲突。为了避免这些情况,也为了避免外观设计专利权在功能上与著作权法和商标法发生重叠,特别进行了规定。① 在具体案例中,如在"陈某道与国家知识产权局专利复审委员

---

① 根据《专利审查指南》第 6.1 条的规定,上述不予授权客体的判断,包括三个构成要件:(1)使用外观设计的产品属于平面印刷品。(2)该外观设计是针对图案、色彩或者二者的结合而做出的。(3)该外观设计主要起标识作用。参见国家知识产权局:《专利审查指南》,知识产权出版社 2010 年版。《专利审查指南》还指出:"壁纸、纺织品不属于本条款规定的对象。"但指南并未就排除的理由给出说明,也受到一些学者的质疑。参见李小武:《回到外观设计保护制度的起点——从 GUI 的保护谈起》,载《清华法学》2012 年第 5 期。

会外观设计专利无效案”中，国家知识产权局和专利复审委员会均驳回了陈某道对“罐贴（加多宝）”的外观设计专利申请。驳回的法律依据便是《专利法》第25条第1款。该案终审法院（北京市高级人民法院）认为，就文字字体、色彩和装饰效果而言，申请设计在整体上主要起的作用为类似于商标的区分与标识作用，属于《专利法》第25条第1款第6项规定的情形，不应授予专利权。[①] 可见，在司法实践中，法官将该条款视为避免外观设计专利权与商业标识之间可能重叠的有效依据。

对这一规定在重叠保护问题中的意义，理论界的意见并不统一。有学者认为此条规定的目的旨在追求立法的科学性，并由此推知我国立法机关在总体上对权利人在实际中享有的重叠保护持否定态度；[②]有学者认为这条规定表明了立法机关有意避免专利与商标的重叠保护；[③]还有学者认为，这一规定只能在一定程度上减少但不能消除商标权与外观设计专利权的重叠保护。[④] 本书认为，该条款对于区分商标权和外观设计专利权的调整范围起到了一定积极意义，突出了外观设计与商标权可能的重叠，并力图从立法上予以区分。学者们争议的焦点还体现在该条款是否突破了外观设计的一般规定，以及该条款对于避免外观设计与商标之间的重叠保护状况所能起到的作用。本书认为，该条款至少提示了商标与外观设计之间的重叠可能在于“标识”功能，并将是否起到“标识”作用作为区分外观设计与商标重叠保护问题观察视角之一。这一规定也呼应了前述最高人民法院裁判观点中，对于已经超过保护期的外观设计如果具备了标识功能，则可以作为“商业标识和知名商品特有装潢”用反不正当竞争法进行保护的观点。因此，该条款可以作为知识产权制度体系内避免重叠保护产生的一项规则论据。

2. 避免专利法内部重叠保护：《专利法》第9条

在专利法内部也存在避免专利法不同客体之间相互重叠的相关规

---

① 北京市高级人民法院行政判决书，（2017）京行终1929号。
② 刘平：《知识产权的重叠保护与侵权责任》，载《政法论坛》2010年第3期。
③ 朱国栋：《专利权与商标权的重叠保护问题研究》，载《中国知识产权》2018年第6期。
④ 刘平：《知识产权的重叠保护与侵权责任》，载《政法论坛》2010年第3期。

定。“专利不重复”原则就是其中较为典型的表现。为了实践这一原则，我国在《专利法》第9条第1款规定了“专利单一性”原则，即规定“同样的发明创造只能授予一项专利权。但是，同一申请人同日对同样的发明创造既申请实用新型专利又申请发明专利，先获得的实用新型专利权尚未终止，且申请人声明放弃该实用新型专利权的，可以授予发明专利权”。这一规定解决了同样的技术方案在既可能申请发明专利，又可能申请实用新型专利的情形下如何避免重叠保护的问题。

在专利法中，不同类型专利权之间保护期限不同、客体标准各异，如发明和实用新型就是这样一对非常相似的专利法客体。二者在性质上相同——都属于专利法的客体，在申请要求上类似——均需要满足专利“三性”，二者最大的区别在于法律对二者的创造性高度要求不同。这一区别也决定了二者在申请程序与保护时间上的差异。实践中，权利人在尚未获得发明专利的审查结果之前，会采取同时申请实用新型的方式临时保护自己的技术方案。法院认为在专利申请尚未获得结果的特殊情形下，采用实用新型进行临时保护的方式不属于发明专利与实用新型同时存在，也不会存在重复赔偿问题。[①] 这一惯例也意味着司法实践中对于两种专利权客体的重叠保护其实并不认可。

对于权利人而言，可以就一项技术方案自由选择进行专利申请的类型，然而一旦发明专利申请成功，实用新型专利又处于有效期内，必然会导致同一技术方案被发明和实用新型专利所重叠保护的事实，这种情况不仅不当地扩大了申请人的权利，而且违背了“专利不重复”原则。为避免因此可能会带来的专利法内部的重叠保护问题，针对在具体申请程序中有的申请人既申请实用新型又申请发明专利的情况，专利法也进行了限制性规定。“同一申请人同日对同样的发明创造既申请实用新型专利又申请发明专利，先获得的实用新型专利权尚未终止，且申请人声明放弃该实用新型专利权的，可以授予发明专利。”不难发

---

① 尉氏县鑫达机械厂、要银安侵害实用新型专利权纠纷案，河南省高级人民法院民事判决书，(2017)豫民终240号。

现,这一补充规定所针对的就是同一权利人有可能就同一技术方案获得实用新型和发明专利同时重叠保护的情形。从立法目的角度观察也能够发现,专利法避免内部重叠保护产生的意图非常明显。

实际上,著作权法中涉及的作品类型众多,也存在同一权利人就同一符号享有不同类型作品著作权的特殊情形,案例如将同一作品认定为同时构成书法作品与文字作品的“茅盾先生手稿案”①,但著作权法中的此类重叠并不像专利法一样被立法禁止。本书认为,造成两类部门法对此问题迥异规定的根本原因还是在于专利法与著作权法所调整的不同类型符号在功能上的区别:与著作权法相比,专利法所调整的技术方案与社会技术进步密切相关,必须遵循严格的权利保护期限。综上所述,虽然在理论研究中存在对于排除性条款合理性的不同意见,但总的来看,我国专利法对重叠保护是持限制态度的。

3. 反不正当竞争法对重叠保护的限制性规定

广义的知识产权法律体系内,反不正当竞争法对于符号市场利益的调整是知识产权法律体系对符号利益调整机制的补充。知识产权部门法采用赋权模式保护符号利益,在“知识产权法定”的要求下,必然存在天然封闭性。反不正当竞争法对符号利益的调整是通过评价行为正当性的方式实现的,这种方式能够弥补由于设权模式的僵化带来的调整灵活性问题。但反不正当竞争法补充功能的发挥是需要满足特定条件的,并不能做无边界的扩展,尤其是涉及与知识产权部门法的协调配合时,必须满足相应的限制性规定,即对于同样的符号利益,如果在知识产权部门法已经进行过相应激励的前提下需要严格限制反不正当竞争法的重复激励和保护。在我国,司法领域通过出台反不正当竞争法适用意见、审理指南等方式,明确了反不正当竞争法适用的限制规则。这些限制规则相当于反不正当竞争法与知识产权部门法针对同一问题进行同时适用的边界,也可以视为防止反不正当竞争法调整范围扩大化,进而避免知识产权与反不正当竞争法重叠保护的预防性规定。

---

① 南京市中级人民法院民事判决书,(2017)苏01民终8048号。

对于反不正当竞争法中限制重叠保护的规则特点，本书尝试进行了如下总结：

(1)穷尽知识产权部门法规定

在我国相关司法文件中，针对反不正当竞争法与部门法同时适用的条件进行了限制性规定。[①] 在对特定类型案件的审理中，还对此限定性规则进行了进一步细化，适用条件为“同一案件中，针对同一被诉侵权行为”，原告同时主张适用《著作权法》和《反不正当竞争法》的，如果原告的诉求能够在著作权法内得到支持，则不再适用《反不正当竞争法》的条款进行审理，只有在原告的主张无法依据著作权法获得支持时，才考虑采用反不正当竞争法进行补充性保护。[②] 这一规定说明反不正当竞争法在针对同一案件纠纷的规范适用顺序上，首要的选择还是知识产权部门法，只有在对知识产权部门法的规则和兜底条款进行了穷尽搜索，确实没有直接依据时，才会考虑反不正当竞争法的适用。这样的限制性规定是合理的，否则将可能会出现知识产权部门法与反不正当竞争法针对同一问题同时进行规定，反不正当竞争法架空知识产权部门法，或是在具体案件审理中出现法律适用的选择困难或是重叠保护的现象，后果不仅可能带来对于同一符号利益的过度激励，更可能会产生破坏法律体系内部的平衡以及抑制竞争的后果。

(2)不抵触知识产权部门法规定

在穷尽部门法规定后，如果权利人诉求无法在既有规定中得到满足，可以考虑从反不正当竞争法中寻求依据，但此时需要满足另一限定性条件，就是“不抵触”——反不正当竞争法补充性保护不能抵触

---

① 即“专门法已作穷尽规定的，原则上不再以反不正当竞争法作扩展保护”。参见最高人民法院《关于当前经济形势下知识产权审判服务大局若干问题的意见》(法发〔2009〕23号)。针对专门法不保护的，反不正当竞争法是否提供保护的问题，2022年3月17日最高人民法院发布的《关于适用〈中华人民共和国反不正当竞争法〉若干问题的解释》第1条对这一问题进行了回应和修正，明确在专利法、商标法、著作权法等不予保护，也不属于《反不正当竞争法》第二章规定情形下，依然可以适用反不正当竞争法予以保护和救济，实际上了修正了之前“有限保护”的观点。

② 北京市高级人民法院《侵害著作权案件审理指南》2018年4月20日公布执行。

专门法的立法政策。[①] 而北京市高级人民法院《侵害著作权案件审理指南》规定，针对著作权案件审理，当事人主张因无法在著作权法中找到相关依据，只能适用反不正当竞争法规定时，前提也必须是“与著作权法立法政策不冲突”。[②]

除以上两点之外，反不正当竞争法的运用还需要符合公认的竞争标准。在一些学者的研究中，对反不正当竞争法与知识产权之间的关系以及适用的限制性条件进行了多种层次的探讨。本书认同以下观点，即反不正当竞争法具有独立的调整价值，这种价值并不能为任何一个知识产权部门法所涵摄，也不与任何部门法的价值目标相兼容。如果说知识产权部门法意在通过赋权的方式保护权利人权利，兼顾社会公益，那么反不正当竞争法本身的价值目标就是以市场良好的竞争秩序为标志的公共利益。只有当出现破坏正常竞争秩序，导致消费者混淆等特殊情形时，才有其适用空间。否则，无视部门法已有激励而叠加保护，将会构成反不正当竞争法与知识产权部门法的重叠保护，这种重叠保护的后果是负面的。

四、对重叠保护的合规性检视结论

经过前述分析可知，在立法层面，知识产权法律体系中存在区分各部门法的界分性规定用以区隔不同部门法的调整对象，当这种区隔有可能会因为复合型客体的出现导致混乱时，法律也进行了相应的针对性规定，用以避免重叠保护带来的消极后果。如果说部门法的界分规则是避免重叠保护的“初始设置”的话，在后续的立法和修法中，针对新的复合客体而做的补充性规定则非常鲜明地表明了知识产权制度体系对于重叠保护负面影响的规避态度，目的是维护知识法律体系的安定

---

① 如前述最高人民法院《关于当前经济形势下知识产权审判服务大局若干问题的意见》中，对知识产权部门法和反不正当竞争法进行适用时相互关系的处理也进行了规定，即“妥善处理专利、商标、著作权等知识产权专门法与反不正当竞争法的关系，反不正当竞争法补充性保护不能抵触专门法的立法政策”。

② 北京市高级人民法院《侵害著作权案件审理指南》2018年4月20日公布执行。

和融贯。如果仅依据“法无禁止即可为”来处理重叠保护问题,不仅曲解了立法本意,也消解掉了立法为避免重叠保护而做出的努力。

与此同时,通过对规则层面检视能够发现,除了对各部门法进行界分的初始设置外,知识产权制度并没有对所有的重叠保护现象进行否定性评价,仅对于其中一些可能会阻碍导致界分边界被破坏的情形进行了额外规定。但立法的稳定性要求决定了法律不可能对于新的社会现象做出迅速的反应,对于重叠保护制度效果的评价还需要结合对其他标准的检视结果综合得出。

第二节 对重叠保护的合理性检视

知识产权制度作为一种符号利益分配方案,主要通过特定的分配范式决定符号利益在市场中的资源配置关系。如果我们将知识产权对符号利益的分配作为其达到立法目的的手段,那么这种分配方案的规则和原则都从属于知识产权制度的价值目标,分配范式的选择取决于知识产权法自身的价值定位。恰当合理的符号利益分配方案能够在投资者、创造者、传播者和公众之间形成利益平衡,并促进知识增量和社会技术发展进步。而一些权利关系复杂的重叠交叉符号利益如果无法得到合理的分配,将会破坏既有的利益平衡,引起体系矛盾。

分配方案由具体规则和一系列原则构成,规则以具体规范文本的形式表现,而原则却相对抽象。在“规则—原则—价值”的体系结构中,原则构成了规则和价值之间的桥梁,以“价值具体化”和“抽象化规则”的形式发挥着支配知识产权部门法构架和具体规范设置的引导作用。同法律概念一样,法律原则的形成也是利益衡量与价值取舍的结果。[①]作为知识产权法律制度运转的内在规则,知识产权正当性的价值原则

① 李琛:《论知识产权法的体系化》,北京大学出版社2005年版,第19页。

被有的学者以“中层原则”的方式加以概括。[①] 如果概念和规则是构建知识产权法律体系的砖石,那么这些基本原则就像大厦的梁柱,支撑着知识产权法律体系的构建,构成了知识产权法对符号利益分配的基本架构。从世界范围来看,各国立法虽稍有不同,但对符号利益的分配原则却大致相当,这是知识产权全球化趋同的体现,同样也说明了目前制度体系中对符号利益的分配原则与社会发展对知识产权制度所赋予的期待是基本契合的。

在法学研究中,原则是包含了衡量过程的一种价值性考量,其与规则之间最主要的区别就在于原则无法像规则一样直接适用。与对价值目标实现程度的判断类似,对原则的适用情况的判断也需要进行抽象层面的价值衡量,而对规则的适用则是一种事实判断,能够对号入座。[②] 这种差别体现在检视标尺的内容构成中,表现为判断在原则层面和价值层面重叠保护是否符合知识产权法的体系化要求、是否有损于其既定的立法目的时,主要是通过考察重叠保护是否符合知识产权法对符号利益的分配范式来判断的。

与具体规则相比,知识产权法对符号利益分配的基本原则是由一系列隐含在具体制度设计中的基础性原则组成,并不以具体文字化的方式展现出来,而是需要从具体制度中予以抽象和概括。较之对于规则的检视,对原则层面的检视更为抽象,需要考察在重叠保护的情形下符号利益被激励的程度是否仍然与知识产权法的价值目标保持一致、激励程度是否符合比例原则等方面。在本质上,对原则层面的检视,就是对重叠部分符号利益分配合理性的检视。为了完成这一任务,本书将知识产权法对于知识产权符号利益的分配原则概括为有限激励原则、比例原则和效率原则,这三个原则从不同方面代表了知识产权法对符号利益激励的原则与特征,通过对三个层次依次检视重叠保护问题中知识产权符号利益的分配原则的匹配程度,能够进一步判断出重叠

① [美]罗伯特·P. 莫杰思:《知识产权正当性解释》,金海军、史兆欢、寇海侠译,商务印书馆2019年版。

② 李可:《原则和规则的若干问题》,载《法学研究》2001年第5期。

保护问题对体系原则的干扰程度。

一、有限激励原则

符号对于人类文化的意义,既是保护知识产权的理由,也是限制知识产权的理由。[①] 知识产权是建立在符号利益之上的权利,无论以何种正当性理论为基础,知识产权与生俱来的公共利益面向和非物质性的权利性质决定了对知识产权的限制注定是其权利构成中的重要特征,知识产权需要受到限制也成为理论界的共识。如有学者认为对知识产权的限制应该包括对知识产品的使用、流通和在先权利的限制,[②]也有学者认为对知识产权的限制应该分为动态限制与静态限制两种类型,动态限制规制知识产权的权利行使,静态限制则规制知识产权的权利内容。[③] 知识产权在许多方面表现出较之其他财产权更多的有限性,从符号利益与激励程度的角度,本书将其概括为有限激励原则,包括权利期间的有效性、权利范围的有限性和激励次数的有限性三个方面。

1. 权利期间的有限性

与民事权利时间限制相关的制度设计包括诉讼时效、除斥期间等。知识产权法作为对符号利益的调整方案,针对不同类型的符号利益设置了不同的保护期限,因此可以将权利存续期间视为激励制度的组成部分。如我国著作权的保护期限为作者有生之年加身故之后 50 年,50 年之后与该作品相关的著作财产权会进入公有领域,由公众自由利用。专利法对发明专利的保护期为自申请之日起 20 年,20 年之后该技术方案也会进入公有领域,成为现有技术的一部分。类似地,实用新型、外观设计和商标也都分别具有与符号性质相匹配的权利保护期。与之形成鲜明对比的是,同为财产权的物权,法律却给予了无限期保护。

---

① 李琛:《论知识产权法的体系化》,北京大学出版社 2005 年版,第 146 页。

② 吴汉东、胡开忠:《无形财产权制度研究》(修订版),法律出版社 2005 年版,第 111 ~ 122 页。

③ 齐爱民:《知识产权法总论》,北京大学出版社 2010 年版,第 420 ~ 423 页。

为知识产权的权利期间设置限制,主要原因在于知识产权创设的目的是实现一定的社会经济文化目标。从其出身特权到被法律所接纳和承认为一项私权的过程来看,知识产权并非源于自然权利,而是为了达成某种特定目的,具有明显的“工具”价值。有学者将其概括为“私权形式下的工具本质”,认为知识产权的本质是一种为了解决由于信息的公共物品属性所带来的生产不足而设定的排他权。[①] 而对于知识产权法的性质,则被概括为“是一种私的权利,但并不是绝对化的私权。与传统所有权的基本特征相比较而言,知识产权表现出有条件的独占性、有限制的排他性与有限定的时间性等特点”。[②] 因此,对权利人的符号利益进行无限期的保护从来就不是知识产权制度的目标本身,实现对于符号利益的有效分配和符号利益分配秩序的稳定才是目标所在。知识产权法律体系内部的诸多制度设计都是为了实现这一目的或者更为有效率地实现这一目的而设计的具体规则,通过赋予权利人对符号利益暂时的垄断性权利从而激励更多的增量知识产生就是其中之一。“从严格意义上讲,根据知识产权法所得到的财产拨归,始终是一种暂时的现象,对于知识财产而言,财产权是暂时的,它的自由可获得性,则是永久的。”[③]因此,无论保护时间长短,知识产权在时间存续上的有限性是知识产权制度固有的制度特征,在权利持续时间的纵轴中对符号利益的激励设置了上限。

基于这样的制度初衷,知识产权法对不同类型客体的保护期限也不是一成不变的,而是会随着激励条件的变化进行调整,而这种调整也属于知识产权法激励有限性原则的应有之义。如关于版权是否应该采取固定的保护期限,有学者就认为根据不同的客体而给予不同的规定才是正确的方法。虽然《伯尔尼公约》制定过程中没有时间仔细讨论这

① 朱冬:《知识产权的私权形式与工具本质》,载《贵州师范大学学报(社会科学版)》2018年第3期。

② 吴汉东、胡开忠等:《走向知识经济时代的知识产权法》,法律出版社2002年版,第11页。

③ [美]罗伯特·P.莫杰思:《知识产权正当性解释》,金海军、史兆欢、寇海侠译,商务印书馆2019年版,第278~279页。

个问题,但公约中对摄影作品和影视作品的不同的期限的规定,说明了客体不同保护期限应该有所不同。[①]

2. 权利范围的有限性

并非所有的符号利益都能得到知识产权的保护,在每种类型的知识产权部门法中,都有不予保护的对象。如著作权法中的事实与时事新闻,专利法中的自然规律、自然现象和抽象思维以及商标法中特定的中外地名、官方标志以及不具有显著性的公共词汇等。在静态的法律制度中,这些不被保护的符号利益被称作"消极客体",与知识产权的客体一起划定了知识产权的权利范围。而如果切换为动态视角进行观察,就能够发现知识产权权利范围的有限性是通过权利行为的范围进行控制的。

在知识产权法对于符号利益的调整范式中,知识产权权利人通过对符号的控制和利用行为来获得收益,对符号的控制和利用行为的方式构成了权利人实现权利的方式,相应地,知识产权的权利范围是由权利人对符号利益控制行为的种类和范围决定的。在每种具体的知识产权部门法中都划定了特定的权利范围,如著作权的权利范围是由著作人身权和12项著作财产权构成的,在划定其权利边界时,需要将权利限制部分划出权利范围之外,即合理使用所规定的特定行为类型已经交由公众行使。对专利法和商标法而言,亦遵循了同样的权利范围划定方法。

权利行为与权利客体的对应关系构成了知识产权法的权利内容,对权利行为的范围限制内含在客体与行为的对应关系中,并由知识产权法对符号利益的调整规范作为基础。可以说,知识产权权利范围的有限性体现在权利人所能够享有的对符号利益支配行为的有限性,或者说,排除他人干扰的支配符号利益的特定支配行为范围的有限性。这种有限性,通过知识产权权利行为的目的性和有限性表现出来。

---

① See Sam Ricketson & Jane C. Ginsburg, *International Copyright and Neighbouring Rights: The Berne Convention and Beyond*, Volume I, Oxford University Press, 2006, p. 526 – 578.

首先,目的性指的是只有指向特定利益的行为才是处于知识产权范围内被规则的行为,有学者概括为“缺乏目的变形”。[①] 意即知识产权法并不调整对客体进行利用的所有行为,只能在法律规定的范围内,依据行为性质和目的进行判断。只有指向特定目的的行为才会被法律规制。

其次,权利行为缺乏变形的目的性是由知识产权本身的有限性决定的。知识产权并不能垄断所有符号之上的利益。在田村善之教授的观点中,知识产权的实际情况是对权利人之外的行为人自由的规制。“未保护的知识创作物”的本质就是没有实现权利或没有实施规制。[②] 因此,知识产权法行为范围的目的性与有限性是由知识产权法的立法目的和价值追求决定的,也是由于制度构建的效率原则决定的。在知识产权法域内对权利行为的规制,应该以比例原则为标准。“该原理是,即使肯定了规制的必要性也要能够尽可能地实现效率性,而且侵蚀他人自由的程度要尽可能小,应该努力去摸索具备这样条件的连结点。”[③]

3. 激励次数的有限性

在知识产权法律体系当中,关于激励次数的有限性并不经常被提及,在各类原则中属于约定俗成的存在。但实际上,对于同一符号利益的激励次数的有限性与知识产权法的权利有限性是一脉相承的。从激励的次数来看,我国知识产权法对符号利益的激励采取了以一次性激励为原则的符号激励制度。

通常而言,相关的符号经过一次激励之后就会进入公有领域。在知识产权法律体系内的客体保护期限都需要遵守“保护期届满即进入公有领域”规定,唯一的“例外”情况是商标法对于商标续展的规定。TRIPs 第 18 条和我国《商标法》第 40 条规定了商标在符合法定条件的

---

① 何鹏:《漫谈知识产权的权利边界:缺乏目的性变形的使用权能》,载《知识产权》2018 年第 6 期。

② “知识创作物这种从人的行为中分离出来的东西是不存在的。”参见[日]田村善之、李扬、许清:《“知识创作物未保护领域”之思维模式的陷阱》,载《法学家》2010 年第 4 期。

③ [日]田村善之、李扬、许清:《“知识创作物未保护领域”之思维模式的陷阱》,载《法学家》2010 年第 4 期。

情况下,可以在法律规定的期限范围之内对商标进行续展。[①] 但商标法的续展制度仍然是建立在一次性激励基础上的。我国《商标法》第39条明确规定了商标权的有效期为10年,自核准注册之日起计算。此条规定意味着即便商标续展,也是初始授权的续展。续展只是延续了已有商标权的效力,并非二次赋予权利人新的商标专用权。因此,即便是在赋予了商标主体续展权,但在符号利益保护的时间和次数的规定上,商标权在形式上仍然同著作权与专利权等客体一样,统一于知识产权"以一次性激励为原则"的框架之下。否则直接赋予商标权主体不受限制的保护期即可,无须特别在规定了保护期限为10年之后,再另行赋予其续展的权利。事实上,也的确有一些老字号由于没有满足规定期限内的续展要求而导致丧失了对既有商标的所有权。

综上所述,虽然以符号指代功能为价值基础的商标法和以符号创生功能为价值基础的著作权法、专利法对于符号利益的激励机制存在诸多差别,但在对于符号激励次数的有限性上,两种不同类型的激励机制是统一的。

4. 重叠保护现象对有限激励原则的干扰

符号功能和激励机制之间是对应关系,一种符号功能对应一项激励机制,这是知识产权法对符号利益分配的范式。知识产权法对于符号利益的激励并非无限的,有限激励不仅表现在对于符号利益的保护期限上,更体现在保护程度上。激励并非不可累积,但多次激励,需要针对的是不同的符号功能,指向不同类型的符号利益。对于同一功能的符号利益而言(此处所谓的同一符号功能指的是符号功能与市场利益相对应的部分),一般而言,只能选择一种激励机制进行一次性激励以避免权利人对符号利益的过分垄断。如果在重叠保护的情况之下,对于同一符号功能产生了两种或两种以上的激励,这种激励就是重复

---

① TRIPs 第18条规定,商标的注册可以无限续展。《中华人民共和国商标法》第40条规定:注册商标有效期满,需要继续使用的,商标注册人应当在期满前12个月内按照规定办理续展手续;在此期间未能办理的,可以给予6个月的宽展期。每次续展注册的有效期为10年,自该商标上一届有效期满次日起计算。期满未办理续展手续的,注销其注册商标。

的、过度的。

然而,在重叠保护情形下,一次性激励的原则显然被破坏了,可能会导致权利存续期间不当延长,范围不当扩展,激励次数增加等违背激励机制内在规定性的后果。以外观设计中的重叠保护现象为例,已经超过保护期的外观设计,仍然能由著作权法提供同样的促进产品美感的保护,继续实现其在产品上的利益,明显扭曲符号功能与激励机制之间对应关系。本书认为,在没有产生新的符号利益的情况之下,基于同一符号功能对同一符号进行反复多次的激励,会导致知识产权权利存续期间的有限性、权利范围的有限性、激励次数的有限性等方面受到影响,必然破坏知识产权法与公有领域的平衡,造成公有领域的减损。如果不加以限制,这样的符号利益的分配方式最终会导致对知识产权法有限激励原则的干扰和破坏。

二、比例原则

1. 比例原则是衡量制度激励程度的标准

如果说,激励机制的有限性原则是从制度设计的具体指标上,对符号利益的激励方式和水平进行限制,能够从既有法律规范中寻找到直接依据,比例原则却是在较为抽象的层面上对于激励程度的考察。在知识产权学者莫杰思关于知识产权正当性解释一书中,将比例原则概括为知识产权法的"中层原则":"一项知识产权给予其持有人的杠杆优势或力量,总体上不得与其再次情形下应得的权利发生比例失当。"[①]作为知识产权法对符号利益的分配原则,比例原则是对知识产权权利范围大小和该权利所保护的成果的价值之间关系进行规定的一种原则,该原则所要规范的重点是一种"成比例"的关系,即对权利人的回报和其创造的价值之间应该符合一种恰当的比例关系。因此,比例原则对于符号利益的分配标准落实在激励程度的恰当以及权利范围与符号

① [美]罗伯特·P. 莫杰思:《知识产权正当性解释》,金海军、史兆欢、寇海侠译,商务印书馆 2019 年版,第 292 ~ 293 页。

利益之间的合乎比例上。

比例原则在确定权利范围过程中所强调的是一种对应关系,是符号利益的权利人所贡献的与其权利范围之间的对应关系。这种关系是隐含的,但又实际上发挥着规范和引导作用,既从正面的角度给出了合乎比例的激励程度的标准,也从负面的角度给出了当不合乎比例的情况出现后应当采取的措施。在对激励程度的限制方面,比例原则也具有制度激励程度的效果,在此意义上,比例原则其实可以内含在广义的限制原则中,属于知识产权权利限制的一种。

在知识产权最初的权利构造中,不乏对于比例原则运用的范例。具体表现为不同类型的符号利益和其中所蕴含的创造性价值或商誉的大小,往往直接与权利的保护范围和保护期限相关。例如,在专利权领域,创造性程度更高的发明专利享有比创造性程度较低的实用新型更长的权利保护期。而在商标领域,商业标识背后所蕴含商誉的价值直接决定了商标可以在多大程度上发挥排他性并禁止他人使用商标的行为。以驰名商标与普通商标在权利范围上的区别为例,普通商标的权利则仅为"核准注册的商标"与"核定使用的商品或服务",而驰名商标的排他范围则可以扩大到禁止"跨类混淆",将权利范围扩展至"不相同或不相类似的商品"上。之所以存在保护范围上的区别,根本原因在于驰名商标凝结了比普通商标更高的商誉,不仅在相关公众中具有更高的知名度,而且能够证明其所代表的商品或服务品质优良,得到消费者的认可,知名度已经超出了核定使用的商品或服务类型。为了与这种超出普通商标的商誉和品质匹配,驰名商标获得比普通商标更广的权利范围,是符合比例原则的。有学者将商标显著性与权利范围之间的关系形象地比喻为"手电筒与光源"的关系,即商标的权利范围就像是手电筒的光照范围,而商标的显著性就像是电池强度,手电筒的高度如同商标的知名度,电池越强,电筒越高,光照的范围也就越亮和越大,商标的保护范围也应该越强和越大。在这种类比关系中,也可以非常明显地发现比例原则在权利范围设定方面的应用。

此外,在制度调整阶段,比例原则还可以作为初始赋权规则的补充,对不合比例的激励进行调节。符号利益分配对初始赋权造成的不均衡,可以通过调整,使其重新回归到合乎比例的状态。比例原则的反面是"不合比例的回报",即某项知识产权赋予了远超该权利人依据自己的成果的本应得到的市场范围和市场控制力,这种权利是应当以某种方式予以限制或者被撤销的。①

2. 比例原则是衡量法律介入程度的标准

知识产权法的制度任务是对符号市场利益的分配,市场和法律在知识产权法律制度中不仅都发挥了重要的作用,而且具有密切的联系。在知识产权法律制度与市场作用这两类支配力量的关系处理中,比例原则也发挥了其控制法律对市场干预程度的作用。比例原则的本质就是对限度的规定,尤其是法律对市场干预的限度。许多学者均认同,法律作为一种制度激励机制是一种市场激励的补充,应当根据市场失灵的程度决定介入的程度,只有在需要介入的时候进行恰当介入才能发挥最佳的激励效果。如果有些对象并没有明确地受到法律的设权保护,那么在进行法律干预之前就应该首先考察主体能否凭借先机或天然优势通过市场自身机制本身得到回报,如果市场的确失灵,司法在进行拓展保护之前还要斟酌新的利用方式是否损害了既有利益,新的利用方式本身是不是提供了知识增量。②

在知识产权制度中,根据制度对市场激励依赖程度的不同也存在不同类型的制度类型,按照日本学者田村善之教授的观点,知识产权制度可以分为"支援型激励机制"与"创设型激励机制"两种不同的类型。"支援型激励机制"是为了弥补市场激励机制不足而提供的补充性质的法律激励机制。产生的原因是市场激励机制会存在不足,需要来自法律方面的支撑,具体形式包括对商品形态复制(模仿)行为的规制、对不当利用商业秘密行为的规制、冒用商标专用权等行为的规制等。在知

① [美]罗伯特·P. 莫杰思:《知识产权正当性解释》,金海军、史兆欢、寇海侠译,商务印书馆2019年版,第292~293页。

② 李琛:《应对著作权新问题的解释方法》,2017年12月16日AIPPI中国分会版权热点论坛演讲。

识产权法律体系中，商标法、商业秘密法、反不正当竞争法都属于此种类型。而“创设型激励机制”是人为地设定禁止他人利用信息的权利，是法律赋予信息生产者自己或许可他人排他性地利用信息获得利益的权利。在知识产权法律体系中对应的制度是著作权、专利权、植物新品种等完全由法律给予激励的制度。能够发现，“支援型激励机制”是对市场激励机制的补充，此类制度对市场自身的激励机制具有较高的依赖程度，不需要法律从一开始就介入进行激励。例如，商标所有权人的商誉是依靠自身诚实经营获得的，主要依靠的是市场调节作用和权利人所获得的市场先机，与法律赋权无关。但当这种先机所带来的利益有可能因为对商标的不当使用带来的市场混淆遭到消解时，法律才应该介入进行激励的支援。① 市场先机无法通过法律强行赋予，商标是否驰名也不应该是行政干预的结果。（这种法律介入的比例原则也从侧面说明了我国曾经采用的“授予驰名商标”的方式的不合法理之处。）

对于不同的知识产权制度类型，对法律的激励程度限制也不相同。智力成果在占有上通常不具备排他性，所以为了实现排他保护的效果，社会只能更少地依赖自力救济而更多地投入公共资源。② 由于“激励创设型”机制完全是由法律创设的激励类型，已经在创设过程中为公众设置了多重义务，因此，对于创设激励型的激励程度尤其需要受到限制，以便能够控制权利人权利范围的扩张而进一步减损公共福利。在激励程度上，这种限制的标准也可以理解为比例原则的适用。

3. 比例原则的检视结果

重叠保护能够通过比例原则的检视吗？结果取决于权利人是否通过重叠保护获得了超出比例的权利范围和符号利益，即权利人是否获得了“不合比例的回报”。莫杰斯在《知识产权正当性解释》一书中对比例原则进行了详细的分析，认为该原则的本质就是权利人不能享有

① ［日］田村善之：《日本知识产权法》，周超、李雨峰、李希同译，知识产权出版社 2011 年版，第 14～15 页。

② ［美］威廉·M. 兰德斯、［美］理查德·A. 波斯纳：《知识产权法的经济结构》，金海军译，北京大学出版社 2016 年版，第 21 页。

超出其智力劳动范围的权利范围与市场力量。如果允许重叠保护,带来的直观效果就是权利人基于对于同一符号或符号组合的权利,享有了远超于其应然权利范围的符号利益。

在重叠保护情形下,如果只是将每一个符号功能所对应的激励机制的权利范围都进行简单相加,而不折算重复的阴影部分,那么这种对权利范围简单叠加计算的方式会由于没有排除重复激励的部分而导致权利人的权利范围被人为扩大。这种简单叠加带来的直接后果就是,人们争相用同一符号或符号组合去申请更多类型的激励机制进行保护,同一符号功能之上聚合了多种权利控制行为。然而,这种聚合并不会促进更多增量知识的产生,反而会带来极大的制度成本与司法成本的浪费。因此,为避免这种情况的发生,应该通过法技术和制度设计,引导权利人将更多的成本用在促进新的符号生产之上,而非激励权利人持续开发同一符号的多项功能。即便要对同一符号功能进行物尽其用,也应该在给予同一符号功能其他激励方式时,排除掉重复激励的部分,按照体系要求确定恰当的权利范围。否则,如果按照目前司法实践中对于重叠保护情形下的简单的权利范围叠加,将使权利人获得远超符号应然价值的额外价值,显然是无法通过比例原则检视的。

三、效率原则

(一)效率原则在知识产权法中的效用

效率意味着以尽可能低的成本去做更多的事。在知识产权制度的诸多特征中,制度与效率是密不可分的,从“信息成本”到“确权模式”,再到“激励机制”,许多研究都将效率作为一个重要的考核要素。[①] 在《知识产权正当性解释》中,效率原则也被作为知识产权法的中层原则之一。而在波斯纳等学者的观点中,“对相关案件、法律规定与原则进行考察的立场就是:它们在经济意义上是否有效率;如果不是,可以如

---

① 可参见亨利斯密斯关于信息成本理论、崔国斌关于知识产权确权模式以及熊琪关于著作权激励机制等多位学者的研究。

何让它们变得有效率”。[①] 有学者将效率问题与知识产权的界限划定问题之间画上等号,称为知识产权的基本问题。[②] 考察效率的主要方法是经济分析,因此,经济分析也构成了知识产权法中重要的分析方法之一。知识产权法中的许多问题的结论都可以通过对问题进行经济分析得到较为合理的答案。如对于权利范围有限性,就可以采用经济分析的方式得到进一步验证。

符号利益内部化就是将其划入权利范围的过程,但并非所有的符号外部性都可以被内部化,符号利益的外部性也是如此。从经济分析的角度观察,外部性内部化需要成本,如果内部化的成本超过收益,这种内部化就是不经济的。表现在知识产权法对符号的有限调整中,一方面,在调整方式上,知识产权法不会将所有的符号利用行为固化为受权利控制的行为,因为这需要巨大的制度成本,因此在广义的知识产权法律体系中,以反不正当竞争法作为补充,对一些符号利用的“权利外”行为进行规制,共同构成符号利益的调整体系。另一方面,在调整范围上,符号之上可产生的利益很多,知识产权法只对其中一部分进行调整,如叙述性的商标使用行为并不构成商标侵权,个人为欣赏学习少量复制作品也并不在侵权的范围之列。除了要保证与公众利益的平衡外,促进更多的增量知识产生之外,权利保护和追究侵权的成本也被纳入制度设计的考量。同理,在大多数国家,不会导致市场混淆的模仿和“搭便车”行为也并不在知识产权法的所规制的行为之列。

简言之,对重叠保护的成本收益考察主要从效率的角度考察在重叠保护情形下的符号利益分配方案会带来怎样的制度效果,并以之作为后续制度设计的参考。因此,在经济分析的过程中,既应考虑到重叠保护问题对既有制度造成的影响,也要考虑到对于目前的重叠保护分配方案给予肯定或否定的法律评价之后,对于后续权利人行为的(正向

---

① [美]威廉·M.兰德斯、[美]理查德·A.波斯纳:《知识产权法的经济结构》,金海军译,北京大学出版社2016年版,第6页。

② 金海军:《知识产权的界线划哪里〈知识产权法的经济结构〉再读记》,载《电子知识产权》2005年第12期。

或负向的)激励作用。考察要素不仅包括允许或限制重叠保护带来的社会收益与成本,还包括对行为人的后续行为激励效果。因此,在经济分析视角下,对于知识产权重叠保护的检视可以从两个角度观察,第一个角度是考察允许或禁止重叠保护之后,对于权利人和公有领域可能产生影响,并对这些影响进行效益分析;第二个角度是要考察在允许和限制重叠保护之后可能产生的制度激励效果,即对社会的行为引导作用,以及对权利人后续行为可能产生的影响。

(二)对重叠保护的经济分析

对重叠保护进行效益分析,主要是考察允许或禁止重叠保护对不同主体和公有领域的影响。在对目前重叠保护的符号利益分配方案予以评价之前,对其分配效果进行效益分析是有必要的。因为“如果没有成本效益分析方法,知识财产将会是一个难以理解的制度。至少当国家、立法机关和法官改变抽象物的范围,并且重新划定共有知识的界限时,我们将弄不清楚谁是真正的获益者,谁是真正的受损者”。[①] 由于知识产权对象的非物质性,保护和判断知识产权保护程度对社会福利的影响都比有体物需要付出更多成本。在效益分析的过程中需要考察的要素包括:重叠保护对于权利人,是否有利于增加权利人经济收益、是否会增加激励效果;对于非权利人,是否增加了获取对知识产品的利用成本,或是增加了再次利用知识产品的难度;对于社会而言,是否有利于社会总体福利增加,是否促进了知识增量。

1.重叠保护的成本与收益

在知识产权法律体系内,每种类型的符号功能都有其对应的激励机制,并根据符号的特征采取了不同的权利构建方式,以达到部门法内部成本与收益的平衡,维持激励程度的效率和比例。当出现重叠保护情形的时候,这种平衡在一定程度上被打破了,出现了一些新的成本收益。在这种情况下,就需要重新评估在允许或禁止重叠保护的制度环境下会带来怎样的效果。从成本角度考察,重叠保护需要付出的成本

---

① [澳]彼得·德霍斯:《知识财产法哲学》,周林译,商务印书馆2017年版,第20页。

包括干扰既有体系稳定性所带来的成本、破坏权利公示性带来的额外交易成本和由于权利不能如期进入公有领域而给公众带来的利益减损等制度成本。

首先,对社会公众而言,规则选择不确定性增加了。以外观设计与著作权的重叠保护为例,外观设计专利权的权利保护期可以通过权利公示的方式被公众查询,因此,对于即将到期的外观设计,欲对其进行利用的公众可以在该权利到期之前做好准备,待其到期之后进行进一步开发和利用,但如果外观设计之上重叠的著作权导致该权利并未按照权利申请和保护期的公示所规定时间如期进入公有领域,就会额外增加公众的查询成本,有损权利公示的稳定性和公众的期待。[①] 与此同时,这种对于权利保护期届满与否难以确定的情形也增加了对于同一符号利益进行利用的交易成本。对政府和司法机关而言,则需要增加许多额外的资源用于判断一个已然进行过激励的知识产品是否要继续进行保护和相关纠纷的解决,有可能造成司法和行政管理成本的增加。

从收益角度观察,能够享有不同规范重叠保护的权利人是允许重叠保护现象存在最大的受益者,权利人能够在较长时间之内在多重保护之下获得权利带来的经济利益。尤其是在接续重叠的情形下,权利人对符号利益的控制时间增加了。然而,虽然理论上,享有更长的权利保护期意味着对基于符号的收益也会相应地增加,但实际上,经过测算,延长保护期并不一定能够带来价值的最大提升。如著作权人的收益与保护期限的长短就不具有完全的正相关性。根据兰德斯和波斯纳的计算结果,赋予著作权人永久的著作权与 25 年著作权,在收益上的

① 知识产权领域内并未规定类似民法保护善意第三人的相关制度。如果采用类似规则,是否可以作如下推理,即只要外观设计登记进入公有领域就推定同一符号之上不存在其他权利,公众可以在原有外观设计的权利范围内继续进行利用;如果确有权利,则可以采用责任规则的方式事后采取经济补偿。本书认为,此种方式可以在维护交易安全的同时最大化地实现对符号价值的利用。此外,因著作权不需要申请和公示,如果无著作权登记作为抗辩,即可认为外观设计完全进入公有领域可以自由利用,李琛教授认为,如果涉及侵犯著作权人的权利,可以设置类似民法添附理论的方式进行解决。参见李琛:《知识产权片论》,中国方正出版社 2004 年版,第 171 页中关于“武松打虎图”的论述。

差别约25%，布雷耶大法官的观点则是著作权人在前20年保护期限所获得的收益就已经占到了永久性保护所创造收益的98%以上。[①] 可见，并非权利保护时间越长，收益越多。

仍然以外观设计和著作权的重叠保护为例，在我国2008年修改《专利法》之后，通过第25条第6款将平面设计排除在外观设计的保护范围之外，这样一来，能够与著作权法产生重叠保护的作品就主要是构成外观设计的三维立体作品，实践中通常以实用艺术品的表现形式出现。如前所述，实用艺术品受到著作权法保护的要件是"可分离性"，因此只有能够与功能性分离的三维立体形状才有可能构成外观设计与著作权的重叠保护。如果允许著作权对外观设计的重叠保护，则权利人可以在外观设计专利权保护期届满之后，通过著作权的复制权禁止他人在同样的产品上使用该立体形状，从而达到延长权利保护期的目的。

那么，如果著作权法不再给予已经超过保护期的外观设计保护，是否会给权利人带来利益减损？

首先，权利人基于该符号美化产品的功能，已经在核定商品上获得了外观设计专利权带来的10年利益，如果在这期间相关设计已经产生了识别利益，具有了识别商标来源的功能，可以由《反不正当竞争法》给予保护。[②] 如果在法定的保护期限内，相关设计并没有产生识别利益，就单纯作为以美感吸引消费者的外观设计而言，在新产品和新设计层出不穷的市场中，通过十年不变的产品设计对消费者产生持久吸引力以促进产品销售的符号价值不知所剩几何，具有多少激励价值和保护价值也有待论证。[③] 本书认为，对于失效的外观设计而言，即便著作权

---

① 金海军：《知识产权的界限划在哪里〈知识产权法的经济结构〉再读记》，载《电子知识产权》2005年第12期。

② 我国最高人民法院在"晨光笔案"中对类似情况给予了指导性意见，并提出了外观设计终止后构成知名商品特有名称、装潢的四个条件。参见最高人民法院民事裁定书，(2010)民提字第16号。

③ 在产品设计中分析消费者的心理状态和心理特征是产品设计心理学的主要内容，随着产品的生命周期越来越短，对产品设计进行更新换代，通过产品的造型和色彩吸引消费者注意是设计的重要任务。消费者对商品隔几年就要重新更换包装设计的促销手段并不陌生，原因也在于消费者需要新鲜的刺激以激发其购买欲望。

法不再提供继续保护,并不会造成权利人利益的损失。反而能够督促权利人通过更新产品提高品质,获得更多的市场份额。就另一个角度而言,如果权利人经过诚实经营使自己的产品设计成为知名商品的包装装潢,具备了识别功能,这部分衍生的符号利益就会由反不正当竞争法提供激励。在效率原则下,通过著作权法为一件已经获得了10年保护仍未获得识别性功能的符号利益继续提供同样方式的激励,还需要付出诸多体系与制度成本,实非经济之举。

2. 重叠保护的制度激励效果

知识产权是对于符号之上市场利益的法律分配方案,对于重叠部分的符号利益究竟应该如何分配,既有制度并未给出回答。无论采取允许或禁止重叠保护的方式,相应符号利益的分配方案都会面临调整。在立法给出调整方案之前,司法的调整也同样会对社会生活带来影响。因为可预见性是法律调整社会关系的功能性前提,公众通过预测自我行为的法律后果,决定自我行为的约束与选择。① 任何判决的影响力都不限于个案,而是会对人们将来的行为产生指示作用,因此,判决的效力不仅指个案的效力,更应该包括于判决影响之下的行为选择结果。②本书认为,对于重叠保护类案件的判决影响的不仅仅是该案件本身,还会直接影响判决后的权利人行为。而对于这种影响的评估,也应作为要素之一,纳入对于重叠保护的经济分析。通过考察两种不同情形下对行为人后续行为的不同激励效果,构成了对重叠保护进行评价的标准。

目前的司法实践中,在一系列支持重叠保护的判决之后,许多权利人采用多种方式来保护既有知识产权。"法无禁止即可为"的司法观念已经在客观上产生了重叠保护的激励效果,导致权利人对既有知识产权进行重叠保护成为一种趋势。采用多种知识产权对既有权利重叠保护不仅成为企业的知识产权战略,而且被一些地方政府机

① 李琛:《知识产权片论》,中国方正出版社2004年版,第189页。
② 李琛:《知识产权片论》,中国方正出版社2004年版,第189页。

关奉为圭臬。如在原河北省知识产权局、河北省工商行政管理局(现已撤销)发布的《关于印发〈关于进一步优化发展环境加强知识产权保护的实施意见〉的通知》第6条中指出:“单位或个人在申请专利的同时应当注重新品牌申请注册商标,在申请注册商标的同时注重新技术申请专利,争取在生产技术领域和产品销售领域获得双重保护。”在镇江市人民政府办公室发布的《镇江市人民政府办公室关于贯彻落实镇江香醋保护条例的实施意见》①《浙江省工商行政管理局关于落实保稳促调要求支持企业稳定发展的若干意见》等政府文件中也给出了类似的指导性意见。②

可见,不加限制的重叠保护不仅会破坏部门法既有平衡,还会带来鼓励重叠保护的行为引导,不仅权利人需要付出相应申请与维护成本以实现重叠保护的目的,也会导致社会需要付出更多的司法和制度成本去协调因此带来的冲突。反之,如果对重叠保护进行限制,不允许在同一领域对已经获得过激励的符号利益进行重复激励,权利人和相关企业在无利可图的情况下就不会前赴后继以重叠保护为战略,因重叠保护引发的冲突和相关司法成本也会相应地减少。

知识产权能够激励权利人进行创造,但也会因其对权利的垄断结构导致社会经济福利的减损以及对新创造的阻碍。从符号功能的利用角度上看,是否允许或限制重叠保护本质上是一个鼓励固守既有符号利益还是鼓励创造更多符号利益的问题。如果鼓励重叠保护,意味着权利人将被鼓励对固有符号资源的保护和多重利用。与激励权利人创造新的符号和知识产权相比,这显然并不符合知识产权法的立法初衷。因为重叠保护带来的权利状态不明确,所以权利人出于可能被诉讼的顾虑会降低对既有知识产品进行模仿创新的吸引力,而模仿创新是社

---

① “强化知识产权保护。建立镇江香醋集体商标、地理标志产品保护相融合的双重保护机制,统一审核的标准和程序。鼓励符合镇江香醋国家标准的生产企业同时申请使用镇江香醋集体商标、地理标志产品专用标志。”参见镇江市人民政府办公室镇政办发〔2016〕196号。

② 文件中的鼓励内容为“鼓励符合条件的企业申报驰名商标、省著名商标、省知名商号,鼓励企业商标、商号一体化,实施商标、商号双重保护”。参见浙江省工商行政管理局(已撤销)浙工商企〔2008〕15号。

会创新发展的重要动力。权利人会因为权利保护状态的不明确而不再投资基于既有作品和技术方案的改进与创新,以免带来诉讼。在一定程度上也带来了对既有知识产品的浪费,创造成果只能在原权利人垄断之下,而其本已获得过足够的激励。如果基于原权利人保有权利的目的,通过允许重叠保护的方式继续在制度上投入,其实属于一种制度资源的浪费。

判断重叠保护的效益的基本方式是通过收益减去成本核算最终收益。如果对一项符号利益的保护已经超出了应有的限度,但并未带来更多的知识增量,还有可能损坏既有的体系结构,显然是无法通过效率原则检视的。在对重叠保护进行成本收益分析后,能够发现目前重叠保护情形中对符号利益的分配现状可能会带来对既有知识产品无法后续开发的浪费、制度资源的浪费和司法资源的浪费,有损知识产权法的立法目的以及法律的稳定性。而对同一符号已激励功能进行重叠保护的限制,不仅不会损害知识产权法的制度目标,也不会给权利人带来额外损失。因此,从经济分析角度考察,不加限制的重叠保护的成本远大于收益,制度需要对此类重叠保护的分配方案进行限制。

综上所述,"有限激励""比例原则""效率原则"三个原则之间分别从不同的侧面对知识产权制度对符号利益的分配进行了限定,三者之间具有内在的一致性,都属于知识产权制度在激励程度方面的原则要求。在重叠保护情形下对符号利益的分配结果无论与哪种原则发生了冲突,都属于激励程度出现异常的表现,是应当加以限制的。

第三节 对重叠保护的价值层面检视

在许多法学著作中,法的价值的问题也就是法律评价的标准问题,相较于规范层面,对原则和价值层面的检视已经具有了逐步抽象的意味。一般而言,概念对于价值的储藏功能能够使复杂的价值衡量过程隐于概念的形成过程之中,当概念形成之后,对于价值进行衡量的过程在许多情况下都被省略。但在一些疑难问题中,由于既有规定的解释力不足,不得不回溯到原则与价值层面去寻求恰当的答案。如有论者言,我们应该对法进行全局性理解,这样在并无既成社会规范的情形下,许多与发展文化产业和经济发展相关的决定或许就能够从法的全局中读取出来。①

价值层面的检视主要考察知识产权重叠保护与立法目标之间的契合程度,旨在通过在更广阔的社会视角观察重叠保护对立法目的的影响,得出对知识产权重叠保护问题的正确评价。因此,对价值目标检视的内容不仅应包括重叠保护是否影响了部门法立法目的实现,还应考察重叠保护对于知识产权法整体立法目标的影响。

一、知识产权法的价值目标与重叠保护

1. 知识产权二元价值目标的构成

法的价值以不同的形式体现在具体的法律制度中,在知识产权法律体系中,一部分以立法目标的形式出现在部门法的序言和总则中,作为部门法的价值目标,而知识产权法整体的立法目标,通常在学理研究中与知识产权法的正当性问题联系在一起,需要加以抽象和概括。促进社会技术文化的发展与增量知识的产生是各国公认的知识产权法的价值目标。

通过对部门法的立法目标进行分析后发现,每种部门法的立法目标基本由两部分构成,一部分是与本部门法所要调整的符号利益直接相关的价值目标,另一部分则体现为对社会公众利益的社会价值关照。如专利法的立法目标则是由保护专利权人权利与促进发明创造、推动社会进步;著作权的立法目标体现为保护著作权人权利和促进作品传播、社会文化与科学事业的发展繁荣。在有些情况下,知识产权立法目标会规定在更高层级的法律中。如美国《宪法》第1条第8款规定:"国

① 参见[日]田村善之、李扬、许清:《"知识创作物未保护领域"之思维模式的陷阱》,载《法学家》2010年第4期。

会有权制定法律,通过在有限期间内赋予作者和发明者对其作品和发明的专有权利来促进科学和实用技术的进步。"①就被认为是美国版权和专利立法目标的宪法依据。即便直观地考察法律文本,也能够发现部门法的价值目标中不仅包括对权利人的保护,还包括对社会公共利益的维护。

维护公共利益不仅体现在各个部门法的立法目标之中,也体现在知识产权法律体系的制度设计和权利构造中,而公有领域知识的发展与丰沛这一价值目标也构成了知识产权法的正当性来源之一。无论是洛克劳动财产权理论中,为公众留下"足够多,足够好"的要求,还是功利主义中以社会福利最大化为衡量标准,都不是以权利人私权的保护范围大小来评判知识产权制度。通过赋予权利人时限范围内对符号利益的垄断,促进对社会和公众的福利增加,才是正确评价知识产权制度的标准。正如有学者所言,我们应当更多地从分配的角度促进符号的生产,并思考在利益产生之后,创造者、传播者、投资者、社会公众应在何种程度上参与分配,而不能简单地认为"保护知识产权"就等于"鼓励创造"。对社会公众利益的保护,不应被视为"鼓励创造"的例外,这种保护本身,就是鼓励创造的一个要素。②

在 TRIPs 的引言中,对知识产权要保护的利益做了区分表述,一方面保护知识产权人的私权,使权利人获得充分的保护和利益回报;另一方面要保护以文化和技术发展为目的的公共利益。因此,知识产权法的价值目标应该包括两个部分,即知识产权权利人利益的保护和社会福利的增加。因为权利归根结底不仅是权利人与权利对象之间的关系,更是人与人之间的关系,是知识产权人与社会公众之间的关系。

2. 二元价值目标之间的位阶关系

价值目标之间是存在位阶关系的。对知识产权的价值目标进行检

---

① 王迁:《知识产权法教程》(第 6 版),中国人民大学出版社 2019 年版,第 407 页。

② 李琛:《论知识产权法的体系化》,北京大学出版社 2005 年版,第 148 页。

视还有一个较为具体的作用,就是可以通过判断规范中所欲保障的价值等级高低来决定相互冲突的法律规范在适用中的顺序。① 既有研究所认可的位阶关系是从知识产权法的私权性质出发,以激励机制为基础,辅之以利益平衡原则作为对私权的限制。② 知识产权的价值目标具有二元性的特征,当保护私权和维护社会公共利益两个立法目标之间发生冲突时,应当如何处理二者间的位阶关系是无法回避的问题,也是维持知识产权法律制度体系化的必由之路。具体到本书所探讨的重叠保护问题,就涉及包括不同法律规范相互重叠部分的利益应该如何分配,应该优先满足权利人的私权还是应该以维护公有领域为第一顺位等具体问题。

本书认为,在合乎逻辑的体系中,价值的位阶关系应该是下位价值从属于上位价值,价值原则约束规则体系,价值原则约束规则的设计与解释。③ 因此,知识产权法的二元价值目标应该以维护社会公共利益为第一顺位,在二者发生冲突时,对私权的保护应该让位于公众利益。因为从本意上讲,TRIPs 协议明确“知识产权是私权”的目的,是为了与知识产权保护的公共政策目标相呼应,以保护私权这一价值来保障发达国家提出的强化知识产权保护的主张。④ 部门法的价值目标显然应该从属于知识产权法的整体价值目标。这种平衡本身就是知识产权法的目的之一,也被有的学者解读为知识产权法的工具价值所在。⑤ 还有学者从知识产权法规制特征角度提出,社会公共利益并非限制知识产权私权性质的外在手段,而是内化在知识产权体系之中的目的,知识产权法定的私权手段应该服从于其促进创新的目的。⑥

---

① 卢海君:《知识产权体系论》,载《知识产权》2006 年第 4 期。

② 冯晓青:《知识产权法的价值构造:知识产权法利益平衡机制研究》,载《中国法学》2007 年第 1 期;吴汉东:《试论知识产权限制的法理基础》,载《法学杂志》2012 年第 6 期。

③ 李琛:《论知识产权法的体系化》,北京大学出版社 2005 年版,第 61 页。

④ 孔祥俊:《WTO 知识产权协定及其国内适用》,法律出版社 2002 年版,第 72 页。

⑤ 朱冬:《知识产权的私权形式与工具本质》,载《贵州师范大学学报(社会科学版)》2018 年第 3 期。

⑥ 邓志红:《再论知识产权的性质——一种权利结构的视角》,载《知识产权》2018 年第 2 期。

知识产权的价值目标是一个渐进发展的过程,在其诞生伊始,为了保护创作者的权利,也为了证明其作为一项独立的权利存在的价值以获得更多的正当性支持,强调其私权性质是具有积极意义的。但当社会不断发展,当知识产权作为一项激励创作者的权利形式已经深入人心,知识产权法的价值目标也发生了相应的变化。"如果以前财产还意味着权力,那么20世纪70年代中期以后,财产法在法律上却意味着责任。"①从所有权至上的财产观到追求利益平衡的财产观,是财产发展的进步,也是文明的体现。② 在知识产权制度中,权利限制制度几乎与赋权制度具有同样重要的意义,兼顾社会利益也常被写入相关立法与国际公约等法律文本中,成为相关著作权法或知识产权法的立法目标。③在普通法系国家,1709年的英国《安娜女王法》就规定"授予作者出版的独占权利和自由"之目的是换取"有用作品的持续生产"。④ 美国《宪法》第1条第8款规定:"国会有权制定法律,通过在有限期间内赋予作者和发明者对其作品合法的专有权利来促进科学和实用技术的进步。"⑤在大陆法系国家,即便在以保护作者利益为核心的德国与法国,"著作权法必须维持作者利益和使用者利益之间的平衡"这一观念也被广泛接受。⑥ 可以说,知识产权是一种"包含许多利害关系人及利益的生态系统"。⑦

因此,对于知识产权法二元价值目标之间的排序,必须强调价值目

---

① [美]伯纳德·施瓦茨:《美国法律史》,王军等译,中国政法大学出版社1997年版,第306页。

② 陆小华:《信息财产权——民法视角中的新财富保护模式》,法律出版社2009年版,第188页。

③ 如TRIPs协议第7条等。

④ Ronan Deazley, *The Myth of Copyright at Common Law*, Cambridge Law Journal, Vol. 62:1, p. 107(2003).

⑤ US Const. Art. I § 8, cl8.

⑥ See P. B. Hugenholtz, *Fierce Creatures, Copyright Exemptions: Towards Extinction?*, Keynote Speech, Jfia/Imprimatur Conference, Amsterdam, October 30 – 31, p. 5(1997). 转引自朱理:《著作权的边界——信息社会著作权的限制与例外研究》,北京大学出版社2011年版,第22页。

⑦ 刘孔中:《解构知识产权法及其与竞争法的冲突与调和》,中国法制出版社2015年版,第9页。

标之间的从属关系，以维护社会利益作为首要价值。在重叠保护的情形下，如果不加限制地满足权利人基于符号不同功能的利益叠加，必将使利益的天平倾向权利人的一端，影响社会公众应享有的那部分符号利益。只有对重叠保护下的符号利益进行合理分配，施以必要限制，才是符合价值位阶关系的分配方案。

二、部门法的价值目标与重叠保护

1. 知识产权部门法价值目标的差异性

知识产权法虽将财产形态的一致性统一为一个整体，但基于符号的不同功能，知识产权部门法具有不同的立法目标。在每个知识产权部门法的范围内，都以其独有的价值目标作为指引，建立了以概念、规则和原则为元素所组成的特定激励机制来分配不同类型的符号利益。在部门法领域内，这些个性化的符号利益分配方案通过与社会发展变化之间的互动不断完善其权利构造和分配机制，并在与其他分配方案的互动和协调中达到知识产权法整体的体系化发展。本书认为，如果不加限制，目前重叠保护情形下对符号利益的分配方案不仅会影响知识产权法总体价值目标的实现，而且会对部门法的价值目标实现造成干扰。

知识产权部门法的立法目标通常在总则部分进行明确规定，如我国《商标法》、《著作权法》和《专利法》都在各自总则部分规定了本部门法的立法目标。[1] 在法律文本中，每种部门法都有其特定的立法目标，除了对公有领域的关照外，在我国《著作权法》和《专利法》中都明确了对权利人利益的保护，商标法的立法目标则较为复杂，除了保护商标权

---

① 《中华人民共和国商标法》第1条规定：为了加强商标管理，保护商标专用权，促使生产、经营者保证商品和服务质量，维护商标信誉，以保障消费者和生产、经营者的利益，促进社会主义市场经济的发展，特制定本法。《中华人民共和国专利法》第1条规定：为了保护专利权人的合法权益，鼓励发明创造，推动发明创造的应用，提高创新能力，促进科学技术进步和经济社会发展，制定本法。《中华人民共和国著作权法》第1条规定：为保护文学、艺术和科学作品作者的著作权，以及与著作权有关的权益，鼓励有益于社会主义精神文明、物质文明建设的作品的创作和传播，促进社会主义文化和科学事业的发展与繁荣，根据宪法制定本法。

利人利益和促进市场经济发展的社会利益这两项“常规”表述外，其他欲实现的目标要素还包括商标管理、商标质量、商标信誉等。仅从法律规范的表述来看，部门法之间的立法目标已经存在较大差异，根源在于各个部门法所调整的符号功能的差异和符号利益产生的方式。“利用知识产品的行为可以区分为智力成果意义上的利用和商业标记意义上的使用，这两类利用行为的规制目标并不相同。”①即便同为智力成果，对著作权和专利权人的保护模式也存在差异。著作权是典型的“长期限—窄范围”模式，而专利权则采用了“短期限—宽范围”模式，②因为著作权所调整的符号性质是以特定的表达为表现形式，必须给他人的表达预留合理空间，才不会对社会的文化发展产生阻碍；而作为专利法对象的符号内核是创新与技术，“短期限”的保护有利于社会技术迅速发展，不至于造成智力投资的浪费，“宽范围”的保护则有利于权利稳定，保证权利人在短时间内能迅速收回成本。③ 此外，对于著作权和专利权在确权模式方面的差别，有学者总结为由于二者在符号所具有的区别特征多寡造成的。客体区别特征的数量不仅造成了著作权与专利权在确权成本方面的区别，而且直接决定了两种权利在确权程序、是否承认独立创作例外等具体制度安排的不同。④

可见，知识产权部门法对于各自激励机制的构建是基于所调整的符号性质、功能，按照不同的成本考量而设计的为实现其特定立法目标的个性化方案。在各自的方案中，已经对不同功能的符号利益分配进行了差异化的安排。然而，这种既有的利益安排在重叠保护的情形下，符号功能的复合性就有可能会破坏各部门法已经设定好的激励机制，使其无法发挥应有作用。例如，专利法的激励机制是通过技术方案的公开来获取一段时间的有效垄断权。在重叠保护情形下，当一项技术

---

① 李琛：《应对著作权新问题的解释方法》，2017 年 12 月 16 日 AIPPI 中国峰会版权热点论坛演讲。

② 谢晓尧、吴楚敏：《转换的范式：反思知识产权理论》，载《知识产权》2016 年第 7 期。

③ ［澳］布拉德·谢尔曼、［英］莱昂内尔·本特利：《现代知识产权法的演进：英国的历程（1760－1911）》，金海军译，北京大学出版社 2006 年版，第 169～187 页。

④ 崔国斌：《知识产权确权模式选择理论》，载《中外法学》2014 年第 2 期。

方案保护期限即将届满，相关公众即将继续利用该技术方案时，就会发现其可能依然被控制在著作权的范围之下，没有办法继续对该技术方案进行进一步开发利用。这种状况不仅会造成该技术方案被进一步利用的可能性降低，更重要的是会对专利法所设定的激励机制造成破坏。同理，著作权法的激励机制是通过著作权激励促进后来者创造更多的作品，如果前人的创作元素被永久封印在商标权之下，显然是无法达到著作权法促进文化繁荣的立法目标的。对此类问题的解释，李琛教授曾做过相应论述：智力成果权制度的一个原则是鼓励传播，而商业标记法并无此类原则，因此对那些尚不符合设权规则的智力成果，首先应推定允许公众自由利用。将实用艺术作品从艺术作品中区别出来的目的也不是进行双重保护，而是为了限制保护，因为实用艺术品可能会涉及工业产权领域，而在工业产权领域是更加注重市场自由竞争的，也就是《伯尔尼公约》允许把实用艺术作品的保护期缩短的原因所在。①

部门法的不同价值目标和独特激励方式决定了法律有必要对具有复合功能的符号利益分配方案进行体系化调整，避免重叠保护对既有分配方案的冲击。否则，不加限制地允许不同部门法对于具有复合功能的符号进行重复激励，将会破坏既有激励机制下对符号利益的分配方案，干扰部门法立法目标的实现。

2. 知识产权法内外界限间的联动关系

知识产权法制度体系内存在两种界限，即知识产权法的内部界限与外部界限。知识产权法通过内外界限的划分实现对权利范围的限制。外部界限的划定由基本原则与中层规则构成，体现为知识产权法整体的法律目的、法律体系等。内部界限则是知识产权法为了实现这样一些目标而进行的内部机制划分。知识产权法通过双重界限的设置，实现部门法之间的内在区隔以及知识产权法与公有领域的外部平衡。

---

① 李琛：《应对著作权新问题的解释方法》，2017 年 12 月 16 日 AIPPI 中国峰会版权热点论坛演讲。

内部界限是知识产权内部各项法律之间的界限,目的是划分知识产权法各部门法之间的调整范围,也被称作知识产权法的“沟渠原理”。内部界限的维持一方面是为了实现部门法的立法目标,区分不同符号的激励机制与分配方案;另一方面则是从体系协调的角度保证各部门法激励机制与符号功能的对应性不被破坏,从而保持知识产权与公有领域之外部界限的平衡。通过对部门法权利内容和权利限制条款的综合分析,能够得出各部门法为维持自身体系融贯而划定的不同公有领域,在这一意义上,“公有领域”并非仅存于抽象理论中的模糊指代,而是知识产权部门法划定权利边界的“界标”。当部门法之间的界限因为重叠保护问题被模糊,法定的“界标”被跨越,部门法所构建的内外平衡就可能随之被破坏,导致部门法公有领域的限缩,进而破坏整个知识产权法律体系与公有领域之间的平衡关系。从这一意义上讲,两种界限之间具有联动关系,权利人与公有领域之间的平衡被破坏往往是“牵一发而动全身”的。

外部界限是知识产权与公共领域之间的界限,主要是指在抽象层面上,知识产权法整体与公有领域之间的界限。对于知识产权与公有领域之间的关系,有学者认为,知识产权法通过三个阶段实现公共领域与私人领域之间的转换与相互增益,分别是法律赋予权利人一定时期垄断权的赋权阶段、对知识产权人权利的容忍阶段以及知识产品重归公有领域的阶段。[①] 因此,外部界限所构建的平衡也是一种动态意义上的平衡,正是在内部界限和外部界限的共同作用下,知识产权法才能够在对符号利益进行恰当分配的同时实现自身的制度价值。

在知识产权法律体系中,内外部界限的平衡与体系的融贯为了实现知识产权法的价值目标。如前所述,知识产权法通过设定部门

---

① 三个阶段分别为:第一,知识产权法允许权利人通过智力劳动或投资将公共领域的信息私有化,赋予一定时期的垄断权来激励创造与投资。第二,知识产权法通过赋予权利人公开创造成果的义务以及容忍合理使用、强制许可等制度的约束来避免重复研发与保证后续创造的顺利进行。第三,当知识产品的保护期届满后,知识产品重新回到公共领域,这既增加了公共领域的知识存量,又丰富了再创造的材料内容。参见刘孔中:《解构知识产权法及其与竞争法的冲突与协调》,中国法制出版社 2015 年版,第 5 ~8 页。

法之间的界分规则有意区隔各部门法所调整的不同符号利益，因此，在面对重叠保护问题时，重点应该避免重叠保护给内部界限划分所带来的影响，维持体系内部界限的清晰，以避免内部界限的波动和变化影响外部界限，并最终导致知识产权法所维持的外部平衡被打破。

三、价值检视标准的具体化

法律将价值蕴藏在制度规则中，通过规则的组织、配合和适用进行自我实现。价值的实现程度与一些具体制度适用密切相关，因此，在考察重叠保护对价值目标影响的过程中，可以对价值检视的要素予以具体化，将宏观的价值目标具象化为与价值密切相关的规则和制度。通过价值目标由“抽象”到“具象”的过程，重叠保护对价值目标实现程度的影响就可以具体化为重叠保护对特定制度适用的影响。由于通过权利限制制度维持公有领域与知识产权法的价值实现是关系最为密切的制度，因此对总体价值目标的检视内容可以分解为重叠保护是否影响了知识产权公有领域的范围、是否影响了知识产权权利限制制度的实现等具体问题的考察。

1. 重叠保护对公有领域的影响

不同的部门法对应不同的公有领域，对公有领域的设定和维护是知识产权部门法价值目标的重要组成部分。如果重叠保护现象导致公有领域范围不能实现预设，也可以推定重叠保护影响了知识产权法价值目标的实现。据此在重叠保护情形下，公共领域的缩减与否可以作为对价值目标考察的另外一个切入视角。

公有领域如何界定？知识产权法并没有采用正面界定的方式来划定公有领域的范围，而是采用了排除法：凡是知识产权权利范围之外的地方，都是公众可以自由利用的公有领域。有的学者就用大海与小岛来比喻公有领域与权利人权利范围之间的差异。自由竞争和知识的公共性共同决定了必须采用“以公共领域为原则、以知识产权为例外”的知识产权基本理念。[1] 以著作权中的公有领域为例，凡是客体范围、独创性条件、“思想表达二分法”、保护期间、权利穷竭等权利范围的限制措施保留给公众自由利用的部分，就是其公有领域的范畴。在权利行为视角下，权利人对符号利益控制行为之外的其他符号利用行为，都是法律赋予公众得以自由行使的行为。如果直观地用法律规范来考察，不同的部门法对应着不同的公有领域。如著作权的公有领域包括：超过保护期限的作品、思想素材、缺乏独创性的作品等；专利权的公有领域包括失效的专利、智力活动的规则和方法、疾病的治疗方法等；商标权的公有领域包括不具备显著性的商标、超过保护期限而未续展的商标等。这些部门法公有领域的集合，就构成知识产权法公有领域的范围。

重叠保护是否会影响公有领域的范围？本书认为，在一些情形下，重叠保护有可能会影响公众对于知识产品的利用，进而带来公用领域实际上的缩减和权利人权利的过分膨胀。例如，由于重叠保护，符号利益之上如果承载着保护期限长短并不一致的权利时，就有在客观上延长权利的保护期限，导致原本应该在保护期届满之后就应该进入公有领域的符号利益无法如期进入公有领域，公众也无法自由地对这些符号利益进行利用。仅以部门法预设的公有领域范围而言，这种情况在客观上已经能够界定为公用领域的缩减，而这种缩减的直观表现就是由于重叠保护的产生，导致公有领域范围不能实现预设。在一些案件中，法院也是基于对公有领域的维护进行了裁判。如在“黄某忠与漯河市平平食品有限责任公司商标争议行政纠纷上诉案”中，法院认为，如果对不具有创作高度的汉字“卫龙”和拼音“Weilong”进行保护，可能导致对公共资源的侵蚀，因而对权利人的诉讼请求未予支持。[2]

2. 重叠保护对权利限制的影响

权利限制制度在促进价值目标和与公共利益的平衡方面起到了至关重要的作用，因此，在对价值目标实现的检视层面，可以将重叠保护

---

① 王太平、杨峰：《知识产权法中的公共领域》，载《法学研究》2008年第1期。

② 北京市高级人民法院行政判决书，(2013)高行终字第546号。

是否损害了知识产权法的权利限制制度作为一项检视价值目标实现程度的替代性要素。广义上的权利限制包括对于权利保护期进行限制的一系列权利限制制度,狭义上的权利限制制度具体表现为合理使用、法定许可、强制许可等形式。这些形式的共同特征是将原本属于权利人的一些对符号利益的控制行为交由公众行使并不将之视为侵权的情况。权利限制可以认为是对权力控制行为的一种让渡,由私权控制转为社会公众控制。如果重叠保护妨碍了这种让渡,也可以认为其妨碍了价值目标的实现。

在不同的知识产权类型中,大多通过权利限制制度和保护期限,尽量减少知识产权制度带来的负面效应以实现知识产权制度预设的价值目标。但重叠保护现象会导致不同部门法之间立法目的冲突,违背了知识产权制度促进创造和广泛传播的根本理念。重叠保护导致在一些权利范围内可以合理使用的部分,在另一些权利范围内则不属于合理使用,也客观上造成了公众可控制行为的减少。因此,重叠保护有可能会通过影响知识产权的权利限制制度,进而损害知识产权法立法目标的实现。

综上所述,通过价值目标层面的检视能够得出以下结论:就部门法价值目标的考察而言,重叠保护有可能会导致部门法价值目标的相互冲突,有损具体部门法价值目标的实现。就知识产权法总体的价值目标而言,重叠保护在权利限制方面会导致一些权利限制措施客观上无法正常发挥效用,并间接造成公有领域缩减。而在各部门法所对应的不同的公有领域范围上,重叠保护带来的直观后果表现为范围不一的公有领域在因为重叠保护问题被叠加之后,原本法律预设的公私领域界限划分逐渐模糊,从而有可能导致权利人与公有领域之间原本的平衡被打破,影响价值目标的实现。在对符号利益的分配视角下,这种影响可以表述为:符号功能与知识产权法的激励机制的对应关系以及不同的激励机制之间激励条件和程度的差异性保障了知识产权制度价值目标的实现,但重叠保护在不同制度间引发的边界模糊与冲突产生了破坏制度平衡的法律效果,有可能导致知识产权制度的立法目标无法实现。

第四节　对重叠保护法律效果的检视结论及评价

一、对重叠保护制度效果的检视结论

使法的概念与原则确保有序性和相对稳定性是法律体系精心设计与自我维护的结果，这种有序性和稳定性是约束立法者与司法者任意和妄断的界尺，而这种法律稳定性的体现正是法律可预见性的基础。现代司法都是演绎式的，无论演绎的前提是概念还是原则，抛弃体系化，法律活动就会变得无法评判。作为知识产权法下辖的问题之一，重叠保护也会对符号利益产生一系列分配效果，这些利益分配效果和现状就构成了对重叠保护制度效果的评价基础，也构成了对重叠保护问题进行体系考察的内容。

规则层面的考察分为初始制度设计和后续制度修正两个部分。在初始制度设计中，虽然法律没有对重叠保护进行直接规定，但在各个部门法当中都设置了明确的界分规定，并在客观上起到了避免重叠保护产生的效果，由此可以推知，在知识产权法的权利设置阶段是不希望部门法的交叉而产生重叠保护的。在后续制度修正中，知识产权制度并没有对所有的重叠保护现象进行否定性评价，仅对其中一些可能会导致界分边界被破坏的情形进行了额外规定以维持体系自洽。显然，知识产权法律体系对重叠保护现象存在一定程度的容忍，对重叠保护现象采取何种方式进行进一步规制将取决于该问题造成的制度效果是否会影响知识产权法的制度目标和体系要求，因此，需要结合其他标准进一步考察。

原则层面的考察集中在对重叠保护激励程度的合理性方面。从保护时间、权利范围以及激励次数角度进行分析的结果看来，若不加以限制，重叠保护情形下对符号利益的分配将可能会导致权利人权利范围不成比例地扩大。因此，如果继续放任司法实务中对重叠保护问题“法

无禁止即可为”的解释方式，将会干扰知识产权法对于符号利益既定的分配方案和激励程度。而从制度成本上考察，重叠保护对同一符号利益的重复多类型激励可能是不经济的，因为对这种过度和重复激励可能并不会带来更多的知识增量，反而有可能对权利人带来负面的制度激励，破坏既有激励机制与公有领域之间已经形成的平衡。

在价值层面，如果任由重叠保护按照目前无限制的方向发展，会导致公有领域限缩和权利限制制度的实现不能，并影响知识产权各部门法的价值目标实现，从而对知识产权法整体价值目标的实现造成阻碍。

综上所述，通过三个不同层面的检视标志对重叠保护的制度效果的检视，能够发现无论是体系规则、原则还是价值目标检视都无法支持知识产权重叠保护状态下对于符号利益的分配现状。目前，重叠保护情形下对符号利益的分配方式在知识产权法律体系当中并不具备正当性。与此同时，司法实践当中对于重叠保护问题“法无禁止即可为”的解释方式也并不符合知识产权法对符号利益的调整范式的要求，应当予以纠正。

二、对目前重叠保护法律效果的评价

1. 不加限制的重叠保护属于权利滥用

经过以上考察和检视，能够发现在目前的分配方案中，不加限制地允许重叠保护所造成的效果与体系自身的要求并不完全相符。如果任由其在目前的法律解释下运行而不加限制，随着复合型客体的不断增加，不仅会导致越来越严重的体系混乱，而且还可能会给权利人带来不当的制度激励和引导，使重叠保护成为一种扩大权利的有效方式。滥用权利的行为，即是违背了设定权利目的而行使权利的行为。[1] 本书认为，在一定程度上，权利人通过重叠保护获得了超越规范立法目的的额外利益，已经构成了权利滥用。

---

① 郭禾等：《专利权滥用的法律规制》，载国家知识产权局条法司编：《〈专利法〉及〈专利法实施细则〉第三次修改专题研究报告》，知识产权出版社2006年版，第1167页。

在重叠保护的情形下,权利人基于同一符号或符号组合享有了不同规范的同时或接续的保护。按照知识产权法对符号利益的调整范式,如果严格依照"符号功能"与"激励机制"的对应关系,重叠保护现象并不会导致破坏体系的负面影响。在同时重叠保护的情形下,均处在权利保护期内的各项符号功能依照与其对应的激励机制获得利益;在接续保护的保护情形下,已经失效的符号功能会进入公有领域,这部分符号利益可以归由公众自由享有,尚在保护期内的符号可以依据其功能对应的激励机制继续在原有权利范围内获得利益。各项符号功能与激励机制各安其所,互不干扰,并不会导致过度激励和重复激励。

然而,由于知识产权缺乏类似有形财产的物理性权利边界,导致的对权利的行使缺乏直观的限制。在自利性的诱因下,权利人希望自身所拥有的符号利益能够最大化实现,会自发地采用多种权利方式延长权利时间。因此,造成重叠保护中对同一符号功能过度激励的原因便在于权利人超出权利目的的权利行使行为。虽然在形式上表现为权利人在合法地行使权利,但实际上已经超出了法律赋予其权利的目的范围,[①]构成了权利滥用。[②]

2. 应对重叠保护的负面效果进行限制

人具有自利性,经济学中理性人的假设正是建立在人性自利基础上的。包括知识产权制度在内的诸多法律激励机制也都以人的自利性为基础。因此,我们不能寄希望于知识产权权利人放弃符号利益最大化追求,并以此作为消除重叠保护负面影响的主要途径。法律能做的,便是通过恰当的制度设计,将权利人的自利性引导至合理区间内,避免不加限制的自利造成私益冲突与公益损害。"虽然我们有充分理由支持私人拥有财产所有权,但我们这样做时应该视情况而定,如果事实证

① 郭禾:《关于滥用知识产权问题的法律逻辑推演》,载《知识产权》2013 年第 5 期。

② 《中华人民共和国著作权法(修正案草案)》于 2020 年 4 月 26 日提请第十三届全国人大常委会第十七次会议审议,在此版本的草案中规定了两处涉及著作权权利滥用的条款,分别为:第 4 条在行使著作权的原则性规定中新增了"不得滥用权利影响作品的正常传播"的表述;新增条款第 50 条规定著作权主管部门对滥用著作权或者与著作权有关的权利、扰乱传播秩序的行为有权进行行政处罚。但自其公布以来,禁止权利滥用条款受到诸多学者的批评。

明一种私有财产所有权，助长了威胁消极自由的组织形式与活动，这就需要严格限制这些权利的适用范围或完全取消其中的某些权利。"①

因此，权利人利用符号之上所叠加的权利作出超越立法目的的保护行为，需要法律的外在干预。禁止权利滥用作为民法基本原则，在民事法律体系内有多重形式的规则体现。知识产权法作为民事法律规范的组成部分，也在许多规则中体现了禁止权利滥用的法治精神。如我国《商标法》就对商标的申请和注册程序进行了禁止权利滥用的规定，将恶意注册人起诉他人侵犯其注册商标专用权的行为认定为权利滥用行为。在司法实践中，也有对该规则进行适用的案例。如在"'歌力思'商标纠纷案"中，法院就将原告起诉被告正当使用商标的行为视为权利滥用而未予以支持。②

在重叠保护情形下，权利人超出立法目的的权利行使行为，使权利人获得了超出正当比例的符号利益，破坏了知识产权法对于符号利益的分配机制，导致权利人利益与公众利益之间的冲突，本书认为，针对这种情况可以选择回归民法基本原则处理方式，以禁止权利滥用原则为理论基础，对重叠保护目前的分配方案造成的负面效果进行限制。③具体而言，可以将权利滥用理论作为基础设计相应的权利限制措施。同知识产权法中许多权利限制制度的出发点类似，重叠保护的限制思路与知识产权的权利限制思路相一致：公共利益本身并不当然引发知识产权限制，只有当公共利益与知识产权人私人利益存在冲突时，才会产生对知识产权进行限制的问题。④

---

① ［澳］彼得·德霍斯：《知识产权财产法哲学》，周林译，商务印书馆2017年版，第19页。

② 最高人民法院民事判决书，(2014)民提字第24号。

③ 虽然据学者考证，知识产权权利滥用理论并非来源于大陆法系，而是源于英美法系，但超出权利设置目的的方式行使权利，本身就已经构成了权利滥用。参见李国英：《知识产权限制的原因诠释》，载《法治现代化研究》2019年第3期。

④ 李国英：《知识产权限制的原因诠释》，载《法治现代化研究》2019年第3期。

第四章　重叠保护的原因探析

本章的主要任务是探寻重叠保护的原因，从而为寻找重叠保护问题的针对性解决路径奠定基础。重叠保护现象的产生是多种原因共同作用的结果，其中既包括知识产权法的权利对象性质和制度发展历史等内部原因，也包括知识产权制度发展中的非法律因素等外部原因。本章将分别就重叠保护的内因和外因两部分展开论述。从问题解决角度进行区分，两类原因的差异在于外部原因可以通过外部环境的改善予以化解，而内部原因则无法通过权利自身来克服，只能通过外部的解决方式进行调整。

第一节　导致重叠保护产生的内部原因

一、权利对象的非物质性

1. 权利范围缺乏物理边界

重叠保护问题不仅存在于知识产权这种无形财产范围内，实际上，凡属于同一权利对象之上存在多种法律规范予以保护的情形，都属于广义的“重叠保护”。然而，对于有形财产和无形财产这两类不同权利对象之上所产生的重叠保护，却受到了不同的法律评价。

从对权利对象的性质角度进行比较观察,很容易就能发现无形财产重叠保护被差别对待的原因。

在民事权利体系中,与知识产权最为相似的一项财产权是物权。通过对比物权人对物权依法享有的利益能够发现,物权相关法律并不拒绝同一对象之上的不同权利的聚合,甚至鼓励对同一对象价值的多元开发利用。在民法中,通过设立用益物权、担保物权等他物权,尽可能地开发利用某一项有形财产的多重价值,如物权制度中各类用益物权、抵押物权与所有权的共存等。[①] 这种同一物之上叠加了多种权利的情形,被认为是物尽其用的表现。然而,当权利对象被切换为无形财产,当同一符号对象之上能够被两种或两种以上的知识产权部门法进行保护,却导致了理论和实践中的观点分歧。反对知识产权重叠保护的观点认为,知识产权重叠保护将会给权利人带来过度保护,并破坏既有制度中的利益平衡。通过对重叠保护现象的体系检视能够发现这种担心不无道理,不加限制的重叠保护现象确实有可能影响知识产权制度对符号利益的分配原则,并影响制度价值目标的实现。

同样是重叠保护,为何当权利对象的性质从有体物替换为非物质性的符号时就会产生法律效果上的差异?权利对象自身的特殊属性是其中重要的原因之一。知识产权权利对象的非物质性导致了知识产权缺乏直观的物理边界。按照田村善之教授的观点,知识产权与物权之间的根本差异在于人们对于物权的主要利用方式以物理接触为主要手段,因此有体物本身的物理性边界就成为权利内容的边界。有了这种实体边界的存在,所有权就不容易超越限度而被无限扩大。然而,由于知识产权对象并没有类似于有体物"物理性刹车器"的权利边界,其结果便是如果对其不加以限制,知识产权将有可能由于权利边界被轻易突破而越来越强化。[②] 可以说,是权利对象的非物质性决定了知识产权的权利内容和边界都无法像物权一样直观可见。于

① 但物权中也并非完全没有重叠保护问题,如采矿权和煤层气的关系等。

② 参见[日]田村善之、李扬、许清:《"知识创作物未保护领域"之思维模式的陷阱》,载《法学家》2010 年第 4 期。

是,作为对符号利益的调整和激励机制,知识产权法在适用中不得不依赖于对法律规范的解释,而这种依赖进一步为利益扩张行为提供了可乘之机,因为"没有一个无争议的直观表象为权利范围提供确定的标准"。①

此外,有体物的权利调整方式对人们思维习惯的深刻影响导致了在知识产权边界的"模糊地带"。在进行裁判时,法官会在民法的有体物思维惯性影响下,以"有付出即有收获"的劳动财产观作为价值指引,将凡是未经知识产权人许可的"使用"行为都界定为侵犯知识产权的行为,这在一定程度上导致知识产权的权利边界被不断扩大。②

2. 激励机制的隐形错位

在有形财产权制度中,不动产与物权制度、动产与债权制度之间的对应关系明晰而且直观,规范与权利对象错位的情况几乎不会出现。然而,在知识产权制度体系中,尽管部门法与知识产权客体之间也存在符号功能与激励机制的对应关系,但由于符号的非物质性,导致这种对应关系无法被直观了解,当激励机制发生"错位"时,很难被发现。在物权制度中明晰的财产与制度的对应关系折射到知识产权法中,就不得不转变为非直观的符号功能与激励机制的对应关系,并且这种对应关系只能依赖于对知识产权部门法客体符号功能的抽象。

虽然知识产权法的对象在形态上可以统一表现为符号,但创生功能的符号与指代功能的符号所发挥的功能、调整方式都存在较大差异。这些功能不同的符号在知识产权部门法不断扩大的权利边界中可能被重复激励,叠加的激励机制之间却并不兼容,甚至可能引发体系冲突。在激励机制的抽象性与知识产权对象权利边界的非直观性叠加的情况下,原本泾渭分明的激励机制之间的边界会日渐模糊,法

---

① 李琛:《应对著作权新问题的解释方法》,2017 年 12 月 16 日 AIPPI 中国分会版权热点论坛演讲。

② 何鹏:《漫谈知识产权的权利边界:缺乏目的性变形的使用权能》,载《知识产权》2018 年第 6 期。

律预设的激励范式也就会被逐渐消解。因此,随着一些具有复合功能的符号不断出现并被纳入既有的客体范围,不断扩张的权利边界就会破坏不同激励机制的差异性设定,加剧重叠保护带来的体系冲突,最终导致知识产权制度内部体系的协调性被破坏。

然而,由于权利对象的非物质性,正如知识产权激励机制为社会福利带来的正面效应无法被直观量化一样,这种激励机制错位带来的负面影响也是隐性的,并不容易被体系检测和发现,也导致由此带来的负面影响成为隐性的"系统 bug",从而破坏了体系既有的激励机制。简言之,重叠保护的许多负面影响并不能被直观感知,也在一定程度上导致了对重叠保护问题所带来的后果的严重性认识不足,且缺乏研究。而理论的缺位与司法实践中沿袭物权思维的强保护思路,又进一步加剧了重叠保护问题的负面效果。

二、部门法之间协调不足

1. 先分后总的制度发展所致的协调性先天不足

在知识产权的不同权利类型中,著作权和专利权这两类以符号的创生功能为价值基础的权利类型是先于商标权产生的,在其发展过程中,登记的运用将以符号指代功能为价值基础的商标也纳入了知识产权法律体系内部,实现了"从创造到对象"的统一。① 商标权出现之后,由于商标与智力成果在形态上都属于符号表达,因而,人们将这一类财产归入同一个法律体系,独立于传统的财产权类型(物权),统称为知识产权。因此,当今知识产权的统合基础不在于创造,而在于对象都可以统一为"符号"这种共同形态。

知识产权法特殊的发展历史是导致其协调性缺失的先天原因。与民法的发展历程不同,先分后总的制度发展特征导致知识产权制度在体系化方面存在先天不足。有学者认为,知识产权法发展的历史原因

① [澳]布拉德·谢尔曼、[英]莱昂内尔·本特利:《现代知识产权法的演进:英国的历程(1760-1911)》,金海军译,北京大学出版社2006年版,第174页。

导致了其体系化不全：发端于传统财产理论背景下的知识产权理论存在先天的不足，知识体系中不同的领域与部门在制度层面处于一种分割状态。[①]

知识产权部门法之间不同的价值目标导致了部门法之间授权标准与保护水平的差异。而这种差异既是造成重叠保护问题最为直接的制度原因，也是重叠保护问题的症结所在：重叠保护现象之所以会产生体系冲突问题，在于不同部门法对符号利益的保护水平和期限存在差异，权利人试图通过重叠保护获得更多利益的制度基础也恰恰建立在各部门法规定的差异性之上。可以说，正是由于不同权利的保护期限和保护程度存在差异，其对同一对象的调整存在交叉，从而导致了越来越多的权利人主动追求知识产权重叠保护的效果。换句话说，正因为各部门法授权标准与保护时间的不一致，导致权利人在面对不同法律保护效果的差异性时，试图通过重叠保护来实现获得更多保护的目的。在法律对重叠保护缺乏无限制性规定的情况下，司法实践中“法无禁止即可行”的审判思路进一步扩大了这种趋势。

遗憾的是，协调规范的缺乏导致知识产权法律体系对于重叠保护现象缺乏有效应对。由于知识产权法缺少总论以及公认的基本原则，分布在不同部门法中的具体规则在解决超出部门法范围的问题时，就面临着调整弹性和体系协调能力不足的困境。结果就是当同一符号满足不同法律对于客体的要求而出现重叠保护问题时，由于缺乏体系化安排，某项权利容易出现实质上的无限制扩张，导致破坏体系内部的平衡被破坏。如在重叠保护类型中，其他知识产权与著作权的交叉重叠导致的重叠保护现象较多，在一定程度上与实践中的“著作权绝对主义”倾向具有密切联系。有的学者已经就这种将著

① “既没有能力概括出后世出现的知识产权的权利特征，也不可能对知识社会新出现的权利形态加以总结，财产制度缺乏整合性，没有按照知识本身的内在逻辑与成长方式促成制度的生成。”参见谢晓尧：《论反不正当竞争法对知识产权的保护》，载《中山大学学报（社会科学版）》2006 年第 3 期。

作权视为“有期限的绝对权”的情形提出了批评。[①] 而从体系角度进行观察，某一类权利能够得到过分扩张，也不得不归咎于体系的孱弱与制衡机制的缺失。

2. 忽视部门法共性的研究导致理论应对不足

不同的符号功能与激励机制之间的对应关系导致在知识产权法这一框架之下，部门法之间的权利范围、客体标准、审查要件、权利限制等制度都存在差异。相关研究也基本建立在部门法的差异性之上，部门法领域的“深耕细作”成为知识产权法研究的特色。仅以著作权为例，据学者统计，我国著作权类的法学论文占据每年民法学论文发文量的17%以上，而且该比例呈逐年递增趋势，并在数量上已超过侵权责任法与合同法等传统民法研究领域的成果数量。[②] 但与之形成对比的是，以知识产权法基础理论为研究内容的成果较少，部门法的繁荣并不能掩盖知识产权法先天体系性孱弱所带来的研究基础和研究范式薄弱。

强调部门法之间的差异性而忽视对研究对象形态统一性的关注，带来的直接后果就是当司法实践中遇到部门法的具体问题时，往往有多重理论可提供理论支持，例如前述之深层链接的规则问题和与之类似的若干部门法具体问题等。但当涉及需要以部门法之对象共性进行解决的问题时，如重叠保护问题，却难觅有效的理论指引，不仅在司法实践中缺乏理论支持，而且即便在部门法里和法哲学领域，也无法找到恰当处理部门法之间权利重叠保护问题的基本标准与规则。

综上所述，知识产权制度发展的历史原因导致了部门法之间区隔有余、协调不足，而在理论研究中强调差异性忽视共性的研究现状则进一步加剧了体系割裂，以致在面对重叠保护等需要做整体考察的问题时，从理论到实践都显得力不从心。

---

① 付继存：《著作权绝对主义之反思》，载《河北法学》2017年第7期。

② 熊琦：《中国著作权法立法论与解释论》，载《知识产权》2019年第4期。

第二节　导致重叠保护的外部原因

一、非法律因素介入的立法过程

1. 利益集团的介入

在知识产权制度的发展过程中，存在许多非法律因素的影响，这些非法律因素的介入导致知识产权制度的逻辑变形，破坏了本已脆弱的体系化基础。纵观知识产权法的发展历史，利益集团的推动一直是知识产权权利扩张的非法律因素之一。《美国千禧年数字化版权法》对著作权保护期限的延长就是例证之一。在利益集团的影响下，知识产权法的保护期限日渐延长，保护范围也逐渐扩大。以至于有学者将知识产权称为"知识霸权"，与"copyright"相对的"copyleft"运动、"知识共享"组织（CC）①等都是社会团体针对知识产权日益扩张的趋势而自发进行的反知识产权运动。

在知识产权的发展过程中，利益集团对制度发展的影响与公共选择理论中关于"集合行为论"的观点是密切相关的。该理论指出，在制度形成的民主过程中，会出现越是少数人的利益，越可能通过"寻租"，将其利益在政策形成过程中得到体现，从而导致结果偏向少数人的结果。② 在利益集团的影响下，知识产权的权利扩张呈现出一种非常规、非体系化的扩张趋势。现实中，由于大型跨国公司享有越来越多的知识产权，于是这些具有经济影响力的大型跨国公司便通过各种途径游说政府，再通过政府的力量影响国际条约和他国立法。TRIPs 的缔结过程，就是其典型范例之一。③ 为了占有更多的符号利益，包括在西方

---

① "知识共享"组织（CC）是 Creative Commons 在中国的通用译名，一般简称为 CC。CC 既是该国际组织的名称缩写，也是一种版权授权协议的统称。

② 参见[日]田村善之、李扬、许清：《"知识创作物未保护领域"之思维模式的陷阱》，载《法学家》2010 年第 4 期。

③ 李琛：《论知识产权法的体系化》，北京大学出版社 2005 年版，第 65 页。

兴起的“浪漫公有领域”理论，也被学者认为是为西方发达国家将人类知识产权创造的原始资源制造根据的说辞。[①] 因此，在处理知识产权重叠保护问题的过程中，也需要注意权利是否有可能会因为向知识产权人利益倾斜而对公有领域造成负面影响的问题，尽量通过制度设计削减制度形成过程中非法律因素的影响，以维持知识产权制度的体系性。

2. 国际协调的压力

知识产权法是国际化程度较高的部门法之一，在制度发展的过程中，为了实现与国际条约的协调一致或为了履行国际义务而修改本国法成为发展中国家经常会面对的问题。国际协调的压力导致国内立法常常处于被动适应的状态，对于国际一体化程度较高的知识产权领域而言，国际压力体现得更为明显。

关于知识产权的国际协调以及在此过程中出现的问题，李琛教授曾在《论知识产权法的体系化》一书中进行过精当的论述：在知识产权的国际保护中，相关的利益集团已经不满足于在其他国家获得的仅仅是“一定的保护”“一致的保护”“和国际接轨”成为知识产权法著述中的高频词。当我们说“应当和国际接轨”时，是假定有一种合理的国际通行规则，我们“应当”采纳。但是，只有当国际之轨具有合理性时，我们才“应当”和国际接轨。然而，我们常常对现存之轨采取简单的欢呼立场，通过概念的偷换，把“已接之轨”等同于“应接之轨”。加入和遵守国际条约是知识产权国际化的主要形式，但是条约的利益导向却与体系化的合理性导向，存在深刻的矛盾。为了方便利益介入，条约受逻辑的约束比较少，不必遵循一定的逻辑结构，就可以从一个问题跳到另一个问题。但由于国内立

---

① “浪漫主义”公共领域观是近年来西方发达国家刻意制造出来的一种公共领域理论。这种理论主要是将人类创造的原始资源如民间故事、民间传说、民间文化等传统知识以及传统遗传资源等，放置在“公共领域”。参见黄汇：《著作权法上公共领域理论的误读及其批判》，载《知识产权》2014 年第 8 期。“浪漫主义公有领域”，源自 Anupam Chander and Madhavi Sunder, *The Romance of the Public Domain*, California Law Review, Vol. 92, p. 1354(1999)。研究中“公有领域”与“公共领域”做同义词使用，本书采用“公有领域”的译法。

法必须履行国际条约的义务，条约中的非理性成分必然会渗透到各国立法之中。[①] 这在我国关于实用艺术的法律规定历程中表现得尤为明显。[②]

国际协调的压力在客观上对国内知识产权法律体系产生了影响。我国知识产权法的历次修改，无不与贸易谈判中的协议履行密切相关。知识产权的立法水平和立法内容已经不仅仅关乎一国的经济文化政策，更不局限于财产权部门法的一隅天地，而成为与国家发展、国际谈判相关的主要议题。应当承认，在这种复杂的背景下，知识产权法仍要努力维持其作为一门法律学科的体系化和保持稳定性确非易事，但努力维持体系自洽仍是完善我国知识产权法律制度的应然方向。

3. 立法过程的偶然

除了以上对体系化的影响因素外，立法过程中的偶然因素也会导致体系的不协调。在我国专利制度中，外观设计与发明和实用新型同属于专利法意义上的保护客体。在权利获取条件上，外观设计不要求实质审查，无须具备发明高度和新颖性、创造性和实用性的专利三性要求；在权利审查程序上，外观设计仅要求形式审查而无须实质审查，因此，无论是权利授予条件、审查程序还是法律功能，外观设计都与以技术方案为核心的发明和实用新型存在较大差异。但由于其

---

① 李琛：《论知识产权法的体系化》，北京大学出版社 2005 年版，第 88～91 页。

② 我国为了兑现《保护文学和艺术作品伯尔尼公约》（以下简称《伯尔尼公约》），先是对外国人的实用艺术品提供保护，造成了我国公民与外国人在保护水平上的不一致，为了协调二者的保护水平，在《著作权法修改草案》中又拟增加关于实用艺术品的规定。1992 年 9 月修改《专利法》时并没有考虑到我国 1991 年生效的《著作权法》没有给予实用艺术作品著作权保护，仅为外观设计规定了 10 年保护期，但《伯尔尼公约》的要求是至少 25 年的保护期，为了满足《伯尔尼公约》关于实用艺术作品“如并不给予外观设计的专门保护，将作为艺术作品得到保护”的要求。1992 年 9 月国务院又出台了《实施国际著作权条约的规定》，该规定给予外国实用艺术作品 25 年的著作权保护，以便在那些外国实用艺术作品没有向中国申请外观设计专利保护的情况下也能满足公约要求。但这样的保护体系，对我国公民的实用艺术作品与工业品平面和立体设计的创作者存在不公平的保护与歧视。参见张伟君：《实用艺术作品著作权法保护与外观设计专利法保护的协调》，载《知识产权》2013 年第 9 期。

对于美感的保护功能，因而与著作权法的规定存在一定程度的重合。[①]

外观设计与著作权法在功能上的部分重合性，以及我国专利立法中将外观设计与发明和实用新型专利并行保护，从而导致在知识产权法律体系中，外观设计成为最容易引发重叠保护问题的客体。然而，造成外观设计被规定在专利法中的原因却是立法过程中的偶然因素。在我国首部专利法诞生之初，曾经围绕是否要进行专利立法有过长期的讨论，支持者和反对者都认同引进先进的科学技术是发展所必需的，但是否要通过专利制度则存在不同意见。当时立法者的关注重点是发明技术在我国的引进，而实用新型和外观设计都不是立法重点。为当时的专利立法提出过建议的鲍格胥博士(时任 WIPO 总干事)曾建议我国当时暂缓外观设计立法，并认为外观设计没有必要和《专利法》立法联系在一起。而实际上，《专利法》草案直到第 3 稿以后才加入外观设计和实用新型，在最初两稿中并未对外观设计进行规定，直到 1984 年第 22 稿时仍然存在应该分别立法的意见，最后才将发明、实用新型与外观设计同时规定在了专利法中。[②]

回溯立法历史，不难发现，在外观设计的立法过程中充满了偶然因素。

法律要维持稳定性，因此，立法和修法均应慎重。虽然 2008 年在专利法修改中以对外观设计的修改作为重点，但这种由于偶然性带来的不协调在客观上导致了重叠保护问题的产生，同时也为理论界和司法实践提出了一道难题。

---

① 我国《专利法》(2021 年 6 月 1 日起施行)第 2 条规定：外观设计，是指对产品的整体或者局部的形状、图案或者其结合以及色彩与形状、图案的结合所作出的富有美感并适于工业应用的新设计。《中华人民共和国著作权法实施条例》第 2 条规定了作品的定义，是指文学、艺术和科学领域内具有独创性并能以某种有形形式复制的智力成果。《著作权法》第 3 条规定了受保护的作品，其中包括美术作品在内的艺术和工程技术作品。该条例第 4 条定义的美术作品，是指绘画、书法、雕塑等以线条、色彩或者其他方式构成的有审美意义的平面或者立体的造型艺术作品。

② 赵元果编著：《中国专利法的孕育与诞生》，知识产权出版社 2003 年版，第 28 页。

二、技术发展加剧了权利扩张与重叠

1. 技术发展促使权利客体范围扩张

在人类历史上，几乎每一次重大的科技革命都会带来人类生产方式的重大变革，也会迎来知识产权理论和制度的重大创新。[①] 知识产权制度对技术发展极为敏感，自其产生以来，权利范围的不断扩张成为知识产权制度发展的趋势。这一特点在著作权法上表现得尤为明显；信息网络传播权的出现就是人类进入互联网时代后，立法和理论的进步予以回应的典型例证。[②] 在过去的几十年中，知识产权的客体范围一直保持着持续扩张的趋势。[③] 随着计算机程序成为版权法的客体，版权法也不再仅仅局限于传统的文化艺术领域，新的技术方案被置于专利法范围内，新的商标类型也不断被商标法予以确认。如著作权/商标权重叠和外观设计/商标权重叠被认为是最有问题的两种权利重叠现象，主要都是由于商标法的客体不断扩张造成的。目前商标法的对象范围涵盖了口号、标题、二维（GUI 图形用户界面和计算机可视图像）与三维艺术作品（形象商标）、音乐作品（音乐商标），最近欧洲联盟法院（CJEU）还支持商店陈设也能够注册为商标。与此相适应，知识产权人的专有权范围也呈现出不断扩张的趋势。

技术发展还带来了国际条约中知识产权法客体范围扩张的趋势。如果以纵向的时间轴进行考察，在国际条约中，1961 年的《保护表演者、音像制品制作者和广播组织罗马公约》（以下简称《罗马公约》）所确定的对邻接权的保护在实质上就构成了对《伯尔尼公约》保护范围的扩张。TRIPs 协议也扩展了客体范围。计算机程序、地理标志、集成电路布图设计、植物新品种以及未披露信息及限制竞争行为等新客体都

---

① 资琳：《数字时代知识产权与新兴权利的法理论证——“知识产权与相关权利的法理”学术研讨会暨“法理研究行动计划”第八次例会述评》，载《法制与社会发展》2019 年第 5 期。

② 参见关永红：《论知识产权控制效力作用范围的扩张与限制》，载《学术研究》2013 年第 3 期。

③ For an early critical assessment of this broader trend, See J. H. Spoor, Degestage groei van merk, werk en uitvinding, Zwolle: Tjeenk Willink, 1990.

在世界贸易组织的框架下被纳入知识产权的保护范围之内。与之类似，通过1992年《生物多样性公约》、2003年《保护非物质文化遗产公约》等国际公约，更多类型的客体会被纳入知识产权法律体系之内。在技术发展的推动下，能够发现，较之最初的权利范围，知识产权法的权利范围在一次次的客体扩张后变得越来越宽泛。与国际公约的扩张趋势相一致，知识产权国内法中同样保持了客体扩张的趋势，例如，我国1985年《专利法》新增加了外观设计这一客体，我国2021年6月1日起施行的新《专利法》，局部外观设计也被纳入专利法的保护范围，这意味着申请人如果就产品中不可分割的局部提出了一种新颖的设计，将可以就此提交外观设计申请。[①]《著作权法》在2001年修订后也增加了新的作品类型。[②]

从知识产权法的历史发展来看，扩张的趋势是客观的，并且这种扩张趋势还将继续保持下去。知识产权法是对符号利益进行调整的规范体系，因此凡是有新的符号利益出现，知识产权法也必然会将其囊括至自身权利范围内，实现其对符号的资源调配与生产激励。可以预见，在不断增加的权利客体中，具有多重功能的符号类型必将不断出现，重叠保护的现象也会随之不断增加。协调重叠保护所带来的体系冲突，从而为这一问题选择恰当的解决方式也就显得尤为必要。

2. 技术发展导致客体利用方式多元化

知识产权的扩张与技术发展密切相关，而技术发展不仅带来新的客体形式，还带来了客体利用方式的变革。传统的客体在新的技术加持下被开发出新的价值，具有了多重的符号利益。与知识产权客体范围扩张相伴生，技术发展带来的客体利用方式多元化也是导致重叠保

① 根据2020年10月17日第十三届全国人民代表大会常务委员会第二十二次会议《关于修改〈中华人民共和国专利法〉的决定》（第四次修正），2021年6月1日起实施的《专利法》第2条第4款修改为："外观设计，是指对产品的整体或者局部的形状、图案或者其结合以及色彩与形状、图案的结合所作出的富有美感并适于工业应用的新设计。"

② 增加了杂技艺术作品、建筑作品、以类似摄制电影的方法创作的作品、模型作品等作品类型。而2001年《商标法》与1982年《商标法》相比，增加了字母、数字、三维标志、颜色组合及上述要素的组合的商标类型。

护现象增加的原因之一。例如,在制度设计之初,专利法的客体主要集中在批量生产的工业制品,其与独立创作、强调个性的著作权客体并不会产生交集。然而,快速发展的技术迎合了人们审美需求的多样化,许多在过去的技术条件下无法被工业化再现的艺术作品在3D打印、全息投影和人工智能技术的帮助下变得不再是遥不可及,而是成为可以进行批量生产的工业产品,于是著作权不可避免地与专利权,尤其是外观设计专利权之间增加了交集。越来越多的"作品"具有了"产品"的特征,而外观设计也更加注重设计与新型材料之间的结合与互动,越来越具有技术含量。

技术与社会发展带来权利扩张的逻辑是:技术发展导致对客体的利用方式增加,为了将新增加的市场利益囊括进知识产权的权利范围内,就必须扩张权利的内容,增加客体的类型增加,使权利随技术发展而扩张。而这种将利益"内部化"为权利的过程直接导致了权利扩张,并使越来越多的知识产权对象具有不止一种权利特征,在知识产权制度设计之初,泾渭分明的各项权利及权利对象可能会由于扩张导致相互之间的交叉和重叠,从而产生知识产权的重叠保护问题。由于权利设置对技术发展具有应变性,导致在一些权利设置过程当中,尚未及时处理不断扩大的客体范围为知识产权法律体系带来的混乱。"在供给侧技术与艺术不断融合,消费侧物质与精神互相渗透的时代背景下"①,我们不得不思考,技术发展带来了客体利用方式的多元化,从而导致保护范围交叉,那么对于这部分由重叠保护所带来的利益应该如何分配。

三、司法裁判的惯性思维与价值偏差

1. 思维定式导致的价值选择偏差

法律文件的基本框架取决于价值判断,因此,价值选择构成了立法

① 李圣博:《外观设计在著作权法和专利法中的协调保护》,载《经济研究导刊》2015年第15期。

工作的重要组成部分。[①] 在司法实践过程中,法官会根据价值选择进行事实裁剪与法律续造,创造出为规范特定案件事实的实际规范。尤其是在现有规范无法涵摄案件事实的情形中,“法官为规范该事实关系的实质创造出的规则”[②]才是真正发挥作用的法律规则。对此类规则背后的价值观进行提取和抽象,就能够发现在司法裁判趋势中真正起主导作用的价值选择。从目前的知识产权制度现实来看,司法实践还是以保护权利人对财产的支配为主要价值追求,即以自然主义的权利观为主要价值选择。[③] 知识产权重叠保护的相关审判亦未能例外,多数支持知识产权重叠保护的裁判与作为裁判中的主流价值指引的“有付出即有收获”的劳动财产观具有直接关系。

“保护劳动所得和合法所得不受他人侵犯”的劳动财产观具有直观性的号召力,许多法官深受其影响,并将其奉为“民法之基本精神”。法院在具体案件的审理中会因为适用法律的不同,而体现不同:如果以民法原则条款为审判依据,就一般会以市场主体应遵循“诚实信用原则”或者“民事主体的合法的民事权益受到保护”作为表现;如果适用反不正当竞争法的原则条款,则被表述为“正常的商业道德”。[④] 由于思维定式的影响,在与重叠保护相关的司法裁判中,也往往将有体财产的保护思路运用到知识产权法的案件类型中。法律既然没有禁止,那么凡是满足客体要求的符号利益,都应该无例外地得到实现。但是并未注意到知识产权法是作为符号利益分配的总体框架,且在这一框架中,并非所有的符号外部性都能够内部化,划归权利人享有。对于重叠部分的符号利益,则应该从体系化的角度观察其受激励的程度和已满足的私权范围,然后再给予体系化的分配。

---

① 秦策:《法律价值目标的冲突与选择》,载《法律科学(西北政法学院学报)》1998 年第 3 期。

② [日]大村敦志等:《民法研究指引》,徐浩等译,北京大学出版社 2018 年版,第 245 页。

③ 李琛:《知识产权法基本功能之重解》,载《知识产权》2014 年第 7 期。

④ 梁慧星:《电视节目预告表的法律保护与利益衡量》,载《法学研究》1995 年第 2 期;参见崔国斌:《知识产权法官造法批判》,载《中国法学》2006 年第 1 期。

制度会随着社会发展与时俱进,需要选择合适的价值观指引制度发展中的新问题。如果裁判者坚守的价值取向不具备正当性,即便论证逻辑无懈可击,也无法达到令人信服的法律效果。法官的价值选择对于案件事实的选择和裁判结果都有决定性的作用。知识产权法不作为一种财产权制度时,会构成国家文化政策的组成部分,重叠部分的符号利益如何分配,这需要以功利主义考察激励效果。如果经过一次激励即能够达到激励效果,给予多重激励便是不经济的。"劳动即有收获"的劳动财产观所形成的价值选择偏差也是构成司法实践中重叠保护现象加剧的重要原因。

2. 司法裁判中的体系化思维匮乏

法官是具有创造性的司法者,在对不同类型的利益进行衡量的过程中,尤其是在那些缺乏既有规范和原则指导、利益间又存在相互冲突的情形下,采用价值判断是得出合理结论的正确路径,但"这些判断并非随意的,而是应该将价值判断作为法律渊源纳入判案依据中,法官在解释这些渊源时,必须做基础目的和价值观方面的考虑"①。面对一些新型案件,一方面,需要法官运用智慧来进行价值选择并作出裁判;另一方面,最终的价值选择需要立法综合平衡以后固定。②

随着科技和社会的发展,不仅具备多种功能的新型对象不断出现,而且对客体的利用方式也随着商业模式的创新日渐增加,既有的部门法客体间的区分标准逐渐模糊。重叠保护问题在司法实践中便表现为对具有不同功能的符号组合是否给予多重激励、对于重叠的符号利益应该如何分配等裁判标准问题。对此,司法实践中的意见并不统一。

由于我国相关法律并未有"一项法律保护之后排除另外一项法律"的具体规定,在"法无规定即可行"的法律解释方式与保护有形财产的思维惯性的共同作用下,大多数法官在裁判中作出了实质上支持重叠

---

① [美]E. 博登海默:《法理学:法律哲学与法律方法》,邓正来译,中国政法大学出版社1999年版,第527页。

② 崔国斌:《知识产权法官造法批判》,载《中国法学》2006年第1期。

保护的裁判结论。在涉及重叠保护的典型案例中,甚至出现了当事人对同一商业标识提出了著作权、商标权以及知名商品包装、装潢的侵权诉求,而法院全部予以支持,却对被告"重叠保护"的抗辩不予回应的案例。[①] 该案在两审判决中,均未对著作权、商标权和知名商品包装、装潢这几类权利权益之间的联系与区别作出任何解释,也未对涉案标识构成重叠保护的事实可能产生的体系影响进行分析,简单的推论方式是明显缺乏体系化裁判思维的表现。在类似的案件中,由于针对性的法律规定的空白,法官们在大多情况下无法直接作出排除另一项部门法保护的裁判。对于支持不同知识产权法重叠保护的后果是否会与其他知识产权部门法的规定产生冲突、是否会影响体系协调,又是否会影响公有领域的问题,裁判者缺少了考量。

但是在与重叠保护相关的案例中,也不乏法官基于体系化思考作出质疑重叠保护的裁决。如前述的典型案例"老谢榨菜案"[②]和"深圳市王三茂食品油脂有限公司与深圳市福田区永隆商行著作权侵权纠纷案"[③]中,基于公有领域的保护,法院认为应当使涉案设计进入公有领域,不再由著作权保护。而在"开平味事达调味品有限公司与国家工商行政管理总局商标评审委员会商标争议行政纠纷案"中,虽然一审法院认为争议商标(酱油的方形瓶)并不具有功能性,但仍然阐释了在《商标法》中与功能性原则相关的立法原则,并明确指出,在评判涉案商标是否能被注册的同时,应该考虑不同法律之间具体法律制度的协调。[④] 可见,体系化的审判思维虽然对法官提出了较高的要求,但有许多法官已经跳出了部门法的局限,将裁判理念建立在知识产权法作为

---

① 深圳美西西餐饮管理有限公司与东莞市厚街吖茶饮食店擅自使用知名商品特有名称、包装、装潢纠纷、侵害商标权纠纷案,广东省东莞市第二人民法院民事判决书,(2017)粤1972民初8917号;广东省东莞市中级人民法院民事判决书,(2018)粤19民终12131号。

② 一审:浙江省海宁市人民法院民事判决书,(2013)嘉海知初字第10号;二审:浙江省嘉兴市中级人民法院民事判决书,(2013)浙嘉知终字第5号。

③ 一审:深圳市中级人民法院民事判决书,(2004)深中法民三初字第670号;二审:广东省高级人民法院民事判决书,(2005)粤高法民三终字第236号。

④ 北京市高级人民法院行政判决书,(2012)高行终字第1750号。

一个整体的基础之上,而这种体系化的审理思路,才是在处理重叠保护这类涉及多种部门法的案件时应当秉持的更为恰当的审判思路,这也值得在知识产权法的审判中得到提倡。

实际上,我国法院在审理反不正当竞争法与商标法之间重叠保护问题的案件时,就已经在进行关联性的审判,如在判断受到侵犯的法益类型、确定赔偿数额等案件要素时都会进行体系化的整体思考。如果能够在处理知识产权重叠保护相关案件的过程中贯彻这种体系化的思维,不仅能够在一定程度上削减重叠保护问题带来的负面效应,而且对于理论研究汲取司法领域的智慧、丰富知识产权法教义学的内容以及提高知识产权法体系化水平,都具有非常重要的意义。因为“要建构中国的知识产权法教义学,最重要的一步就是学术界与实务界应当彼此关注、交流对话”①。

① 宋鱼水、冯刚、张玲玲:《文艺作品侵权判定的司法标准》,北京大学出版社2018年版,“序言”。

第五章　协调知识产权重叠保护问题的路径选择与方案规划

本章以既有研究中重叠保护问题的解决路径为主要内容,主要任务是通过研究既有方案的经验与不足,对处理知识产权重叠保护问题的两种备选路径进行比较,从“原则上禁止重叠保护”与“局部限制重叠保护”的路径的绩效比较中得出解决知识产权重叠保护问题的初步协调方案。

第一节　既有研究中的解决路径及不足

一、既有研究中的解决方案

针对重叠保护问题,中外学者都提出了不同层面的解决路径。既有理论研究中的解决方案包括限制权利范围扩张和维持法律规范适用的单一性两种路径。

1. 限制权利范围扩张

在既有研究中,知识产权的权利扩张被认为是造成知识产权重叠保护的主要原因。因此,中外的研究都将遏制知识产权的权利扩张作为限制重叠保护现象产生的主要措施。该路径的思路是试图通过内部收敛和外部限制的方式,使知识产权尽量保持原有的权利边界,知识产权部门法之间继续保持原本泾渭分明的状态,从而避免重叠保护现象的产生。尤其是在欧盟学者的相关研究中,有学者认为尽管真正的重叠保护会带来权利冲突和过度保护的问题,但真正的重叠保护并不多。重叠保护现象之所以存在,主要是由于知识产权超越了其最初原始的边界,权利过分扩张所致,因此,只要将扩张的权利予以收敛,重叠保护问题就能被解决。国外有学者认为可以通过修改成文法或是有目的地设定相关法规,达到收敛权利的目的。[①] 在我国的理论研究和司法实践中,保持部门法之间的区隔也被认为是避免重叠保护的有效方式。如对于功能性原则的探讨[②]和"独创性高度"的司法尝试,都是出于保持部门法区隔的目的。在具体的重叠保护类型中就有学者认为,进一步明晰外观设计专利权和其他知识产权之间的边界,将纯属著作权保护的作品排除在外观设计保护的客体之外,是有效避免重叠保护的方法之一。[③]

在既有研究中,限制知识产权权利范围扩张的措施包括内部机制和外部机制两个部分。内部机制是指从权利结构内部对权利范围的扩张进行控制,具体方式包括将扩张的权利予以收敛、权利聚合等,尽量使权利不突破其边界。[④] 其中,权利聚合被认为是解决重叠保护的行之有效的方法[⑤],可以解决重叠保护带来的交易成本过高和权利分散问题。[⑥] 外部机制则是指对知识产权法律制度之外的因素进行利用,通过

---

① Derclaye & M. Leistner, *Intellectual Property Overlaps: A European Perspective*, Hart, 2011, p. 311.

② 梁志文:《论版权法上的功能性原则》,载《法学》2019 年第 7 期。

③ 徐晓雁、张鹏:《外观设计专利权的扩张与限缩——以外观设计专利权与其他知识产权的边界为视角》,载《科技与法律》2014 年第 4 期。

④ 但也有学者认为,通过此方法限制权利重叠很难实现,因为各项权利之间的边界很难固定不变。See T. Cook, *How IPRs, Like Nature, Abhora Vacuumand What Can Happen When They Fill It—Lacunaeand Overlapsin Intellectual Property*, Journal of Intellectual Property Rights, Vol. 7, p. 296 – 304 (2012).

⑤ E. Derclaye & M. Leistner, *Intellectual Property Overlaps: A European Perspective*, Hart, 2011, p. 311.

⑥ See Springer, Berlin, Heidelberg, Lee J, A., *Overlapping Rights in Different Business Models*, in Liu K. C., Hilty R. (eds.) Remuneration of Copyright Owners, MPI Studieson Intellectual Property and Competition Law, Vol. 27, p. 2 – 18 (2017).

利用制度外部的力量遏制知识产权权利范围的扩张。具体限制措施包括运用市场力量，促进商品和服务的自由流动①、言论自由、权利滥用理论②以及公共利益原则③等。

2. 维持法律规范适用的单一性

知识产权重叠保护在形式上表现为一种以上的知识产权法律规范能够为同一符号或符号组合提供保护，因此，保持权利对象规范适用的单一性就成为限制知识产权重叠保护现象的另一路径。由于这一路径主要的切入点是重叠保护现象所造成的法律效果，因此，许多解决方案主要都是针对知识产权的不同法律规范在司法审判中的适用规则提出的。相关的理论包括权利选择理论和权利竞合理论等。

权利选择理论是由美国最高法院在"Coast v. Merrick 案"中初步确立，并在联邦第三巡回法庭审理的"路易斯诉布鲁克案"进一步确立的。该理论将选择法律依据的权利赋予权利人，认为权利人的选择是最能体现自身利益的规范；一旦当权利人作出选择，便意味着放弃了其他类型知识产权的保护。④ 类似出发点的解决方案还包括：通过确定被侵权人的赔偿主张并补偿实际损失避免双重、三重等重叠保护现象或放弃一个知识产权以及默示许可。但通过研究对象的功能、特征、利用模式来确定与之最密切的法律关系或最为接近的制度并确定适用法律的优先次序的方法，并不适用于在一开始就具有两个或更多功能的对象。⑤也有学者认为不应要求知识产权人在一开始就只选择一种形式的保护；法院应该注意的是无论在哪种权利体系下，原告所声称的救济主张

① 货物和服务的自由流动在国际层面并不起作用，因为它没有被载入 TRIPs 协议。See *Estelle Derclaye*, *The Oxford Handbook of Intellectual Property Rights*, edited by R. Dreyfuss and J. Pila, Oxford University Press, 2017, p. 22.

② "清洁之手原则"可以归类于权利滥用原则项下，知识产权的不当使用问题被认为是"清洁之手"原则下的公共财富司法管辖范围内的问题，要求权利人的诉求不得基于追求非法目的。由此理论又发展出了公共利益说。

③ Basedons. 171UK copyright act.

④ 钱翠华：《失效的外观设计专利不再受著作权法保护》，载《人民司法》2009 年第 14 期。

⑤ See R. Dreyfussand J. Pila, *Estelle Derclaye*, *The Oxford Handbook of Intellectual Property Rights*, Oxford University Press, 2017, p. 22 - 23.

是否与其实际的损失相一致，并应该尝试采取与之相应的救济措施，[①]即在诉讼程序阶段阻断重叠。

在我国学者所提出的解决路径中，采用民法上的权利竞合理论是具有代表性的观点之一，也可以视为是从传统有体物的调整方式中所进行的规则类推适用。该理论包括两种不同的具体路径类型。第一种类型是采用民法中的权利竞合理论解决知识产权重叠保护问题，如有学者提出协调知识产权权利竞合的原则应当包括保护在先权利、区别保护、限制权利负面外部效应、尊重社会利益四个原则。[②] 第二种类型是在权利竞合理论的基础上结合知识产权法的特性，并以权利竞合理论为基础提出的类型化的解决方式。即一般情况下，应该遵循"一重效果"原则，通过知识产权人自行选择规范达到目的，不允许累积，一旦权利得到满足其他竞合权利则自行消灭。如果存在一项知识产权法的立法目的与其他立法相区别的特殊情形，那么应解释为不能存在选择权。如果一项知识产权虽然在立法目的上与其他立法不存在区别，但存在"迥异于其他法律的规制旨趣"，也应该依照其管辖权处理，权利人无选择权。[③]

二、既有解决方案的不足与经验

1. 既有理论方案的缺陷

首先，限制权利范围扩张的路径不符合知识产权法的发展趋势。

知识产权法的客体类型的扩张和权利范围不断扩大是历史发展的必然趋势；技术的发展不仅带来了客体类型的扩张，而且带来了客体利用方式的多元化，从而赋予了符号更为多元的价值。知识产权法律制度的任务便是对这些符号利益进行调整：通过持续不断地将新增的符

① See Heymann & Laura A, *Overlapping Intellectual Property Doctrines: Electi on of Rightsversus Selection of Remedies*, 2013, Stanford Technology Law Review, Vol. 17, 2013; William & Mary Law School Research Paper No. 09 - 270.

② 李永明、张振杰：《知识产权权利竞合研究》，载《法学研究》2001 年第 2 期。

③ 梁志文：《论知识产权规范竞合及其解决路径——兼评最高人民法院的一则解释》，载《法商研究》2006 年第 2 期。

号利益妥当地纳入体系之内进行合理配置，从而使知识产权制度的价值目标得以实现。可以说，在一定程度上，重叠保护是知识产权制度在技术和社会发展共同作用下的产物。

如果通过限制权利范围的方式来限制权利客体类型的扩张，就意味着知识产权制度必须将一些可能产生重叠保护的具备多重功能的符号或符号组合排除在调整范围之外。这样的方式无异于要求知识产权制度对新的客体类型"充耳不闻"，将会使知识产权制度对社会发展的应变机制失灵，逐渐陷入僵化，丧失自身调整符号市场利益的制度价值。因此，通过遏制权利客体扩张实现限制重叠保护的路径与制度发展的方向存在矛盾。限制知识产权法的权利范围与客体类型的扩张的方式无法从根本上解决重叠保护问题。

其次，维持法律规范适用的单一性的路径不利于符号多重价值的实现。

权利选择理论和权利竞合理论在法律效果上具有相似性：无论是权利选择理论还是权利竞合理论，二者都是基于一定的理由建立对法律规范的排除性适用规则，并以只保留一种规范的适用效力为目标。知识产权法领域内的权利选择理论的本质是对民法权利竞合理论的具体化适用，不过适用语境切换到了知识产权法领域内。

法律规则的类推适用需要一定条件，有形财产权的规则在知识产权法中的适应能力如何，还需要考察相关规则对知识产权法特殊问题性的涵摄能力。虽然物权规则与知识产权制度存在较多的相似性，但物权在有形财产领域的规则并非全部适用于知识产权法领域。例如，为了实现对社会技术发展的迅速回应的目标，知识产权法的权利客体类型常常保持一种开放状态，许多权利客体类型都是由于技术发展而直接投射到符号利益中的反映，物权制度中最为重要的"物权法定"原则落实在知识产权法领域中时，就显得格外薄弱。[①] 产生这种差异的根

① Thomas Merrill & Henry Smith, *Optimal Standardization in the Law of Property: The Numerus Clausus Principle*, The Yale Law Journal, Vol. 110, p. 1(2000).

本原因就在于知识产权法以调整和配置符号利益为制度任务,在符合体系要求的前提下尽量有效发挥符号的多重价值——这是对符号资源进行配置的基本要求。这些符号利益如果经过恰当的体系安排,不仅能够增加权利人的利益,而且能够提高社会总体的福利水平。这与知识产权法促进社会文化发展的价值目标并不矛盾。通过重叠保护的方式实现多重符号利益,其产生矛盾之处不在于价值,而在于秩序。目前知识产权重叠保护现象之所以引发了一系列问题,根源在于现有制度规则对那些具有多重功能的符号利益缺乏妥当的体系与制度安排。

如果采用权利选择理论,从一开始或权利救济中就排除了权利人对多重符号利益的利用,相当于人为地剥夺了权利人基于同一符号的多重利益。通过这种路径维持法律规范适用的单一性,并不利于符号多重价值的实现。

2. 既有区分标准的不足

(1)功能性原则作为重叠保护区分工具的不足

保持部门法的界分和各自的权利界限是避免重叠保护的有效方式,功能性排除原则是知识产权制度体系内多项界分规则的基础(详见本书第三章第一节),其在区分具有功能性的技术方案与不具有功能性的符号表达时能够起到明确的界限作用。但在处理同样具有功能性的实用艺术品和外观设计的界分问题时,适用功能性排除原则避免重叠保护却显得力有不足。

实用艺术品受到著作权保护的条件是功能性与美感的可分离性,无论是物理上的还是观念上的,只要满足这一要求,实用艺术品的美感部分就可以受到著作权法的保护。① 与此同时,著作权对实用艺术品的保护也主要体现在对其美感的保护上,而并不关注其功能。这样的保护现状会带来一定的问题,那就是对于同一权利对象的功能性部分是否会构成外观设计以及对该部分的保护是否会构成外观设计专利权与著作权的重叠保护。较之自动取得的著作权保护,外观设计的保护期

① 卢海君:《版权客体论》(第2版),知识产权出版社2014年版,第251~270页。

限相对较短,加上外观设计专利权的取得需要经过申请授权程序,因此外观设计专利权的保护期限一定会在著作权的保护期限截止之前就届满。如果实用艺术品恰好是“观念可分离”的类型,即功能性部分和美感部分在物理上是不可分离的,届时应当如何处理已经进入公有领域的功能性部分、如何保证著作权的保护不会破坏专利权的保护,该规范内容就成为著作权与专利权重叠保护中不得不面对的问题。

(2)独创性高度作为避免重叠保护工具的不足

在实用艺术品的定义上,曾有学者提出应该采用“实用艺术作品”的界定更为恰当;而且从体系的角度来衡量,同样是作品,就应该适用判断是否构成作品的统一标准。目前对于实用艺术品判断的“创作高度”标准,还包括了“应当高于”“低于”“客观上低于”等不同观点。但无论哪种观点,都是将实用艺术品的独创性区别于其他作品进行的独立判断。从体系化的角度观之,这种对于同一法域内不同对象的独创性要求“区别对待”是合理的吗?如果是为了避免著作权泛化带来的重叠保护,是否有其他更为可行、更容易把握也更符合体系化的标准?

事实上,法院采用“创作高度”作为标准的目的已经在一些案件中被阐释得非常明确,即避免著作权法的重叠保护对专利法体系造成的影响。然而“创作高度”一词在多种意义上被使用,有时用来判断独创性的“有无”,有时却在论证独创性的“高低”。就我国《著作权法》的立法而言,仅以独创性的“有无”作为是否构成作品的标准,从未规定“创作高度”这一量化判断的标准。有观点认为,“创作高度”虽然能在一定程度上防止著作权的泛化,但是司法实践中对于“创作高度”的要求不仅来源不明,[①]而且含义不清,[②]“一定水准的”“最基本

① 作者权立法体例下,如德国,并未以之作为作品的成立要件。以德国为例,在德国著作权法的成文法中,并无“创作高度”(Gestaltungshoehe)这一概念。德国《著作权法》仅在第2条中提到作品指的是“个人的智力创作”。参见德国《著作权法与邻接权法》(2017年修订)第2条第2款。

② 卢海君:《著作权法语境中的“创作高度”批判》,载《社会科学》2017年第8期。

的"[①]"一定的"[②]"美术作品所要求的"[③]"著作权法保护作品所要求的"[④]等表示程度的词汇都用来形容创作的"高度"。这些形容词本身就含义模糊,以其作为标准来判断抽象的"创作高度",不仅没有明晰这一概念的含义,反而使问题更加难以把握。

综上所述,在面对重叠保护问题时,既有方案的解释力不足,需要回归到符号功能与激励机制的对应关系,且新增的符号利益分配需要制订新的更具适应性的解决方案。

3. 既有解决思路的经验

虽然既有研究存在不足之处,但仍然为未来重叠保护方案的确定提供了可借鉴之处。

首先,将知识产权法作为整体的研究视角。

考虑到知识产权重叠保护的产生与知识产权法的内在权利结构密切相关,一些学者认为可以通过打通各法之间的边界,并建立统一的知识财产权法典来解决现在和未来有关重叠保护的问题。知识产权重叠保护问题涉及的部门法之间的重叠交叉,本质是要对重叠部分的符号利益制订新的分配方案。如果以部门法的特殊性为基础制订调整方案,难免会顾此失彼,无法周全兼顾部门法之间的差异性。因此,寻求对重叠保护调整的恰当方案,从知识产权法的整体出发进行总体关照,是值得借鉴的理论经验。在本书看来,整体关照的研究视角与体系化思维是相契合的,体系化思维也构成了本书分析和构建重叠保护解决方案的主要研究视角。

其次,充分发挥市场作用,着眼于市场与法律所分担的不同功用。

---

① 宝佳商标有限公司与中华人民共和国国家工商行政管理总局商标评审委员会等商标异议行政纠纷再审案,中华人民共和国最高人民法院行政裁定书,(2012)知行字第38号。

② 北京陈幸福玩具设计中心诉上海声像出版社等侵犯著作权案,北京市第二中级人民法院民事判决书,(2007)二中民初字第85号。

③ 黄进忠与漯河市平平食品有限责任公司商标争议行政纠纷上诉案,北京市第一中级人民法院民事判决书,(2013)高行终字第546号。

④ 南通申东冶金机械有限公司诉董忠新等不正当竞争、侵犯著作权纠纷案,江苏省南通市中级人民法院民事判决书,(2005)通中民三初字第0029号。

在日本学者田村善之所著的日本《知识产权法》中，是以知识产权激励机制的性质来作为法律介入程度的类型化标准（以符号功能对应利益）。“支援型激励机制”是对市场激励机制的补充，此类制度对市场自身的激励机制具有较高的依赖程度，无须法律从一开始就介入进行激励。只有当市场先机的利益因为对商标的不当使用所带来的市场混淆被消解时，法律才应该介入进行激励支援。与之形成对比的是“激励创设型”机制，其完全是由法律创设的激励类型，在创设过程中已经为公众设置了多重义务；因此，对于创设激励型的激励机制，在法律进行介入时尤其需要受到限制，以防止因权利人权利范围的扩张而进一步减损公共福利。同时，尤其应该反思在制度创设过程中对公众思想和行动自由的限制是否超过了必要限度。

知识产权所调整的符号利益不是由知识产权带来的，而是由技术发展和市场交换带来的符号价值的发掘并形成一定的符号价值交换秩序，知识产权不过是在法律制度中对这种价值予以确认。例如，在产权制度范围之外的数据财产，即便没有法律介入，市场主体也会自发地形成一定的交换秩序。法律要做的，就是决定是否接纳对这种市场自发形成的秩序，并对之进行评价。无论是对于作品还是数据财产，制度选择最初的出发点和最终的目的都是为了通过激励促进其再生产，从而实现社会的进步与信息的丰沛。也只有为了这一目标进行制度选择，所有的法律论证才是有价值的。[①] 在对知识产权重叠保护现象的调整过程中，市场和法律同样发挥了不同的作用。本书认为，由于重叠保护问题涉及不同激励机制类型的交叉，因此，应首先关注市场自发秩序对符号利益的确认；只有在出现了特定情形，法律确有必要介入时，再进一步考察法律介入的程度、相关法律部门（立法或司法）主体的任务分担，再综合运用解释学、立法学相关理论，进行进一步的方案规划。

① 郝思洋：《知识产权视角下数据财产的制度选项》，载《知识产权》2019 年第 9 期。

第二节 解决知识产权重叠保护问题的方案规划

一、对备选路径的比较分析

解决重叠保护问题存在两种备选路径：一种路径是任何类型的重叠保护都给予负面的法律评价，从原则上禁止重叠保护现象的产生；另一种路径是不对重叠保护现象进行统一的法律评价，仅对带来负面影响的重叠保护类型进行局部限制。由于对重叠保护问题的协调路径需要从属于知识产权制度中作为符号利益分配方案的制度设定，因此，路径假设与既有知识产权制度规则的契合程度决定了其被采纳的可能性。

（一）原则上禁止重叠保护的路径假设

原则上禁止重叠保护的路径假设以权利选择理论为基点，旨在通过权利人的选择，排除多种法律规范对同一符号或符号组合进行调整的可能性，从而达到从结果上避免重叠保护的目的。除一些学者和法官持类似观点外，①一些国家的立法也采用了此种路径。如英国规定，如果一个艺术作品获得授权制作成工业品或销售这样的产品，保护期就从著作权法所保护的作者终身加死后 70 年缩短至 25 年；②这相当于保护类型的"降维"，从而间接排除了著作权法的适用。但如前所述，这种方式排除了著作权部分可利用的符号价值，无法实现符号利用的最大化。此外，按照权利选择理论，还可能会产生对权利人不公平的情

① 有学者认为，应该从原则上禁止知识产权重叠保护，并将其作为解决知识产权重叠保护问题的方式。具体思路包括：制定工业版权法预防知识产权重叠保护现象的出现、明晰法律解释规则、削减知识产权重叠保护可能造成的危害等。参见何炼红：《知识产权的重叠保护问题》，载《法学研究》2007 年第 3 期。法官观点参见钱翠华：《失效的外观设计专利不再受著作权法保护》，载《人民司法》2009 年第 14 期。

② 英国《1988 年版权、外观设计和专利法》第 52 条，Copyright, Designsand Patents Act, 1988, c. 3, § 52(U. K.)。

况：权利人本可以在任何一项单行法中获得保护，但当符号具备超越单一功能性的价值时却只能选择一种符号利益实现，即便无碍于体系规定也不得不放弃其他可能的利益实现方式。由于权利人可能无法在信息对称的情况下做出选择，因此权利选择的结果有可能并无法有效保护其权益。因此，采用权利选择路径避免重叠保护问题，相当于过度限制了权利人本该正当实现的权利保护；不仅可能存在正当性问题，而且对于社会而言也是一种资源浪费。

（二）部分限制重叠保护的路径假设

对重叠保护问题进行解决的第二种路径假设是，通过设置限制性条件从而避免重叠保护的负面影响。路径基点为修复缺陷，有条件地包容重叠保护现象。与原则上禁止重叠保护的路径相比，这种选择是基于重叠保护本身无害，但是在与体系不协调的地方需要予以个别修复以使系统更为协调的思路。可选的限制设置方式包括：（1）通过在立法中增加限制性条款以避免重叠保护。（2）通过法律解释，在司法实践中克服重叠保护的负面影响。无论是采用立法还是司法进路，其目的都是削减重叠保护带来的负面影响。

实际上，即便是认可外观设计重叠保护的欧盟也十分注意外观设计与其他权利之间的协调问题。如欧洲议会与欧洲联盟理事会第98/71/EC号《外观设计的指令》第16条就规定了外观设计与其他保护形式的关系：该指令的规定对任何共同体的或有关成员国的关于未注册的外观设计权、商标或其他显著标志、专利和实用新型、铅字字样、民事责任或不正当竞争的法律不产生不利影响。[①] 值得注意的是，虽然欧盟关于外观设计的相关规定一向被认为是支持重叠保护的

---

① Directive 98/71/EC of the European Parliament and of the Council of 6 June 1998 on the Legal Protection of Designs，欧洲议会与欧洲联盟理事会关于外观设计的法律保护指令（98/71/EC）。Article 16：Relationship to other forms of protection the provisions of this Directive shall be without prejudice to any provisions of Community law or of the law of the Member State concerned relating to unregistered design rights，trade marks or other distinctive signs，patents and utility models，typefaces，civil liability or unfair competition.

代表，但欧盟对外观设计的保护方式却与我国《专利法》的保护模式存在较大差异。前述指令第 17 条规定了外观设计与版权的关系，即外观设计同时也可以受到成员国的版权法的保护，但成员国可以自行决定版权保护的独创性要求。[①] 这属于在立法层面认可重叠保护的范例。根据《欧盟理事会共同体外观设计保护条例》[②]，欧盟层面的外观设计采用了由非注册外观设计与注册外观设计共同构成的双重保护体系；其中非注册外观设计的保护期限为 3 年，从首次公开时起算，便自动受欧盟法保护而无须履行登记审批手续。公开方式包括公开出版、展出、销售等能为共同体市场公众所知的方式。其所享有的权利也极为有限，仅有权禁止他人复制产品外观，无权禁止他人因独立设计并使用与之相同或近似的外观——偶合不属于侵权。能够发现，这种保护模式更接近于著作权法的"自动保护"模式，与专利法保护模式中对独立创作例外的排除具有明显差异。在这种情况下，外观设计与著作权的重叠保护更像是同类性质的权利，即便允许重叠保护也不会产生较大的制度冲突；这与我国立法中外观设计专利权的重叠保护性质差异很大。

可见，不同国家和地区的重叠保护问题所涉及的"体系影响"并不相同；仅从其他国家对重叠保护的法律态度出发，在不对整体法治环境进行考察的情况下就以之为依据得出我国相关制度应该进行学习借鉴的态度并不可取。知识产权制度是财产制度，与一国的社会发展、文化政策和制度差异存在密切联系。如果要选择符合我国实际的重叠保护问题的合理路径，就必须从我国的制度实践出发，衡量哪些类别的重叠保护在制度的容忍范围之内，何种程度的重叠保护是必须要进行限制

---

① See Article 17: Relationship to copyright A design protected by a design right registered in or in respect of a Member State in accordance with this Directive shall also be eligible for protection under the law of copyright of that State as from the date on which the design was created or fixed in any form. The extent to which, and the conditions under which, such a protection is conferred, including the level of originality required, shall be determined by each Member State.

② Council Regulation (EC) No. 6/2002 of 12 December 2001 on Community designs，该条例于 2002 年 3 月生效，2006 年 12 月修改。

与干预的。正如学者所言，权利的累积保护的做法是否符合利益平衡原则，这涉及公共政策的选择。①

因此，在限制重叠保护的路径中，究竟选择哪种进路能达到抑制重叠保护负面效应的目标，将取决于对两种不同进路的评估和利弊分析的结果。

(三)协调重叠保护的路径确定

路径选择的合理性建立在评判和评估的基础之上。本书认为，部分限制重叠保护的路径假设具有更强的制度适应性。原因如下：

首先，法律运行有一定的弹性。

如果一些重叠保护现象并不会带来过度的负面影响，又可以实现对符号利益的物尽其用，在并不影响体系价值目标实现的情况下，一定程度上的不和谐是可以被体系容忍的；这也是体系对社会变化调整弹性的体现。例如，在涉及外观设计的重叠保护情形中，权利人在其外观设计到期之后，虽然不能够继续将关于外观设计的专利权用在核定产品上，获取与产品结合产生的市场利益，却仍然可以通过著作权在作品市场中发挥符号作为艺术和美感表达价值的功能，实现著作权市场中的期待利益。这种符号利益的实现方式并不会对知识产权法律体系产生负面影响，因此，不应被体系所否定。相反，如果以维护体系为名，只允许实现其中一种符号利益而将可能的附加利益全部否定，这与知识产权法鼓励符号利益流转与增值的立法目的是相抵触的。这也是权利选择理论的不合理之处所在。法律是第二性的，不能为僵化地维持法律设定而否定市场中的利益实现。但同时，如果重叠保护在某些领域所带来的负面影响已经会引起体系的不和谐甚至各部门法之间的冲突的话，就必须对其加以限制，从而消除不和谐因素，保持既有体系的稳定。

简言之，本书认为，原则上禁止重叠保护的路径不加区分地对所有类型的知识产权重叠保护现象都给予了相同的负面评价，缺乏在法律

---

① 梁志文：《论知识产权规范竞合及其解决路径——兼评最高人民法院的一则解释》，载《法商研究》2006年第2期。

制度的弹性范围内对重叠保护问题所造成的不同影响进行类型化分析的处理过程，这容易导致一部分符号价值无法实现以及对权利人利益的不当限制。

其次，比例原则在路径选择中的指引作用。

此处的比例原则与前述作为知识产权法基本原则中的"比例原则"含义不同。后者的"比例"原则指的是符号利益范围与符号价值之间的合乎比例的关系。而此处的比例原则是指宪法与行政法中的比例原则；设置该原则最初的出发点是为了限制政府权力，后来逐渐扩展为衡量目标与制度手段之间协调程度的一项理性原则。比例原则主要由三个子原则构成，分别是适当性原则、必要性原则以及均衡原则。

具体而言，适当性原则要求在选择限制基本权利的手段时应该首先确认该手段是否有助于实现所欲达到的目的；必要性原则要求在可以实现相同目标的备选手段中应选择干预程度最轻的手段；均衡原则要求该干预手段与目标之间在干预的效果上须均衡与成比例。① 在对比例原则适用的过程中，先要确定目标，然后要对实现目标的手段进行几个要素的考察，分别是手段的合目的性、必要性以及手段和目的之间的均衡性。只有通过这三个要素的考察，选定的制度手段才是符合比例原则的最为恰当的制度。其中对手段和目的之间的均衡原则又被称作"狭义比例原则"。这既是制度确定中最为关键的一步，也是比例原则的精髓之所在。

行政法中的"比例原则"与知识产权法中的"比例原则"适用的语境不同，内涵也具有差异。作为知识产权法中对符号利益分配原则的"比例原则"，是从初始赋权角度进行限制；而行政法上的"比例原则"更强调目标与手段之间的均衡关系，即不能用超出限度的手段去实现目的。如果我们把知识产权制度视为实现社会创新发展的手段而非目

---

① See Dieter Medicus, *Der Grundsatz der Verh ltnism gkeit im Privarecht*, AcP 192, 1992, p. 51. 转引自郑晓剑：《比例原则在现代民法体系中的地位》，载《法律科学（西北政法学院学报）》2017 年第 6 期。

的，就会发现知识产权法中的比例原则与行政法中的比例原则具有本质上的相似性：二者都强调一定的适当性，都属于一种对制度方法的限制手段，具有类似的制度效果。在这一意义上，比例原则构成了一种用以甄选制度措施的统一标准，其内容是衡量各种备选的法律制度或政策措施的成本与收益，并与其他备选制度措施进行比较，最终得出符合最优效率比的目标达致手段。

虽然源于德国基本法中的比例原则在其本体论上的意义是作为一项宪法基本原则而存在，从而维护基本权利不受到超出比例的限制，但在方法论的意义上却为制度制定者在诸多备选制度中确定最优的限制制度提供了思考框架。尽管该原则与经济分析法学中真正精细的成本收益分析相比还有一定差距，但这样的思维框架已经足以排除掉一些明显超过必要限度的路径假设。因此，在民法和知识产权法领域，作为方法论的比例原则同样有适用的价值。这一观点不仅在理论研究中得到了认同，如"关于知识产权法领域的规制，基于以下比例原则的原理性命题应该能够成立。即在肯定规制的必要性的前提下也要能够尽可能地实现其效率性，对他人自由的侵犯程度要尽可能小，应该努力去摸索具备这样条件的连结点"，①而且在司法实践中也被加以推广。②

本书认为，比例原则与知识产权法的契合程度是较高的；原因在于比例原则的内核在于"权衡"，而只有承认多元价值存在的情形下才具有权衡的可能性。在知识产权法律体系内，知识产权人的权利、社会公

---

① ［日］田村善之、李扬、许清：《"知识创作物未保护领域"之思维模式的陷阱》，载《法学家》2010年第4期。

② 2015年，时任最高人民法院知识产权审判庭庭长宋晓明曾在《当前我国知识产权司法保护的政策导向与着力点》一文中，大篇幅论述了如何针对不同的纠纷类型贯彻知识产权保护的比例原则。参见宋晓明：《当前我国知识产权司法保护的政策导向与着力点》，载《人民司法》2015年第13期。2016年7月，最高人民法院陶凯元副院长在全国法院知识产权审判工作座谈会暨"三合一"审判推进会上，提出"司法主导、严格保护、分类施策、比例协调"四项知识产权司法保护政策，其中"比例协调"是指合理确定不同领域知识产权的保护范围和保护强度，要区分不同情况，根据侵权行为的性质、作用和侵权人主观恶性程度，恰如其分地给予保护和确定赔偿。要注意实现知识产权保护符合发展规律、国情实际和发展需要，依法合理地平衡知识产权人权益、其他权利人合法权益及社会公共利益、国家利益。

众利益、竞争秩序、创新发展等多元的价值和利益需要平衡，这为比例原则进行权衡预留了空间。目的的正当性不能必然推知手段的正当性，在合乎目的的多种手段中必须通过比例原则进行排除和选择，从而确定优先满足的价值。这些比例原则能够发挥作用的领域恰恰可以弥补知识产权法缺乏基本原则的缺憾，为不断膨胀的权利范围设定一道合乎比例的屏障。

综上所述，路径假设的比较与评估结果为：在两种不同的路径假设中，部分限制重叠保护的路径假设更为可行；因为局部限制的方式只对造成体系冲突的重叠保护进行有条件的限制，这符合比例原则中关于最小限制的要求，且制度成本较低。对于重叠保护问题，应以部分限制重叠保护作为基本路径。方案的总体思路是部分限制重叠保护的负面影响，同时也兼顾符号价值的充分利用。

二、具体限制方案的构建设想

经过对重叠保护问题本质的逻辑推理可知，为重叠保护问题寻找协调方案，就是为不同的知识产权法律规范所重叠保护的符号利益寻找分配方案。作为子方案的知识产权重叠保护问题，首先，应当满足知识产权法对符号利益分配的基本范式；这是体系化的要求，也是正确对待重叠保护问题的理论依据。其次，协调方案应对知识产权法范围内的符号利益具有普遍适应性和灵活性。知识产权法是一个整体，应采用整体关照的体系化视角规划方案；不仅符号利益会以权利形式出现，而且法益也是符号形式表现之一。因此，应当将反不正当竞争法所调整的法益也囊括进方案当中。“立法者不仅要关注权利的配置，化解权利冲突而引致的不和谐因素，还应该对那些尚未上升为权利，但确有保护需要的正当法益予以关注。”①最后，应使符号利益的价值得到充分发挥，并满足手段与目的之间的均衡性要求，以最小的成本达到限制重叠保护的制度目标。

---

① 李国英：《知识产权限制的原因诠释》，载《法治现代化研究》2019 年第 3 期。

（一）以符号功能与激励机制对应为蓝本

1. 回归“符号功能”与“激励机制”的对应关系

对重叠保护限制方案的首要要求就是该方案应当满足知识产权法对于符号利益分配的基本范式。如前所述，知识产权法对符号利益的调整方案，已经形成了特定的调整范式。权利客体与符号利益的对应关系构成了知识产权法的价值基础；激励机制与符号功能的对应关系构成了知识产权法的体系框架；权利行为与权利客体的对应关系构成了知识产权法的权利内容。基于这一调整范式，对重叠保护问题的解决也需要回溯到符号功能与激励机制最初的对应关系，以价值回归为前提，以知识产权法对符号利益分配方案的基本原则为标准，确定重叠保护部分的利益分配方案。

在符号功能与激励机制对应的视角下，重叠保护问题就不再仅仅是部门法之间同时或相继地对同一权利对象进行保护的现象，而是可以展现出其本质的一面，即具有不同功能的符号或符号组合同时或相继地受到不同激励机制的调整。“符号功能”与“激励机制”一一对应，“单一功能，单一激励”，符号发挥的不同功能是与激励机制构成对应关系的标准。这是知识产权法立法目标的要求，也是知识产权部门法划分的意义所在。激励机制重叠保护的部分，应该根据符号的不同功能与激励机制之间对应关系的比对，从而确定是否有符号受到了重复的或过度的激励。

以外观设计为例，如果该符号发挥的是促进产品美感提升的功能，并已经在核定使用的产品范围内获得过激励，当其保护期届满，如果还由著作权法继续提供同样内容的激励，根据“符号功能”与“激励机制”的对应关系，就属于符号功能与激励机制对应关系的错位，这将导致对同一符号功能的过度激励。在外观设计专利权保护期届满后，著作权法仍然可以对符号的美感功能继续提供激励，但激励的范围需要受到限制，即著作权法可以在排除外观设计专利激励范围的其他领域进行激励，以充分实现符号的多重价值。但如果著作权法提供的激励形式与专利法提供的激励形式重合，就会造成知识产权法对符号利益调整范式中“符号功能”与“激励机制”对应关系的破坏。这种类型的重叠保护就属于应当受到限制的重叠保护类型。

2. 以符号利益已实现范围为排除范围

权利范围的有限性是由知识产权法对符号利益调整范式决定的;在知识产权部门法中,是由权利客体范围、权利行为目的限定以及权利限制等制度划定。按照比例原则,手段与目的之间应具有均衡性;在不同的权利限制方式中,应采取对权利人干涉和妨碍最小的一种,从而使手段与所追求的法律效果之间的比例恰当。

在知识产权部门法的重叠保护中,由于符号的不同功能,不同类型的部门法可能会同时或接续地叠加在同一符号或符号组合之上,从而有可能使权利人采用不同类型的部门法去保护同一符号功能,并导致权利范围的不当扩张。因此,为实现限制重叠保护的目的,就需要对一些超出限度的行为进行限制。但由于部门法之间对权利范围的描述都是由具体的客体利益行为组成的,因此很难直观区分应该受到限制的具体权利行为。如果为达到限制重叠保护的目的就直接按照权利类型进行排除,有可能过度限制权利人的利益,并导致一部分权利价值无法得到实现,从而违反比例原则。

本书认为,如果使部门法的不同权利客体回归到符号价值,以符号功能所对应的利益是否已经实现为标准进行划分,部门法相互叠加的权利范围就能够呈现两种不同的状态,即已经实现的符号利益和未被实现的符号利益。按照知识产权法对符号调整的范式,对于符号利益的实现只能以一次为限。在重叠保护的情形下,通过对已经实现的符号利益进行标记,便能在后续的激励机制中排除掉这部分已经获得实现的符号利益,从而不会造成权利范围的扩张。简言之,即在保留同一符号之上叠加的不同类型权利的基础上,对保护期已经届满的权利范围进行缩限,豁免公众实施该权利所控制的行为的非法性,保证已经实现的符号利益不因其他权利的叠加而继续被权利人所垄断,从而达到限制重叠保护的目的,并实现权利人与公众利益的平衡。对权利人而言,此种解决方式亦是使其利益受损程度最小的选项。权利人不会因符号之上叠加的不同类型的权利中有一项需要进入公有领域而丧失其他类型的权利，从而能够最大限度地保留符号之上的多重价值。

从权利与权利控制行为之间的关系角度进行分析，这种排除方案亦具有正当性。权利是权利控制行为的集合，知识产权法中的每种权利都有其控制的具体行为，权利人正是通过控制这些权利行为产生的利益来获得利益和激励的。如果将权利比作光谱，每种权利行为都如同其中一种颜色的光束，同一权利对象有可能会被光谱中不同的光束覆盖，即便其中有的权利光束因为保护期届满而失去了对一些行为的控制，但是在重叠保护的情形下，仍然可能有其他光束覆盖在该符号之上。如果以符号利益已实现范围为排除范围，那些原本由权利光束覆盖的范围在权利保护期届满后就意味着相应符号利益已经实现，那么对应的权利行为就可以由公众利用；与此同时，其他尚未实现的符号利益仍然处在对应的权利光束之下，由权利人控制相应的权利行为。这种处理方式不仅能够与知识产权制度的激励机制相协调，而且不会因为权利对象的重合导致“权利光谱”被无限扩大，从而造成公有领域的缩限。

（二）以符号利益的受激励程度为限制标准

对重叠保护的限制其实也属于对符号功能的激励程度方面的限制，因此限制的方式也应以知识产权法对符号利益的分配原则作为依据。如前所述，知识产权法对符号利益的分配原则包括有限激励原则、比例原则和效率原则；相应地，对重叠保护的限制方案也会基于以上原则，具体包括权利期间、权利范围、激励次数的有限性等标准。对重叠保护现象限制的基本目标是避免重复激励和过度激励。符号功能可以重叠，但激励不应重复；如果给予激励的符号价值已经得到实现，就不能继续以同样的符号功能获得多重激励。

在方案设计中，对于激励程度的限制应该具体区分为同时重叠与接续重叠两种不同的情形。

1. 同时重叠中的限制

对于同时重叠,其限制方案应以符号功能与激励机制的对应关系为标准,并以权利行为是否存在目的变形作为判断构成重复激励的标准。知识产权法所调整的符号功能与激励机制之间的关系是一一对应的,且权利行为与权利客体的对应关系构成了知识产权法的权利内容。知识产权法上的权利行为具有严格的目的限定性,其只能作为实现特定符号利益的手段存在。这一特性也意味着并非所有对于符号的利用行为都构成知识产权法意义上的权利行为,只有那些以实现特定符号利益为目的的行为才是知识产权法所规制的权利行为。这种特性被有的学者称为"缺乏目的性变形的使用权能"[①]。当同一符号或符号组合受到不同激励机制的重叠激励时,如果权利行为的利益指向并未突破"符号功能"与"激励机制"之间的一一对应关系,则此种重叠保护并不会破坏知识产权法的调整范式,也并不在重叠保护的限制范围内。反之,如果不同权利行为所指向的是同一符号利益,如采用著作权保护外观设计,就相当于著作权的使用权能发生了目的变形,著作权介入了专利权的激励机制。这种情形属于由于权利行为的目的变形而干扰既有调整范式的情况,这会对同一符号产生过度激励的效果,应当被归入受到限制的重叠保护类型。

2. 接续重叠中的限制

对接续重叠的限制方案应以"符号利益不累积"为原则,以对符号利益的激励次数作为考察要点。接续重叠保护的特殊之处在于不同的激励机制对同一符号或符号组合的激励不是同时进行的,而是相继发生的。由于符号功能所对应的激励机制不同,保护时间也会存在差异;如果不对激励机制所对应的符号利益进行区别,就可能发生权利人利用激励机制保护的时间差来不当延长权利保护期限的情况。因此,在接续重叠的情况下,应该考察激励机制对于同一符号功能的激励次数:

---

① 何鹏:《漫谈知识产权的权利边界:缺乏目的性变形的使用权能》,载《知识产权》2018 年第 6 期。

如果对符号功能所指向的利益的激励超过一次，就需要进一步考察是否会存在同一功能的符号利益过度累积的情况，并以此作为是否有必要进行限制的标准。

例如，与能够无限续展的商标权相比，著作权有限的保护期限往往无法实现权利人希望永久保护权利的目的，于是一些权利人就试图通过采用商标权的形式对著作权的内容继续提供保护。在"欧洲××军案"中就出现了此情况。"欧洲××军"是20世纪福克斯电影公司制作的电视连续剧，其版权于1977年到期。Dastar公司对电视剧内容进行复制和编辑后将其另行命名为"战役"进行销售。福克斯电影公司提起了商标权侵权诉讼，该公司认为被告行为有可能导致商品来源的混淆。最终美国联邦最高法院驳回了福克斯电影公司的主张。其认为当版权保护期届满，那么对作品进行复制的权利就应该回到公有领域并由公众享有；否则，如果支持原告采用商标法保护版权的诉讼请求，将会产生一项"变异版权"，并将破坏版权法"精心构造的平衡权"。[①] 该案属于典型的商标法与版权法接续重叠保护的情况，如果将案件事实还原到"符号功能"与"激励机制"的对应关系中就能够发现，体现符号审美与艺术价值的那部分符号利益是通过版权法进行激励的，作为激励机制的版权法在保护期设置上已经充分考虑到了权利人足以获得的相应的符号利益（实际上目前立法中的保护期限在经过经济分析之后已经被学者认为太长了）。如果版权超过保护期之后继续采用商标法予以激励，不仅有可能导致本应进入公有领域的权利被权利人通过商标权垄断；更重要的是，在符号利益的实现上，商标法会对符号的同一功能进行二次激励，从而导致权利人获得远超其应得部分的利益。这不仅违反了知识产权法对符号功能的激励次数限制，而且不符合比例原则的要求。

此处值得注意的特殊情形是，符号功能并非一成不变，原本仅具有美感功能的符号也可能由于市场的"加持"从而具备了识别商品来源的

---

① See Dastar Corp. v. Twentieth Century Fox Flim Corp, 539U. S. 23(2003).

功能。如果一些特殊的符号或符号组合在市场流转中获得了新的功能并具备了新的利益指向;那么,当后续的法律规范所提供的激励指向的是新的符号功能时,则不属于前述对同一符号功能进行重复激励的情形。这种情形在反不正当竞争法与知识产权法之间的重叠保护中较为常见。例如,某一动画形象如果获得了巨大的市场上的成功,公众一旦看到该形象便能够联想到其出品公司,虽然其作为美术作品的符号价值在版权法中已经实现了,但由于同一符号又具备了指示商品来源的新增功能,并能够成为企业商誉的代表,如果放任对该符号的滥用就可能会导致消费者的混淆。在这种情况下,由反不正当竞争法对这部分新增功能所指向的利益进行保护,就不属于激励的重复和累积。简言之,如果需要在符号功能已对应的激励机制之外寻求新的激励,就必须具备新的符号功能。

因此,在对接续重叠的限制中,应该以同一符号功能是否获得超限的激励为判断标准,同一符号或符号组合在没有新增功能的前提下;同一功能只能对应一次激励,其余的后续激励则属于应当受到限制的部分。如果采用坐标的形式对重叠保护的限制方式进行归类,可以分别从横向和纵向两个方向进行。其中,纵向是对激励程度的限制——已经实现过激励的符号利益在同样行为的利益指向中,不允许对其二次激励;横向则是对已经激励到的限制——已经实现的利益划分出来作为后续激励的限制范围,通过纵向和横向的限制协调作用,从而合力构成了对重叠保护的限制方案。两种方式都是为了对特定的重叠保护现象进行限制。如果已经实现的符号利益又重复地被其他部门法予以激励,那么基于同一符号的权利范围必然被不当扩大了,在激励程度方面也很有可能存在过度激励的情况。横向和纵向考察互为呼应、彼此证明。而符号功能与激励机制的对应关系,就是进行横向和纵向考察的范式基础。

(三)以增设权利限制条款为具体手段

权利限制手段是禁止权利滥用原则在知识产权法领域中的规则表现。如前所述,在重叠保护情形下,如果权利人超出权利目的进行的权利行使行为已经构成了权利滥用,那么法律就应该采取相应的措施对其进行限制。限制的方式可以根据法律体系的具体情况和重叠保护负面效果的严重程度来进行选择:既可以通过禁止滥用权利原则对其进行原则层面上的控制;也可以将该原则具体化为限制的制度,通过规则的方式进行规制。

权利限制的方式有多种制度选项,比例原则的适用确定了对重叠保护进行局部限制的路径。狭义比例原则或许可以帮助解决如何限制的问题,即具体限制方案的规划需要满足最小比例原则,从而实现目标和手段之间的均衡性。在"晨光案"中,虽然最高人民法院通过案例指出在存在多种权利的情况下,并不必然因为其中一项权利的保护期届满而导致其他权利失去效力,但未明确已经届满的权利与继续存在的权利之间的关系。本书认为,可以采用增设权利限制条款的方式,明确在重叠保护情形下不同类型的权利之间的关系处理原则,即保护期届满的权利不影响符号利益上尚处于权利有效期的其他激励机制的效力,但后者所提供的激励机制不得超出自身立法目的去实现已失效权利所对应的符号功能。

这一限制规则可以有多重实现方式,包括通过司法解释作出、在指导性案例中推广、在后续修法过程中增设部门法中的权利限制条款,或是在更远的未来,其可作为知识产权法共同认可的基本原则,置于知识产权法的总则之内。在现行知识产权制度中,权利限制规则是按照部门法的类别分别进行规定的,如关照社会公众利益的价值目标在知识产权部门法的规范层面就表现为权利限制的不同形式。然而,对重叠保护的限制不仅需要在各知识产权部门法中能够合理地使用权利限制和平衡手段,而且越来越迫切地需要通行适用于各部门法的综合性平衡工具。从制度成本角度考察,逐一修改部门法需要付出较高的立法成本;如果能建立一种在不同的知识产权部门法领域中都能适用的一般性限制条款,这或许可以作为维护知识产权法系统内部一致性的有效手段。

本书认为,从制度成本和制度效果的角度出发,应以知识产权法作为整体进行制度调整,建立通行于各部门法的类似于权利穷竭制度的一般规范,并作为权利限制的“一般条款”,从而打通部门法之间处理重叠保护问题的壁垒。立法上,可以通过在权利限制条款中增设对已实现权利的排除规范作为新增权利限制条款,并赋予其通行于各部门法的效力。例如,在著作权法中,可以以一般限制条款为依据,通过增加合理使用情形的方式,在不拒绝著作权法继续给予保护的前提下,增设关于保护期届满的外观设计的使用豁免,把原本属于外观设计的权利行为设置为著作权的合理使用情形之一,从而以最小的制度成本,消解重叠保护带来的负面影响。在其他部门法中也可以采用类似的具体化方法,以实现限制条款从“一般”到“特殊”的具体化过程。

综上所述,本书对于重叠保护进行局部限制的方案构想不仅与知识产权法对符号调整原则中的有限激励原则相匹配,而且也符合比例原则中权利人的符号价值与符号利益之间的比例关系。此外,对于制度成本和收益的考量也符合效率原则的要求,这与知识产权法对于符号利益调整的内在范式是相契合的。

第六章 协调知识产权重叠保护问题的方案验证与制度改进

第一节 重叠保护问题协调方案的验证

对于重叠保护可能对符号利益的分配造成的负面影响的问题,本书已经提出了对该问题的协调与改进方案,可以概括为:以符号功能与激励机制对应为蓝本,促使重叠保护情形下的符号利益分配回归到"符号功能"与"激励机制"的对应关系。在同时重叠的限制方案中,以符号利益已实现范围为排除范围,以符号利益的受激励程度为限制标准,并重点关注权利行为是否存在目的变形来作为重复激励的标准;对于接续重叠的限制方案,应以利益不累积为原则,以激励次数为考察要点。最终通过以禁止权利滥用原则为基础的权利限制,来解决目前重叠保护情形下符号利益分配失衡的现状难题。

鉴于某些特殊对象自身特征的复合性,同一符号往往能够体现多种符号价值,本书将此类权利对象称为"复合型客体"。对此类客体而言,区分不同符号价值的激励机制就尤为必要;在重叠保护情形下,符号利益分配的问题也在此类复合型客体之上表现得尤为明显。经过对文献和案例的梳理,发现有两类复合型客体的重叠保护问题在实践中引发的争议较多:一为外观设计,二为实用艺术品。本书将对二者进行重叠保护问题协调方案的验证,且一并论证该方案在知识产权法与反不正当竞争法重叠保护类型中的运用。

一、外观设计中的重叠保护问题

1. 外观设计作为"复合型客体"的表现

外观设计的权利对象多为与图案、色彩相关的美术作品、摄影作品等,这容易叠加不同类型的规范从而形成重叠保护。就权利对象而言,外观设计的权利对象为"产品的整体或者局部的形状、图案或者其结合以及色彩与形状、图案的结合"。其与著作权法对美术作品的要求相类似,因而许多外观设计专利的基础设计都可以归入著作权法的保护范畴。同理,商标设计图样如果满足著作权的独创性要求,同样也可以归入著作权法保护的范畴。不难发现,在能构成外观设计的权利对象之上往往同时聚合了著作权、专利权、商标权等多种权利类型。此外,如果外观设计构成了商誉载体,还有可能受到反不正当竞争法的保护。因此,外观设计可成为重叠保护问题协调方案的研究标本。

就重叠保护的类型而言,经过对司法案例的考察能够发现,在专利权、著作权和商标权的重叠保护中,外观设计专利权与其他权利的交叉重叠案件较为集中。外观设计可能涉及重叠保护的各种类型,包括与其他知识产权部门法之间的同时重叠与接续重叠、同反不正当竞争法的同时重叠与接续重叠等。总体来看,在外观设计与著作权及商标权的交叉当中,重叠保护的对象主要是与符号美感功能相关的设计、图案、色彩等相关案件。由于2008年的《专利法》修改已经对外观设计中具有标识功能的设计进行了排除,因此,外观设计领域重叠保护的重点就主要集中在了外观设计与著作权法以及与反不正当竞争法之间的重叠保护中。本书也将以这两个领域的重叠保护问题进行协调方案的验证与考察。

2. 对外观设计重叠保护问题的方案验证

在对重叠保护协调的方案中,最关键的部分是确定符号功能与激励机制之间的对应关系,并以此为基础判断在重叠保护情形下应然的符号利益分配方案。在外观设计中,因符号所具有的功能既能满足专利法关于美化产品的需要,也有可能因其艺术性满足著作权法关于符号美感的功能,因此,对于美感功能的保护可能会导致重叠保护现象的产生。如果根据"符号功能"与"激励机制"的对应关系进行分析,就可以厘清美感功能所涉及的法律关系。

外观设计之上的符号功能起到的主要作用是美化产品,因此其对应部分的符号市场利益就是外观设计应用在核定产品之上而带来的市场利益。与之不同的是,著作权的符号市场利益主要体现在以作品的形式通过满足人们的精神需求和审美需求而达到的市场利益,这显然与外观设计的符号功能并不相同。所以即便外观设计与著作权是基于同一符号所享有的,但它们所产生的基础却是符号的不同功能。而且这种功能只能与相对应的激励机制进行匹配,并最终反映到符号市场利益上。简言之,采用著作权法进行保护的只能是符号基于作品的审美与艺术功能而产生的市场利益;而外观设计所保护的则是符号与产品相结合、带给消费者美感,从而产生的市场利益。即便外观设计保护期届满之后,仍然可以享有符号在著作权法上的相关利益,但这部分利益也仅限于著作权法所对应的符号功能,与外观设计的符号功能不相匹配。符号利益的不同指向决定了二者不能交叉保护。

此外,从侵权损害赔偿的角度也能判断出这种符号功能与市场利益的对应关系。符号市场利益的计算,一般而言是通过侵权损害赔偿来进行的,而损害赔偿所要填补的是由于侵权所带来的市场利益的损失。如果是由著作权保护的市场利益,那么必然会在市场利益损失的计算上产生混乱,因为二者所处的市场本不属于"同一市场",如何通过在著作权市场上损失的份额去得出在外观设计市场上损失的市场利益并对其进行赔偿?因此,符号功能与市场利益之间的对应关系是知识产权法对符号利益的分配范式所确定的。如果出现了交叉对应,就会构成权利滥用，对此应当受到限制。

3. 协调方案的具体适用步骤

由于协调方案中符号利益和激励程度的判断较为抽象，因此可以在案件判定中将协调方案具体化为“行为”与“利益”的对应关系，并按照以下步骤进行判断。

首先，在出现重叠保护的情形时，通过“行为束”角度，将产生重叠的行为类型予以具体化。（知识产权的客体是行为与权利的关系，通过保护行为，实现保护利益的最终目标；因此权利人的权利内容是通过对特定行为的控制实现的，权利人的权利可以形象地体现为权利人所控制的一系列“行为束”）如在外观设计与著作权的重叠保护中，产生重叠保护问题的行为类型是复制行为，就可以将复制行为作为对应关系的判断标本，就复制行为的利益指向进行研究。

其次，在确定的行为类型上，通过行为的市场利益指向进行范围界分。如在判断终止的外观设计能否继续用著作权法保护的情形中，可以通过复制行为的利益指向进行判断。如果后续著作权的复制行为指向的是著作权的市场利益，则认为行为侵犯了复制权；如果复制行为指向的是已经超过保护期限的外观设计，则未侵犯著作权的市场利益，不属于著作权性质方面的侵权。[①] 此外，在外观设计与反不正当竞争法构成重叠保护的情形下，对其是否构成权利滥用的验证判断方式为：考察是否具有新增的符号利益，尤其是是否具有区别商品和服务来源的指代功能。如果外观设计在使用过程中已经具备了符号的能够指代具有识别利益的商誉的功能，就可以视为已经出现了类似未注册商标与著作权之间的重叠保护的问题，不能因其上承载着著作权而责令禁止使用，而应该在区别不同符号功能的情况下，对相关利益进行分类保护。

---

① 知识产权的权利内容以“行为束”的形式构成，司法实践中也以具体行为作为衡量侵权损害赔偿的计量标准。如在2020年4月21日出台的北京市高级人民法院《关于侵害知识产权及不正当竞争案件确定损害赔偿的指导意见及法定赔偿的裁判标准》在1.4“赔偿计算方法的种类”中规定了“同一案件中，当事人针对同一被诉行为可以同时提出多种赔偿计算方法，针对不同被诉行为也可以分别提出赔偿计算方法”。损害赔偿的计算必须建立在对符号市场利益的计算基础之上。

二、实用艺术品中的重叠保护问题

1. 实用艺术品作为研究标本的复杂性与灵活性

在知识产权法的权利对象中，某些特殊的权利对象由于自身特征有可能满足不同类型的知识产权法对于客体的要求，从而导致相较于其他客体而言，其更容易导致重叠保护现象的出现。如实用艺术品就因其兼具艺术性与实用性而被有的学者称为具有典型的“二象性”；并认为“二象性”和知识产权客体属性的“单纯性”之间存在天然张力，这使实用艺术作品可以在部门法之间往返跳跃。①

对于实用艺术品，其复合的符号功能对应地包括能被著作权法保护的艺术性与美感利益与可能被专利法保护的实用与技术功能性利益；此外，由于涉及国际条约义务的履行，从而导致实用艺术品的重叠保护问题更为复杂。以之作为研究标本，不仅需要厘清各种不同的符号功能与激励机制之间的对应关系，还需要将其与另一重叠保护问题较为复杂的权利对象进行区分——同样兼具美感与功能的外观设计。

与此同时，实用艺术品之上的符号利益分配具有一定的灵活性。与知识产权法中的其他权利客体不同，我国曾在《著作权法》的修订草案稿中首次明确对“实用艺术作品”的保护，未来对实用艺术品的规定也将从属于著作权法的修订过程。② 在这一意义上，对实用艺术品进行符号利益的重新分配具有一定的灵活性，并有可能通过立法技术的运用将导致重叠保护问题的因素在立法过程中予以提前规避。近年来，与实用艺术品相关的研究较多，具体包括实用艺术品的可版权性问题、实用艺术品与外观设计之间的异同比较以及版权法对实用艺术品保护的独创性要求应该高于还是低于美术作品等研究角度。其中是否允许

① 冯晓青、付继存：《实用艺术作品在著作权法上之独立性》，载《法学研究》2018 年第 2 期。

② 2014 年公布的《著作权法》（修订草案送审稿）中，将实用艺术作品列为第 5 条第 9 项；在 2020 年 11 月公布的《著作权法》中，删去了包括实用艺术作品在内的新增作品类型。

外观设计与版权法对实用艺术品进行重叠保护、如何处理二者间的重叠保护问题也构成了对实用艺术品研究的问题之一。由于篇幅所限，本书仅对实用艺术品中涉及重叠保护与符号利益分配的问题进行简单分析，并作为协调方案的验证。

2. 利用“符号功能”与“激励机制”的对应关系界分著作权法与专利法

对实用艺术品重叠保护问题的争议焦点与重叠保护问题的本质是一致的，即是否要同时或接续地给予同一符号上不同类型的知识产权的保护。对这一问题的回答不仅决定了对实用艺术品损害赔偿请求权竞合的处理规则，还包括对保护期届满的专利权对象进行再利用的可能性。在既有研究中，避免实用艺术品被著作权与专利权重叠保护的解决路径包括对独创性高度的限制①和对实用艺术品的权利保护时间与外观设计的权利保护时间进行设置②等方式。

依据本书以“符号功能”与“激励机制”的对应关系为基础的协调方案，对于实用艺术品当中符号的美感功能与实用功能之间的界分可以参照外观设计的重叠保护中对于二者界分的方式和步骤。首先在出现重叠保护的情形时，通过“行为束”角度将产生重叠保护的行为类型予以具体化。其次，在确定的行为类型上，通过行为的市场利益指向进行范围界分。具体界分标准为将艺术性的符号功能交由著作权法调整，实用性的符号功能则交由专利法进行调整。由于著作权法对实用艺术品的实用性不做要求，那么是否可以受到专利法的激励还需要其实用部分的符号功能满足专利法的相关要求。

---

① 对实用艺术品独创性高度有不同观点：徐棣枫认为，对于实用艺术作品而言，受其所要实现的实用功能限制，要同时满足功能性和艺术性，创作空间相对有限，较难体现作者个性，独创性要求在事实上被提高。法律标准不如纳入这种现实考量，类型化地对实用艺术作品施加较高的独创性要求，从而增加法律标准的可操作性和一致性。参见徐棣枫、邱奎霜：《实用艺术作品双重保护问题及裁判路径探讨》，载《知识产权》2016 年第 12 期；吕炳斌：《实用艺术作品可版权性的理论逻辑》，载《比较法研究》2014 年第 3 期。

② 有学者认为《著作权法》修订草案对实用艺术作品提供 25 年的著作权保护，虽然可以弥补那些未申请外观设计专利的实用艺术品无法受到法律保护的缺陷，但却会造成对同一客体的重叠保护，对现有的外观设计专利制度的有效实施造成冲击。建议借鉴欧盟的规则，规定给予外观设计专利权“首期 5 年，可续展 4 次，最长 25 年”的保护。参见张伟君：《实用艺术作品著作权法保护与外观设计专利法保护的协调》，载《知识产权》2013 年第 9 期。

较之外观设计，实用艺术品重叠保护问题的特殊之处在于，在判断其是否能受到著作权法保护时必须增加一个条件，即实用艺术品的艺术性和实用性的可分离性条件。目前，对"可分离"的类型，学者观点不一。[①] 在支持可分离性的观点中，包括"观念可分""物理可分"两类。本书认为，物理可分离性标准即实用艺术品的艺术性和实用性能够在物理上进行实际区分的标准更为妥当。原因在于，如果采用观念可分离性标准，那么将面临着如下难以协调的问题：当实用艺术品的实用功能被外观设计保护时，其保护期只有10年；但其美感功能却可以由著作权法进行保护，其保护期长达25年。在美感功能与实用功能无法分离的情况下，意味着其实用功能也无法如期进入公有领域，这客观上会导致对其实用功能的过度激励。而采用物理可分离性标准之后，就可以最大限度地分别对两种符号功能进行激励，并且不会造成著作权法对实用功能的过度激励。[②]

3.外观设计与实用艺术品的符号功能区分问题

在重叠保护的情形下，在实用艺术品的符号利益分配中较为关键的是实用艺术品和外观设计如何区分的问题。由于实用艺术品和外观设计都具符号的美感功能，并均未对符号的实用性功能进行要求，因此二者在符号功能与激励机制的对应关系中具有类似的调整范式。

由于功能性排除原则并没有办法区分实用艺术品中的功能性与外观设计当中的功能性，因此对于同一符号或符号组合而言，不仅其美感

① 关于实用艺术作品的实用性与艺术性是否可以分离的问题，有学者认为，受著作权法保护的实用艺术作品，仅指实用性和艺术性可分离的实用艺术作品，包括绝对可分和相对可分两种类型。实用性与艺术性不可分的实用艺术作品属于工业产权的保护对象。参见李雅琴：《实用艺术作品的著作权适格性问题研究——兼论我国〈著作权法〉的修改》，载《湖北社会科学》2013年第8期。也有学者主张，构成实用艺术作品只需兼具实用性和艺术性两种特征即可，无论其是否可以分离。参见魏丽丽：《论实用艺术作品的著作权保护》，载《行政与法》2007年第2期。而有学者则认为，实用性和艺术性在形式上应当是不可以分离的；如果形式上可以分离，则其艺术部分就可以单独由著作权法保护。参见吴晓梅：《实用艺术作品的界定及保护》，载《人民司法》2005年第4期。

② 实际上，按照本书提出的符号功能与激励机制的对应关系就能在权利实现过程中阻断重叠保护的负面影响。在设权阶段通过变更调整客体标准的方式会破坏体系的稳定，制度成本太高；这也是独创性高度标准的不合理之处。

功能可能由实用艺术品的著作权与外观设计专利权同时提供激励,其功能性部分还可能受到外观设计专利权的重叠激励。如针对权利人提出的双重保护诉求,有法院就认为专利法以外观设计的方式对实用艺术品进行的保护与著作权法以美术作品的方式对实用艺术品可分离的美感部分进行的保护并不会相互影响。①

对于权利人而言,如果其享有的符号或符号组合同时具有符号的美感功能与实用性功能,其可以自由选择究竟是采用著作权法进行保护还是外观设计进行保护,或者甚至有可能对二者同时进行申请,那么在客观上就会造成重叠保护的现象。而著作权与专利权在申请程序、保护时间和保护范围与强度上的区别必将导致符号利益分配中的冲突。由于著作权法不需要履行申请审批的手续,因此,既具有美感功能又具有实用性功能的物品一定会首先以实用艺术品的方式受到著作权法保护。在这种情形下,如何协调实用艺术品与外观设计的重复激励问题?如果这一问题得不到回答,那么将实用艺术品纳入著作权法只能带来更多的体系混乱。

为解决这一问题,有学者提出了以美感的创作程度高低、是否通过工业方法大量生产等作为区分标准,②但仍无法解决符号功能与激励机制的重复对应问题。造成这种现象的原因是著作权法对于美感功能的调整与专利法中外观设计对于美感功能的调整是相互重合的。因此,如果要将实用艺术品中的符号利益回归到“符号功能”与“激励机制”的对应关系中来,就需要统一协调实用艺术品和外观设计之上的美感功能应该交由哪种激励机制进行调整的问题。

---

① 东莞市捷进安防用品有限公司与(德国)阿迪达斯有限公司商标权权属、侵权纠纷二审案,广东省深圳市中级人民法院民事判决书,(2015)深中法知民终字第1224号。

② 有观点认为外观设计专利所要求的“美感”只是要求其具有装饰功能,与实用艺术作品所具有的艺术性相比,创作程度较低。外观设计所要求的实用性是指能否用于工业生产,与实用艺术作品既可以手工生产又可以工业生产不同。参见李雅琴:《实用艺术作品的著作权适格性问题研究——兼论我国〈著作权法〉的修改》,载《湖北社会科学》2013年第8期。还有学者认为,在司法实践中不能轻易将实用艺术作品归入美术作品范畴。参见周林:《知识产权案件的审理与裁判》,中国人民公安大学出版社1979年版,第1259页;参见《保护文学和艺术作品伯尔尼公约(1971年巴黎文本)指南》,刘波林译,中国人民大学出版社2002年版,第122页。

本书认为,可以采用协调方案当中的"排除法",将已经受到过激励的符号功能排除在后续保护的范围之外,从而避免同一符号功能被过度激励。具体而言,即对于已经受到著作权法保护的实用艺术品而言,意味着其符号的美感功能已经受到过著作权法的激励,那么在著作权的权利保护期届满之后,则不能就同一符号功能再次获得外观设计专利权的保护。由于著作权法并未对实用艺术品的申请登记进行规定,因此可以采用反向推理的方式:如果权利人选择外观设计去保护美感功能,那么在后续就不能对已经受到过激励的同一符号的美感功能再次进行著作权法的激励。此处的处理方式类似于权利选择理论,却是建立在"同一符号功能不重复激励"的方案基础上的。

实际上,在知识产权法中"符号功能"与"激励机制"的对应关系也体现在"同一符号功能对应同一激励机制"的制度设置当中。在目前的立法中,对于同一符号功能既允许采用外观设计的保护又允许采用实用艺术品保护的方式,与激励机制和符号功能的一一对应关系有不同之处。造成这种状况的原因是多元化的,对国际条约义务的履行需要是其主要原因之一。因此,为了避免国际条约对我国既有法律体系的影响,在司法实务中应尽量通过激励排除原则进行纠正和限制,从而纠正因非法律因素导致的"符号功能"与"激励机制"偏离的情况。

综上所述,本书认为外观设计与实用艺术品的重叠保护问题出现的主要原因在于外观设计的制度功能与立法设置的错位:外观设计对于符号美感功能的保护目标与著作权法类似,却被安置在了保护条件更为苛刻但保护时间较短的专利法当中,加之专利法对符号回归公有领域的时间要求又较为严格,就会出现权利人选择著作权法进行保护的情况。在未来修法时,可以对外观设计的制度定位以及体系设置进行重新考量,以解决外观设计与实用艺术品的重叠保护问题可能引发的体系矛盾。

三、反不正当竞争法适用中的重叠保护问题

通过上文的实证分析可知,在目前的司法实践中,针对反不正当竞

争法与知识产权部门法的重叠保护现象，已经有相当比例的裁判对反不正当竞争法提供重叠保护的必要性进行了质疑。然而，司法实践中对反不正当竞争法何时能与知识产权部门法同时适用、能否对已经失效的权利提供保护仍存在模糊的认识。本书认为，基于符号市场利益也包括法益的理论前提，反不正当竞争法的适用条件和介入程度的问题可以通过借鉴知识产权法对符号利益的激励机制，即以“符号功能”与“激励机制”的对应关系为基础，以反不正当竞争法保护的法益类型为标准进行范式构建；与此同时，知识产权法对符号利益激励程度的要求，能够为反不正当竞争法适用中的赔偿问题提供指引。

1. 以“符号功能”与“激励机制”的对应关系明确反不正当竞争法保护的条件

符号性是知识产权对象的共性。符号说统一了作为智力成果的作品、技术方案和作为非智力成果的工商业标记。一种非智力成果为什么和智力成果集结为同一个法域？答案就在于商标与智力成果的形态都是符号。类似的财产形态、类似的财产利用行为和类似的规范之间形成了一个逻辑链条。[①] 知识产权权利客体与符号利益的对应关系、激励机制与符号功能的对应关系和权利行为与权利客体的对应关系构成了知识产权法对符号利益的调整范式。在这一调整范式视角下观察，重叠保护问题会呈现“符号利益—激励程度”这一对应关系。符号利益“单一功能、单一激励”不仅是知识产权法律制度所预设的激励机制，也构成了评判激励是否过度的标准。通过比对重叠部分的受激励程度，就能得出同一符号利益是否受到了过度激励。

反不正当竞争法对符号财产法益的保护也构成了一种激励机制，触动这一激励机制运行需要满足特定的条件。当对代表商誉的符号或符号组合所指向的利益进行侵害的行为有可能同时干扰正常的市场竞争秩序或是其他类型的符号或符号组合具备了反不正当竞争法保护的法益应具备的特征时，反不正当竞争法就可以同时或接续地对这些符

---

① 李琛：《论知识产权法的体系化》，北京大学出版社 2005 年版，第 116、126～127、139 页。

号或符号组合提供激励。在这一角度上进行衡量,凡是符合这种“符号利益—反不正当竞争法激励机制”对应关系的,就属于正常范围内的重叠保护类型,无须对其加以限制。反之,如果反不正当竞争法的激励超出了其特定的激励对应关系,这种重叠保护就属于应当受到限制的重叠保护类型,反不正当竞争法所提供的激励就可能构成过度激励或不当激励。因此,在与其他类型权利的同时或接续重叠保护的情形中,决定反不正当竞争法是否可以介入的条件可以限定为该符号利益之上是否具有反不正当竞争法作为激励功能对应的特定法益存在。简言之,虽然其他符号功能体现为权利,反不正当竞争法体现为法益,但在对应关系上并无区别,同样的对应关系也可以适用在反不正当竞争法与知识产权法之间的重叠保护的情形中;只要符号功能具备反不正当竞争法指向的相关法益,反不正当竞争法就可以提供激励。

现代的反不正当竞争法通常都具有保护经营者、消费者和公共利益的多重目标,其所对应的符号功能指向包括市场竞争秩序、消费者权益等法益。与此同时,在排除著作权法保护的同时,不拒绝反不正当竞争法对已经具有一定市场影响力的商誉的设计继续提供保护,并保护外观设计之上所凝聚的企业信用价值。当然,能获得反不正当竞争法保护的保护期届满的外观设计应当满足相关要件,包括满足反不正当竞争法关于“具有一定影响力的商品包装、装潢”的相关构成要件,以及同时不具有功能性的要件。

此外,还可以通过对符号利益已实现范围的排除,来实现反不正当竞争法的补充性。反不正当竞争法在知识产权法中的适用应当遵循的范围界限是其补充性。最高人民法院曾经明确,如果知识产权法已经作出了穷尽性的规定,却继续在反不正当竞争法中寻求额外的保护,就可能会将本应属于公有领域的技术或信息纳入保护范围,从而妨碍创新和竞争自由。① 在可能涉及重叠保护的情形下,反不正当竞争法适用

① 最高人民法院原副院长曹建明《在全国法院知识产权审判工作座谈会上的讲话》(2007年1月18日)。

的补充性可以对已激励的符号范围进行标记:无论是部门法所规定的权利还是反不正当竞争法所保护的法益,都可以统一归类为符号利益;在已经受到激励的符号利益需要额外的激励时,就必须以具备新的符号功能为要素。本书认为,从二者保护的层次来看,反不正当竞争法保护的法益具有宏观的指向,即反不正当竞争法区别于知识产权部门法的独立价值在于其保护的法益还会指向市场竞争秩序;但知识产权是私权,并非所有对私权的侵犯都会同时造成对市场竞争秩序的破坏。因此,反不正当竞争法如果要与知识产权法重叠适用,就必须具备特定的条件,即只有当同一侵权行为侵害了反不正当竞争法价值指向中特殊的法益构成,反不正当竞争法才有了与知识产权部门法重叠保护的正当性。

根据知识产权法对符号利益的调整范式,在同时重叠情形下的考察要点为符号利益的已实现范围,考察标准为同一符号利益是否受到了多次重复的激励。如果同一符号或符号组合已经受到过相应的激励并实现了该符号功能所对应的利益,则应该标记为激励机制的"已实现范围",在没有新增反不正当竞争法对应法益的情况下反不正当竞争法没有适用余地。

2. 以反不正当竞争法保护的法益类型为标准进行综合判断

为了区分反不正当竞争法和知识产权法不同的保护对象,一般将反不正当竞争法的保护对象称为"法益",意即尚未上升到权利的利益。法益是法所保护的利益:所有的法益都是生活利益,是个人的或者社会的共同利益;产生这种利益的不是法秩序,而是生活;但法的保护使生活利益上升为法益。[①] 虽然法益与权利在主体资格要件、法律确认的方式、受保护的程度、裁判的方法等方面都存在较大的区别,但二者均为法律所承认的利益或生活资源,通常被合称为"合法权益"。[②]

---

① [日]大塚仁:《刑法概说:总论》,冯军译,有斐閣1992年版,第83页。转引自曹险峰:《在权利与法益之间——对侵权行为客体的解读》,载《当代法学》2005年第5期。

② 李国英:《知识产权限制的原因诠释》,载《法治现代化研究》2019年第3期。

反不正当竞争法的补充性决定了该法除对部门法已经提供过保护的法益提供补充保护外，对一些尚未上升至权利的法益也会提供保护。这些法益既包括具备符号创生功能的智力成果法益，也包括具备符号指代功能的商业标识法益。对于前者，由于既有部门法中未作规定，那么反不正当竞争法对法律范围外的智力成果法益的保护就不构成符号利益的重复激励，只需注意反不正当竞争法与知识产权部门法之间所提供的激励的区别即可。但对于后者，商业标识法益同商标法保护的目标一致，都是为了防止混淆，维护识别关系；因此，反不正当竞争法对商业标识法益的保护是否会构成重叠保护，可能取决于一国商标法的内容。如果商标法对所有可能导致混淆的符号都进行保护，那么反不正当竞争法继续提供保护就可能造成符号利益的重复激励。

如果从保护符号功能与激励机制对应的角度进行分析，符号的美感功能由著作权法提供激励，以非功能性的表达为主要客体形式；①实用功能由专利法提供激励，以技术方案为主要客体形式；符号的指代功能却不仅由商标法提供激励，反不正当竞争法还为那些未达到商标法要求的发挥着“未注册商标”指代功能的符号提供激励，其对于符号的指代功能已经出现了超过一种激励的方式，有重复激励之嫌。这显然与知识产权法“符号功能”与“激励机制”对应制度设计不符。这种特殊的保护方式也是导致包括商标法和反不正当竞争法在内的商业标识领域纠纷频出的根源所在。② 在未出现反不正当竞争法所保护的特殊符号功能时，如果同一符号价值已经得到实现，那么反不正当竞争法提供的重复激励不仅无必要，还会造成体系混乱。这种重复激励也成为构建一体化的商业标识保护机制的必要性所在。③ 因此，为了避免商标

---

① 李琛教授将著作权法与专利法称是“此表达与彼表达”之间的区别，参见李琛：《树・阳光・二分法》，载《电子知识产权》2005 年第 7 期。

② 这种情况与我国未注册商标的大量存在有关。反不正当竞争法与商标法都对符号指代功能提供保护，在一定程度上是为了保护那些无法获得激励的符号。

③ 王莲峰：《商业标识立法体系化研究》，北京大学出版社 2009 年版，第 114 页。

法与反不正当竞争法重叠保护对符号分配体系造成的不当干扰,应该明确对已实现利益的排除原则,回归"符号功能"与"激励机制"对应制度的初心。

第二节 知识产权重叠保护问题的制度改进

重叠保护问题的本质是对于符号利益的再分配。在不加限制的分配方案下,对已实现的符号利益存在重复激励和过度激励的现象,会干扰知识产权法对符号利益的正常分配范式,影响体系安定和价值目标的实现。因此,需要通过制订新的分配方案来解决这种现象。

为了实现一定的制度目标,社会治理机制提供了多种选择。在市场、立法、行政、司法等多种可选途径中,将系统协调解决重叠保护问题的任务交给谁,除了要结合各种协调方式的特质,还需要以比例原则作为选择的依据,即哪种方式实现目标的成本更低、更具有可行性。如对于只是偶尔才会产生的纠纷,则无须通过立法手段设置或修订规则,事后交由司法机关解决即可;但对一些出现较多的纠纷类型,通过立法事先制定规则的方式便能够以较低的成本批量解决类似的问题。[①] 而且,对于限制重叠保护的任务在立法和司法之间的分配,还需要考察交给谁更能够胜任的问题,毕竟有的任务只能由立法机关完成。

罗斯科·庞德(Rossoe Pound)曾指出关于法院如何处理通过法规手段而带来的法律中的变革问题,人们可以设想出四种不同的方法。

第一,法院可以把它完全纳入法律体系之中。因为它不仅提供了一个应予适用的规则,而且提供了一个推理得以依据的原则;法院还可以认为由于它在当前较为直接地表达了普遍意志,所以对于相同的一

① 参见[日]田村善之、李扬、许清:《"知识创作物未保护领域"之思维模式的陷阱》,载《法学家》2010年第4期。

般问题而言,它要比法官所创设的规则具有更高的权威性。由于它还可以作为类推推理的依据,所以它也优先于法官所创设的规则。

第二,法院可以把它完全纳入那种同任何其他法律规则一样且都可以作为类推推理依据的法律体系之中,但是就相同的一般问题来讲,法院可以把它视为同法官所创设的规则一样,具有相等或同等的权威性。

第三,法院可以拒绝把它完全纳入法律体系之中,而只是直接实施它;法院也可以拒绝将它作为类推推理的依据,但对它作出自由解释,以包括它旨在包括的整个领域。

第四,法院可以拒绝直接使用它或拒绝把它作为推理的依据,还可以在对它进行严格的狭义解释下适用:只适用于那些被它明确指涉的情形。

此外,庞德还勇敢地预言道:“我们已跨入的法律发展进程,一定会使我们采纳第二种假设的方法,并最终会使我们采纳第一种假设的方法。”①

庞德的观点直到今天仍然具有价值。尤其是在面对新的法律问题需要对立法与司法进行任务安排时,便能够发现这是一个循序渐进的过程。在这一过程中,司法先于立法经历了感应法律变革、解释法律以及变通既有规则、创造新规则的过程。“春江水暖鸭先知”,司法是法律的实践,是最先感受到社会变化与现实需求的部门。最终这些经由司法创设、检验的规则会逐步上升、进入立法,这是法律的发展。奥利弗·温德尔·霍姆斯(Oliver Wendell Holmes, Jr.)于1880年提出“经验论”所言的“法律的生命不是逻辑,而是经验。”——这句话并非否定逻辑在法律推理中的作用,而是强调法官在逻辑无能为力时不应被文本所束缚,应该根据变化中的社会生活给予先例以新的生命。

立法和司法在面对新问题时的不同任务以及次序安排一定是先经由司法探索,然后到具备成熟的立法和修法条件时再由立法进行规则

① Pound, *Common Law and Legislation*, Harvard Law Review, Vol. 21, p. 385 - 386(1908).

的确定。本书将沿用这样一种任务分配的方式,即司法先行探索,后续由立法进行规则固定的方式,对于重叠保护问题制度改进的任务分配:首先对司法提出改进的要求,包括恰当的司法价值观、体系化的裁判思路和科学的法律解释方法以改善裁判方法,继而在立法层面进行以制度体系的协调发展为目标的规范修改和确认。

一、以恰当的司法价值观为指引

1. 价值选择对司法的影响

在具体的法律适用中,对于法律事实的选择与对于司法条文的适用都离不开法官的价值判断。不仅法律概念本身就是价值选择的结果,那些客观事实能够上升为被法官采纳的法律事实也是价值判断的结果。在制定法国家,虽然法官无法像普通法法系国家那样通过判例法用自己的价值判断直接影响法律,其更多只能通过"三段论式的演绎推理"去实现立法中的价值观而非个人的价值观;①但司法裁判的过程本身就充满了基于价值选择的事实裁剪,事实判断本身就包含了价值判断。因此,对法官而言,要作出符合当下社会现实的司法判决,价值选择与法律技术缺一不可。将符合时代精神的价值取向通过事实裁剪与法律适用贯彻到判决中,法官本身不仅需要对时代与社会发展具有足够了解,还需要有能力运用法律技术来实现与推进这样的价值。在合理的价值观指引下,法律自身的发展被蕴含于社会发展的脉络中,通过在司法裁判中创造性地适用法律或续造裁判规则,法官成为推动法律成长的重要力量。

法官的价值判断不仅直接影响个案判决,还将影响法官群体共同的价值选择偏好;这种共同的价值选择偏好将在一定程度上转化为类型化案件的规则,这些规则又会进一步强化法官的价值选择。如果这些基于迥异价值取向的裁判规则最终被立法者采纳,则法官的价值选

① 秦策:《法律价值目标的冲突与选择》,载《法律科学(西北政法学院学报)》1998 年第 3 期。

择有可能成为法律制度的一部分。如果在司法判决领域,仅仅关注法律形式的逻辑推理是否严密,而忽视对价值观的讨论,则可能给司法和竞争秩序带来不可避免的负面影响。

在知识产权重叠保护问题的判断和解决中,同样会遇到价值选择的问题。如本书第四章所述,思维定式导致多数支持知识产权重叠保护的裁判与“有付出即有收获”的劳动财产观作为裁判中的主流价值指引具有直接关系。然而,在以创新为主旨的市场竞争中,劳动财产观是否还能构成对竞争行为进行正当性判断的主要标准,是值得商榷的。

2. 应以功利主义作为衡量重叠保护问题的价值选择

价值选择是一个动态的社会历史范畴,并随着法律文明史的演进而呈现多元化和结构化的历史发展轨迹。[①] 不仅不同法律的背后存在作为支撑的不同价值观,而且在社会发展的不同阶段,价值观也会发生相应变化。作为价值观的自然权利与功利主义就在冲突中此消彼长。知识产权制度也经历从最初的以劳动财产观为正当性基础,到逐步选择功利主义的“从权利到功利”的转变。[②]

功利主义和劳动财产观是知识产权领域中比较重要的两种正当性基础。与基于自然主义的劳动财产观不同,源于大卫·休谟(David Hume)和杰里米·边沁(Jeremy Bentham)的功利主义是一种以实际功效或实际利益作为标准的学说。在对一项权益保护与否的判断中,采用经济分析的方式并从社会福利最大化的角度进行衡量构成了其重要方法之一。在具体利益的衡量中,劳动财产观要求保护创造者的劳动成果;而功利主义学说的默认规则不是保护,而是不保护。[③] 约翰·洛克(John Locke)的劳动财产观滥觞于工业革命之前。其通过劳动享有权利的价值理念鼓励了人们对未开发之地的开垦,也为之后知识产权的确立和保护奠定了合法性基础。在其创立之初,“财产权劳动学说很

---

① 秦策:《法律价值目标的冲突与选择》,载《法律科学(西北政法学院学报)》1998 年第 3 期。

② 和育东:《从权利到功利:知识产权扩张的逻辑转换》,载《知识产权》2014 年第 5 期。

③ 崔国斌:《知识产权法官造法批判》,载《中国法学》2006 年第 1 期。

容易获得人们道德上的认同，并往往成为普通劳动者抵制资本力量的思想武器”。① 但社会在发展，彼时作为正当性基础的理论置于今时今日，则需要考察其与社会经济发展的匹配程度。随着社会的发展，单纯依靠劳动和投资来确定权利的推理模式已经导致了知识产权权利边界的模糊和调整客体的非理性扩张，缩小了公有领域的范围，破坏了知识产权权利人与社会公众利益之间基于立法构建的平衡，并引起了学界的批评。②

在未来法治中，当立法成为对社会变化的主动应对方式，类型化的案例和司法解释也会通过积累较快地转化成立法形式。③ 功利主义的价值观在知识产权法的符号利益分配中所起到的指引作用，奠定了知识产权法的二元价值体系，并体现在有限激励原则、比例原则和效率原则以及一系列具体的法律规范中。重叠保护问题作为知识产权法对符号利益分配方案的特殊情形，在对重叠保护状态下的符号利益进行再次分配时，也应遵循功利主义的要求。

简言之，在与重叠保护相关的司法实践中，功利主义才是更为契合的价值选择。在对此类问题的裁判中，应逐步摒弃“有付出即有收获”的劳动财产价值观，转而以功利主义为价值指引，从而在综合评价重叠保护对制度目标和社会发展影响的基础上，合理作出裁判。在对重叠保护问题进行裁判的过程中，功利主义的价值观将有助于落实知识产权制度对符号利益分配的有限激励原则，从而使权利人的利益与符号价值回归到比例原则所要求的对应关系中。与此同时，功利主义的价值观也将通过具体的个案裁判对权利人起到示范与指引作用，引导其放弃“多种权利多重保护”的利益期待，从而削减重叠保护问题给制度

① 易继明：《评财产权劳动学说》，载《法学研究》2000 年第 3 期。

② 如郑成思先生曾明确反对“有价值即有权利”的逻辑，参见郑成思：《民法、民诉法与知识产权法研究》，载《中国工商管理研究》2001 年第 11 期；崔国斌对司法界的自然主义扩张倾向和法官造法的情况予以了批评，参见崔国斌：《知识产权法官造法批判》，载《中国法学》2006 年第 1 期。

③ 梅夏英：《民法权利思维的局限与社会公共维度的解释展开》，载《法学家》2019 年第 1 期。

体系所带来的负面效应。

二、以体系化的裁判思路为方向

体系化的裁判思维是将案件审理中所涉及的相关因素一并加以考量,从而综合做出判断的审理思维。“依法判决”之“法”不是某一个具体的法规,而是整个法律体系。当所谓的合法性与情理相去甚远时,司法者应当不拘法治局部,只有心怀体系关照、探求局部之上的更高法则,才能深得法律的精神,在实践中减少悖谬。[①] 体系化的思维方式不仅对于理论完善具有重要意义,而且对审判实践来说亦能作为重要的思维工具,发挥其说服价值与普及价值的作用,并能在司法实践中帮助裁判者减轻说理与找法的负担,最终促进裁判标准的统一。反之,如果忽视体系化的作用,不仅会造成既有经验的浪费,还容易导致裁判语言与标准的不统一。[②]

体系化的审判思维不仅能够指引裁判者找到处理疑难问题的最优答案,而且对司法自由裁量权的制约也能起到一定的积极作用。因为体系性的思考指向法教义学具有统合法律共同体的功能,有助于在法律职业共同体内部建立一种客观的制约与监督机制;这不仅能够帮助减少对司法裁判中立性的干涉,而且能够控制法官对于司法权力的滥用,从而促使个案的实质化,平衡合乎法治的整体理性之要求。[③]

而且,法律的发展,很大程度上就是在对疑难案件(hard case)中的取舍和价值选择的推动下进行的。[④] 在与重叠保护相关的案件中,如果法官仅从部门法的规定出发,而不对重叠保护问题的本质和法律效果进行思考,就很容易作出支持权利人实现所有类型符号利益的裁判,从而可能导致权利人的权利范围被司法扩大化保护。这种裁判结果的增多不仅可能会破坏权利人与社会公众之间的利益平衡,还可能会给行

---

① 李琛:《知识产权片论》,中国方正出版社2004年版,第157~158页。

② 李琛:《从知识产权司法需求论我国民法典的编纂》,载《法律适用》2016年第12期。

③ 劳东燕:《功能主义刑法解释的体系性控制》,载《清华法学》2020年第2期。

④ Ronald Dworkin, *Hard Case*, Harvard Law Review, Vol. 88, p. 1057(1972).

为人的后续行为带来不恰当的激励作用。如果支持重叠保护的判决日益增多,就会有越来越多的行为人倾向于采用多重保护的方式作为诉讼策略;长此以往,不仅部门法之间的适用边界会日渐模糊,而且会影响制度目标的实现。因此,如果价值选择的恰当性解决的是裁判理念问题,那么,在重叠保护类案件中提倡体系化的审判思维,对于消解目前司法实践中的裁判分歧、维持部门法间调整对象的区隔则具有方法论层面的意义。

实际上,通过对目前反不正当竞争法与知识产权法重叠适用的实证考察可知,体系化的审判思维在商业标识领域的相关案件审判中已经被一些法官自觉地运用。[①] 如在一些案件中,法官会综合考虑同一权利对象受到保护的实际程度;对于那些经过商标法保护就已经足以涵盖权利人损失的情形,则会明确拒绝反不正当竞争法的重复保护。这样的裁判方式就是一种体系化的审判思路。如果将这种思路扩大至其他知识产权部门法和反不正当竞争法的适用范围,就能够实现协调方案中对已实现符号利益的排除,从而避免过度激励和重复激励的情况。

三、以科学的法律解释方法为工具

1. 法律解释的价值与功能

从法律解释的角度观察,知识产权重叠保护问题实际上属于法律制度发展过程中法律未进行规定的“法律沉默之处”。如果说调整范式的确定是一个自上而下的过程,那么,当司法实践过程中遇到了与重叠保护有关的案件事实,则是一个自下而上寻找解释方法的过程。对知识产权重叠保护问题应当采取怎样的评价,是对于法律未加规定的问题进行法律解释的过程。凡是法律未予规定的情形均有两种解释可能:第一,法无规定不可为;第二,法无禁止即可为。如前所述,在我国司法实践中,“法无禁止即可为”的解释方法适用于法律规定的空白之处;在对涉及知识产权重叠保护问题的相关法律规范进行解释时,这种

---

① 北京市高级人民法院行政判决书,(2012)高行终字第1750号。

方式也颇为常见。那么,这种解释方法是否可以在解决知识产权重叠保护问题时适用,从而得出“只要法律没有明文规定禁止,知识产权重叠保护即合理”的结论呢？回答这一问题,首先需要考察这种解释方式是否实现了法律解释所预设的功能。

法律解释有四个方面的基本功能,分别是阐释法律、协调规范、调整规范与社会生活间的关系以及赋予事实以法律意义。① 如果按照“法无禁止即可为”的解释方法,目前司法实践中对重叠保护问题的处理显然并未实现以上四个功能。首先,允许重叠保护的裁判并未解释清楚重叠部分的利益应该如何分配。其次,在允许多项法律对同一符号对象进行重叠保护的情形下,其中一项权利的保护期届满却无法进入公有领域的体系矛盾没有被解决。再次,在“法无禁止即可为”的解释框架下,不仅同一符号是否可以受到不受限制的重叠保护的质疑没有被化解,而且加剧了权利人对多重保护的追求与公有领域维护之间的矛盾。最后,“法无禁止即可为”的解释方案没有对重叠保护进行任何法律评价,从而也就回避了赋予法律意义的机会。

因此,“法无禁止即可为”的解释方式将重叠保护问题遗留在裁判之外而未得到解决。这种实质上的回避态度不仅不能起到释明法律、定分止争的作用,而且破坏了司法的公信力和法律的安定性,也丧失了司法回应现实进而影响法律并促进法律发展的机会。

2. 重叠保护问题需要符合知识产权法的特殊要求

法律是由许多概念、原则、制度所构成的,这些概念、原则、制度是按照一定的逻辑关系构成的完整体系,解释法律条文时必须考虑该条文的位置及其与相关条文之间的逻辑关系。② 卡尔·拉伦茨亦指出,解释规范时亦需考量规范之一脉络、上下关系体系地位以及对该当规整

---

① 法律解释的四种功能,一是对模糊的法律进行阐释以获得清晰的意义,二是协调规范的矛盾与冲突,三是对规范体系稳定性与社会生活变动性之间的矛盾进行协调,四是通过赋予事实以法律意义的方式实现法律对社会关系的调整。参见陈金钊、熊明辉主编:《法律逻辑学》,中国人民大学出版社 2012 年版,第 214 页。

② 梁慧星:《裁判的方法》,法律出版社 2003 年版,第 89 页。

的整体脉络之功能为何。[①] 本书认为,基于知识产权与重叠保护之间的属种关系,对与知识产权重叠保护相关的法律适用和解释问题,也应该立足于知识产权法的解释方法,不能仅仅简单化地适用“法无禁止即可为”的解释方式,而是需要根据法律解释的一般和特殊规则来进行讨论。

知识产权法的解释规则具有特殊性,这是由知识产权本身作为一种法定权利的性质决定的。正如有学者所言,知识产权法本身就是公共政策追求利益平衡的产物,使知识产权法中的许多规则和制度离我们的日常生活经验和常识相去甚远。无形成果的财产权范围并不是通过社会生活和交易习惯自然而然地形成的,而是完全取决于法律规定,它的变化与扩张也需要得到法律的确认。[②] 因此,在对知识产权法中的相关问题进行解释时,也需要以体系解释为首选方式,并在知识产权法的体系范围内进行合乎逻辑的解释。虽然“法无禁止即可为”是民事领域广泛采用的解释方法,但用在知识产权法中,却有可能得出与体系价值追求背道而驰的结果。因此,解释技术应当受到立法语境的制约,法官在进行法律解释时需考虑立法的保护重心,不可一概而论。法律解释是以“法律”为对象的解释。[③] 德国法学家弗里德里希·卡尔·冯·萨维尼认为,法律解释就是解释者将自己置于立法者的立场,重构法律中已有的意义。而这一过程是“一个论辩性的选择和决定过程,这一过程常常需要照顾到不同的相互竞争的目的,原则上要努力在相互竞争的不同利益之间达成让人认为是公正的妥协,并且在这一前提下实现效益的最大化”[④]。

法律解释的方法包括文义解释、体系解释、目的解释、价值解释等。李琛教授曾对著作权新问题的解释方法做过论述,基本框架为“文义优先、价值还原和文本依归”。如在著作权法中,“其他作品”与“其他权

① [德]卡尔·拉伦茨:《法学方法论》,陈爱娥译,商务印书馆2003年版,第316页。
② 王迁:《知识产权法教程》(第6版),中国人民大学出版社2019年版,第2~3页。
③ 李琛:《知识产权片论》,中国方正出版社2004年版,第188~189页。
④ [德]齐佩利乌斯:《法学方法论》,金振豹译,法律出版社2010年版,第85页。

利”的解释原则就存在差异。前者列举的作品类型是示例性的，只要符合相关要件，即便未被既有示例所涵盖，也可用法律解释的方法将其囊括进“其他作品”的范围内。而后者的列举则不是示例性的，不能不加区分地采用与前者相同的解释方法。当出现所谓“空缺”的时候，我们不能当然地解读成疏漏，因为作品上的利益本来就不是当然地成为权利。我们首先应该把权利的范围理解成是一个社会契约，是立法者有意为之的，他划定了私权和公有领域的界限。[①] 因此，在针对不同问题类型的法律解释过程中，不应简单化地采用同一解释方法应对不同的问题类型，而是应当以问题类型为标准，选择合适的解释方法。

本书认为，知识产权法的解释方式选择也应该围绕知识产权的特殊性展开。法律的适用实际上是将其所固定的价值具体化与实践的过程。在法律没有明确规定的情况下，对知识产权重叠保护采取怎样的解释方法，应该取决于作为主方案的知识产权法的解释方法；对重叠部分的符号利益不能作出一般解释，而应该与主方案的解释方式相协调，从属于主方案。

具体到重叠保护问题中，应结合知识产权法的立法目的和立法语境来作为选择解释方法的标准，几种解释方法应当灵活、综合运用，尤其应当采用目的解释和体系解释的方法。目的解释，就是要尽量满足知识产权各部门法所规定的立法目的，以达致部门法的立法目的为解释和裁判的宗旨；但在各部门法之间的立法目的并不是完全一致的前提下，就需要参照体系解释的方法，将不同部门法之间有差异的立法目的与知识产权法的立法目的加以综合考量，进行体系解释，并以实现知识产权法的立法目的作为最终的价值目标。这种结合知识产权法特殊性以及将价值目标的实现与否作为最终考量的方式，也是本书所谓“价值回归”的含义所在。

---

① 参见李琛：《应对著作权新问题的解释方法》，2017 年 12 月 16 日 AIPPI 中国分会版权热点论坛演讲。

四、以制度体系的协调发展为目标

在一些案件中，修改法律是最有效的解决方式。[①] 经过司法的探索，体系协调发展的最终目标需要立法的调整来实现。在不同类型的重叠保护问题中，一些类别的重叠保护问题可以通过在司法裁判中运用恰当的价值观引导、以体系化的裁判方式和科学的法律解释方法加以避免，但还有一些重叠保护问题却是由于知识产权部门法的制度功能与制度设置存在错位而导致的，如由外观设计引发的重叠保护问题便是其中较为典型的例子。

在司法实践中，许多著作权与专利权重叠保护的问题都是由于外观设计虽然在专利法体系中，但又都与著作权保护美感的功能重合造成的。并且立法模式可能导致了法律适用中的问题。如在“淘米诉特普丽著作权纠纷案”[②]中，法院在判决中针对专利法中“以技术公开换市场”的立法本意进行了阐释，其认为“专利权终止后，权利客体进入公有领域的规则应该主要适用于发明专利和实用新型专利”，言下之意为外观设计并不适用于该项规定。可见，法院认为外观设计虽然在专利法的体系之内，但其权利对象的性质与发明和实用新型这两类专利存在较大差异。

外观设计作为一种新设计，同作品一样，其属于表达，而非技术方案。这一表达的构成要素包括形状、图案以及色彩等；所要表达的思想

---

① E. Derclaye & M. Leistner, *Intellectual Property Overlaps: A European Perspective*, Hart, 2011, p. 311.

② 原告申请了壁纸的外观设计专利，纠纷发生时该外观设计专利已过保护期，被告未经许可生产、销售了和原告壁纸图案相同的壁纸，原告起诉认为虽然其专利权已终止，但壁纸属于美术作品，应当受到著作权法保护，被告构成侵权。被告则认为专利权已经终止，公众即有理由相信该外观设计进入了公有领域，是公共财富，不构成侵权。该院认为，专利权终止后，权利客体进入公有领域，公众可以自由使用，这一规则应该主要适用于我国《专利法》规定的发明专利和实用新型专利，因为这两种专利权的客体都是供工业应用的技术方案，一般不属于文学、艺术或科学作品，不会获得专利权以外的其他民事权利，故在其专利权终止后，就成为公众可以自由使用的公共资源。二审法院维持了一审法院关于专利权与著作权累积重叠保护的判决。一审：常州市中级人民法院民事判决书，(2014)常知民初字第85号，二审：江苏省高级人民法院民事判决书，(2015)苏知民终字第00037号。

是该特定产品的美感。美感就是其表达。[①] 在外观设计中，因符号所具有的功能既能满足专利法关于美化产品的需要，也有可能因其艺术性满足著作权法关于符号美感的功能，因此对于美感功能的保护可能会导致重叠保护现象的产生。从符号功能与激励机制的对应关系中也能够发现，外观设计的美感功能与专利法的激励机制之间存在对应关系的不协调问题，这种不协调反映在对符号利益的调整中，必然会导致与同样激励美感功能的著作权法产生交叉和重叠的问题。

历史地看，将外观设计与发明、实用新型合并于一部法律中，始于作为现代专利法雏形的《暂行工艺品奖励章程》，形成于1944年的《中华民国专利法》。1984年，立法者选择将外观设计制度纳入专利法源自立法的便利选择。正是特殊的立法背景导致了外观设计的本质特征与专利权不一致，“外观设计在专利法中处于十分尴尬的地位”[②]。如前所述，在外观设计的立法过程中充满了偶然性的非法律因素，如前所述，在外观设计立法过程中充满了偶然性的非法律因素，出于一次性通过三种专利的立法效率考虑，发明、实用新型与外观设计被同时规定在了专利法中，这也在客观上造成了外观设计与著作权法之间的重叠保护问题。由于立法原因导致的外观设计引发重叠保护问题也只能寄希望于未来通过修法的方式予以完善，但在2020年10月17日通过，2021年6月1日起施行的《专利法》仍然维持了既往的立法设定。因此，立法原因导致的外观设计所引发的重叠保护问题，只能寄希望于未来通过修法的方式予以完善。

对外观设计的立法调整可以采取两种方案。一种是外观设计单独立法，在日本、澳大利亚等多个国家，其对外观设计的保护采取单独立法的形式以区别于发明和实用新型。从国际角度观察，单独立法代表了主流趋势。另一种是将外观设计对美感的保护功能由著作权法吸收。这样对于外观设计的保护就与著作权保护水平一致，无论选择哪

---

① 郭禾：《外观设计与专利法的分野》，载《知识产权》2015年第4期。

② 张鹏：《外观设计单独立法论》，载《知识产权》2018年第6期。

一种方式的保护,其效果都相同,不会出现由于外观设计的保护期限短,而寻求著作权保护的情况。如软件的著作权保护,较之专利权的保护期限,著作权对权利的保护时间更长,因此没有出现类似问题。

我国有学者认为,在同一部法律中由于分别调整性质不同的两类对象、适用不同的判断标准,从而导致法律实施中产生了一些不协调的问题。不仅外观设计的授权标准、侵权判断与发明或实用新型专利的技术方案完全不同,而且在创造的过程中,其行为模式、所遵循的理念也完全不同。外观设计制度的最佳立法模式是单独立法。作为一种过渡方式,其可以先在专利法中独立设编,以便今后制定专门法。[①] 本书认同这种观点。

综上所述,在立法与司法的分工中,司法的改进一定是先于立法和修法的,而在司法实践已经积累了足够经验的基础之上,立法和修法则可以从根本上解决制度体系中的矛盾之处,为法律制度更好地运行并实现预设制度的目标创造条件。为妥善解决重叠保护问题对知识产权法律制度带来的体系冲击,未来在立法层面应以制度体系的协调发展为目标,通过在法律交叉领域设立限制性条款、修改保护功能重叠的部门法以及建立知识产权部门法协调机制等方式,逐步消除由于立法导致的体系冲突,从而建立体系协调、价值融贯的知识产权法律体系,为实现知识产权制度对符号利益的科学调整和资源配置奠定良好的制度基础。

五、结论

博登海默教授曾指出,"法律是一种秩序与正义的综合体,旨在创设一种正义的社会秩序"[②]。正义包含着社会和人类发展所追求的自由、平等、安全等多种价值,而秩序则以合理健全的法律规范制度为必要条件。于是,正义价值与秩序价值便成为考察法律领域新问题的标

---

① 郭禾:《外观设计与专利法的分野》,载《知识产权》2015 年第 4 期。

② [美]E. 博登海默:《法理学:法律哲学与法律方法》,邓正来译,中国政法大学出版社 1999 年版,第 319 页。

尺，但是被纳入法律系统内部的新的制度安排不仅应满足法律对社会价值追求的应对与引导，也需要合乎法律自身作为制度规范的体系化要求。[①] 同样地，作为法律运行中出现的新问题，对重叠保护问题的考察也应该符合由价值与秩序构成的体系要求。

秩序演化为规则与原则构成的秩序实体——制度层面上，它们是具有内在运行机制和体系要求的有机体。价值层面上，它们在具有应变性的同时又保持自身作为一个体系的能动性。完美的体系在将价值具体化为秩序的过程中，会将价值目标尽量纳入体系细胞的 DNA 之中，从概念构成到规则与原则，无不具备体系所赋予它们的价值基因。之所以称法律制度为有机体，是因为它们会根据社会的变化吐故纳新，自身进行调整与发展。在体系自我更新的视角下，法律的生命力体现在法律体系并非只能根据社会的发展被动应对，而是会根据自身的一套“纳新”的方式对社会的发展变化予以消化。

然而，应然的体系设计只存在于理论设想中，面对迅速发展的社会实际与层出不穷的新问题，法律体系在调整过程中需要不断地面对体系融贯性和法律能动性之间的矛盾与挑战，以保持在吐故纳新过程中的动态平衡。因此，在面对新问题时就需要从价值与秩序两方面加以检视，消除在“纳新”过程中出现的体系矛盾，保证体系运行良好，功能发挥正常。就本书所论述的知识产权重叠保护问题而言，虽然知识产权的现有制度并未对重叠保护问题进行明确的规定，但是如果对既有规则进行原理的回溯，回到制度设置的初衷便能发现，新技术的出现只是改变了适用条件，并没有改变原理。现有的具体规则也许不能直接适用于新的情形，但其原理是相通的。[②] 知识产权重叠保护所涉及的问题，并未超出知识产权的既有理论框架。

本书对于重叠保护问题的研究，也建立在由知识产权法的价值与秩序所构建的体系要求下，并以知识产权制度对符号利益的分配范式

---

① 郝思洋：《个人信息权确立的双重价值——兼评〈民法总则〉第 111 条》，载《河北法学》2017 年第 10 期。

② 李琛：《论人工智能的法学分析方法——以著作权为例》，载《知识产权》2019 年第 7 期。

为理论基础。通过“价值还原”和“体系回归”的方式,界定知识产权重叠保护的概念和本质,并将知识产权法的制度体系具体化为“规则—原则—价值”所构成的检视标尺,以对重叠保护所带来的法律效果进行逐一考察。通过把知识产权法对符号利益的调整范式中的权利客体、符号功能、激励机制、权利行为等要素整合起来,从而建立以符号功能与激励机制对应关系为基础的协调方案。这种对于重叠保护问题进行考察和评价的方式,实际上是一种体系化的方式,是将重叠保护问题作为“特殊”而去向知识产权法的“一般”寻求答案。这种分析方法本身也是体系性思维方式的要求。因为体系性思维的基本要求是融贯性。其不仅指向逻辑上的无矛盾,而且指向内在价值评价上的无矛盾。① 本书对重叠保护问题协调方案的规划,就是为了消除由于重叠保护带来的价值和体系之中的冲突和矛盾。

对于知识产权未来的发展趋势,有学者曾作过如下预测:“知识产权会继续以对象形态为统合基础,只要是符号表达上产生的市场利益,都会纳入知识产权法调整,无论该符号表达是否属于创造性成果。”②当新的符号利益源源不断地进入知识产权法律体系之内,不仅与之相关的重叠保护问题会相应地增加,而且与符号利益分配的其他类型问题也会不可避免地日渐增多。当共享经济与大数据技术就已经在很大程度上改变了知识成果创造、传播、实施、获利的方式时,在新的经济语境中,肇始于工业革命时期的知识产权制度应如何应对不断出现的新问题?通过怎样的协调才能实现制度“初心”?问题的答案便是面对新问题时,应尽量采用体系化的界定、考察与评价方式,并将新问题纳入既有体系中去寻找解决方案。

本书对于重叠保护问题的分析路径,其实是对这种问题分析范式的实践:将所有符合知识产权法规定的符号利益分配问题,都置于知识产权法对符号利益的分配范式之下。无论是重叠保护问题抑或是其他

① 劳东燕:《功能主义刑法解释的体系性控制》,载《清华法学》2020年第2期。
② 李琛:《知识产权法基本功能之重解》,载《知识产权》2014年第7期。

可能出现的与符号利益相关的新问题，都可以采用同样的方式进行界定评价与考察。在这一意义上，本书的论证过程与其说是在为知识产权重叠保护问题寻找答案，毋宁说是在对一种体系化的思维方式和分析范式的应用与验证。如果这种体系化问题的分析范式能够得到知识产权法律共同体的认同，尤其是得到不断面对新问题挑战的实务中的认同，那么理论研究与司法实践必将对知识产权法教义学的构建有所助益。[①]

在本书看来，体系化与法教义学是一脉相承的。法教义学是包含价值原则和规则的统一整体，是由体系考察视角构成的检视标尺，本质上就是一种法教义学标准，是法律共同体应对新问题时的应然的问题解释和检视的标准，是一套解释外部世界的内部自洽方案。知识产权法所调整的对象形态决定了知识产权法律体系必须以应对新技术的冲击为常态，也决定了构建知识产权法教义学，建立体系对于新问题的界定、检视、解释和接纳的规则，提升体系对新问题的处理能力，这不仅合理而且迫切。“借助这套方法，我们可以尝试在法源中寻找规范之间的关联，以及评价一致的线索，而不至于在个案中陷入困斗决疑。”

例如，在数据作为生产要素的价值被逐渐确认时，以数据为形式的无形财产应该被知识产权法律体系接纳吗？[②] 在探索个人信息保护的路径过程中，个人信息权与知识产权的权利特征存在相似性为二者的比较研究提供了可能性。[③] 那么，既有的知识产权客体是否能够容纳更多新类型的对象？如果将知识产权的客体拓展至以信息为表现形式的权利对象，那么知识产权现有的法律制度能否承担信息类要素市场化配置的功能？与个人信息权益类型需要在民法体系内找寻自身位置相类似，任何一项新的权利想要被确认，使某种特定利益实现“从权益到

---

① 参见宋鱼水、冯刚、张玲玲：《文艺作品侵权判定的司法标准》，北京大学出版社2018年版，“序言”。

② 郝思洋：《知识产权视域下“数据信息”的时代发展》，载《科学经济社会》2018年第1期。

③ 郝思洋：《大数据时代个人信息保护的路径探索》，载《北京邮电大学学报（社会科学版）》2016年第5期。

权利”的跨越，还需要从现有法律体系内部寻找相对应的体系支撑，以论证该项权利得以成立，而这正是法教义学所要做的工作之一。[①]

“只要一门科学分支能提出大量的问题，它就充满着生命力，而问题缺乏则预示着独立发展的衰亡和终止”。[②] 与民法相比，作为一门年轻的学科，知识产权制度的体系化是一个逐步推进，接近完美的过程，在这一过程中，不断有新的问题需要被面对，被体系消化继而容纳。这是一个循环往复的过程，也是法律自我进化的方式。如果知识产权法希望逐步走上体系化的道路，就必须发展出符合知识产权法制度特征的法教义学，建立一种对新的符号利益进行调整和评价的规范。这一规范的形成既需要理论研究中对基础理论和体系研究的回归，也需要司法实践当中建立体系化的审判思维，通过在案件裁判中贯彻由体系所固定的价值指引，从而避免个案审判中的自说自话。只有在理论和司法实践的共同努力下，才能够使知识产权法薄弱的理论基础逐渐夯实，并逐步增强对符号利益调整的科学性，从而实现促进社会发展和制度自身发展共同进步的目的。也只有在制度的应变性和体系化过程中平衡发展，才能使知识产权制度与日新月异的社会发展共同成长，并逐步发展为价值融贯、制度协调、体系科学、法教义学不断完备的，具有蓬勃生命力的法律体系。

---

① 郝思洋:《个人信息权确立的双重价值——兼评〈民法总则〉第111条》,载《河北法学》2017年第10期。

② 金海军:《知识产权的界线划在哪里——〈知识产权法的经济结构〉再读记》,载《电子知识产权》2005年第12期。

参 考 文 献

一、中文著作

1. [美]E. 博登海默:《法理学:法律哲学与法律方法》,邓正来译,中国政法大学出版社 1999 年版。

2. [美]罗伯特·P. 莫杰思:《知识产权正当性解释》,金海军、史兆欢、寇海侠译,商务印书馆 2019 年版。

3. [美]伯纳德·施瓦茨:《美国法律史》,王军等译,中国政法大学出版社 1997 年版。

4. [美]汉斯·凯尔森:《国际法原理》,王铁崖译,华夏出版社 1989 年版。

5. [美]威廉·M. 兰德斯、[美]理查德·A. 波斯纳:《知识产权法的经济结构》,金海军译,北京大学出版社 2016 年版。

6. [美]理查德·A. 波斯纳:《法理学问题》,苏力译,中国政法大学出版社 2002 年版。

7. [美]劳伦斯·弗里德曼:《法律制度》,李琼英、林欣译,中国政法大学出版社 1994 年版。

8. [澳]彼得·德霍斯:《知识财产法哲学》,周林译,商务印书馆 2017 年版。

9. [澳]布拉德·谢尔曼、[英]莱昂内尔·本特利:《现代知识产权法的演进:英国的历程(1760 –

1911)》,金海军译,北京大学出版社 2006 年版。

10. [德]齐佩利乌斯:《法学方法论》,金振豹译,法律出版社 2009 年版。

11. [德]伯恩·魏德士:《法理学》,丁晓春、吴越译,法律出版社 2003 年版。

12. [德]亚图·考夫曼:《类推与"事物本质"——兼论类型理论》,吴从周译,台北,学林文化事业有限公司 1999 年版。

13. [英]A. J. M. 米尔恩:《人的权利与人的多样性——人权哲学》,夏勇、张志铭译,中国大百科全书出版社 1995 年版。

14. [法]克洛德·马苏耶:《保护文学和艺术作品伯尔尼公约(1971 年巴黎文本)指南》,刘波林译,中国人民大学出版社 2002 年版。

15. [日]中山信弘:《多媒体与著作权》,张玉瑞译,专利文献出版社 1997 年版。

16. [日]田村善之:《田村善之论知识产权》,李扬等译,中国人民大学出版社 2013 年版。

17. [日]田村善之:《日本知识产权法》,周超、李雨峰、李希同译,知识产权出版社 2011 年版。

18. [日]大村敦志等:《民法研究指引》,徐浩等译,北京大学出版社 2018 年版。

19. 王莲峰:《商业标识立法体系化研究》,北京大学出版社 2009 年版。

20. 梁慧星:《民法总论》,法律出版社 2001 年版。

21. 龙卫球:《民法总论》,中国法制出版社 2001 年版。

22. 佟柔主编:《中国民法学·民法总则》,中国人民公安大学出版社 1990 年版。

23. 王泽鉴:《民法总则》,北京大学出版社 2009 年版。

24. 彭万林主编:《民法学》,中国政法大学出版社 2002 年版。

25. 张文显:《法哲学范畴研究》,中国政法大学出版社 2001 年版。

26. 李锡鹤:《民法原理论稿》,法律出版社 2012 年版。

27. 王利明等:《民法新论》,中国政法大学出版社 1988 年版。

28. 魏振瀛主编:《民法学》,北京大学出版社 2000 年版。

29. 黄茂荣:《法学方法与现代民法》,法律出版社 2007 年版。

30. 李宜琛:《民法总则》,中国方正出版社 2004 年版。

31. 张俊浩:《民法学原理》,中国政法大学出版社 1997 年版。

32. 王利明:《违约责任论》,中国政法大学出版社 1996 年版。

33. 郑成思:《知识产权文丛》,中国政法大学出版社 2000 年版。

34. 沈宗灵:《法理学》,高等教育出版社 1994 年版。

35. 孙国华、朱景文主编:《法理学》,中国人民大学出版社 2015 年版。

36. 郑成良主编:《现代法理学》,吉林大学出版社 1999 年版。

37. 陈金钊、熊明辉主编:《法律逻辑学》,中国人民大学出版社 2012 年版。

38. 雍琦:《法律逻辑学》,法律出版社 2004 年版。

39. 张平华:《私法视野里的权利冲突导论》,科学出版社 2008 年版。

40. 杨雄文编著:《知识产权法总论》,华南理工大学出版社 2013 年版。

41. 郑成思:《知识产权论》,法律出版社 1998 年版。

42. 李琛:《论知识产权法的体系化》,北京大学出版社 2005 年版。

43. 李琛:《知识产权片论》,中国方正出版社 2004 年版。

44. 刘孔中:《解构知识产权法与竞争法的冲突与调和》,中国法制出版社 2015 年版。

45. 刘孔中:《比较商标法》,台北,新学林出版股份有限公司 2014 年版。

46. 刘孔中:《著名标章及相关表征保护之研究》,台北,联经出版事业股份有限公司 2002 年版。

47. 张广良主编:《外观设计的司法保护》,法律出版社 2008 年版。

48. 谢湘辉:《知识产权权利冲突理论与案例分析》,法律出版社

2015 年版。

49. 王迁:《知识产权法教程》,中国人民大学出版社 2019 年版。

50. 沈志先:《知识产权审判精要》,法律出版社 2010 年版。

51. 汪泽:《中国商标法律现代化——理论、制度与实践》,中国工商出版社 2017 年版。

52. 孔祥俊:《商标与不正当竞争法原理和判例》,法律出版社 2009 年版。

53. 谢晓尧:《在经验与制度之间:不正当竞争司法案例类型化研究》,法律出版社 2010 年版。

54. 南振兴、刘春霖:《知识产权学术前沿问题研究》,中国书籍出版社 2003 年版。

55. 姜丹明主编:《知识产权损害赔偿》,人民法院出版社 2000 年版。

56. 吴汉东、胡开忠等:《走向知识经济时代的知识产权法》,法律出版社 2002 年版。

57. 刘宁:《知识产权若干理论热点问题探讨》,中国检察出版社 2007 年版。

58. 何志鹏:《权利基本理论:反思与构建》,北京大学出版社 2012 年版。

59. 顾培东:《社会冲突与诉讼机制》,法律出版社 2004 年版。

60. 冯晓青:《论知识产权权利重叠、权利冲突及其解决》,载郑胜利主编:《北大知识产权评论》第 1 卷,法律出版社 2002 年版。

61. 陆小华:《信息财产权——民法视角中的新财富保护模式》,法律出版社 2009 年版。

62. 朱理:《著作权的边界——信息社会著作权的限制与例外研究》,北京大学出版社 2011 年版。

63. 郭禾等:《专利权滥用的法律规制》,载国家知识产权局条法司编:《〈专利法〉及〈专利法实施细则〉第三次修改专题研究报告》,知识产权出版社 2006 年版。

64. 赵元果编著:《中国专利法的孕育与诞生》,知识产权出版社2003年版。

65. 卢海君:《版权客体论》,知识产权出版社2014年版。

66. 李琛:《知识产权片论》,中国方正出版社2004年版。

67. 宋鱼水、冯刚、张玲玲:《文艺作品侵权判定的司法标准》,北京大学出版社2018年版。

68. 周林主编:《知识产权案件的审理与裁判》,中国人民公安大学出版社1979年版。

69. 金长荣主编、上海市高级人民法院民三庭编:《知识产权案例精选(2003－2004)》,知识产权出版社2006年版。

70. 张鲁民主编、北京市高级人民法院民三庭编:《北京知识产权审判年鉴》,知识产权出版社2005年版。

71. 刘德权总主编、王松卷主编:《最高人民法院司法观点集成(知识产权卷)》,中国法制出版社2017年版。

二、中文论文

1. 蔡丹琪:《论失效外观设计专利的著作权保护》,载《学理论》2019年第3期。

2. 陈爱碧:《著作权重复转让中的权属认定》,载《知识产权》2017年第9期。

3. 曹险峰:《在权利与法益之间——对侵权行为客体的解读》,载《当代法学》2005年第5期。

4. 曹新明:《论知识产权冲突协调原则》,载《法学研究》1999年第3期。

5. 陈默:《论卡通角色权利重叠保护的边界》,载《河南大学学报(社会科学版)》2013年第4期。

6. 程啸:《论不动产登记簿公信力与动产善意取得的区分》,载《中外法学》2010年第4期。

7. 迟少杰:《商标许可合同是否备案不应影响被许可方应享有的权

利》,载《中国专利与商标》2005 年第 4 期。

8. 崔国斌:《知识产权确权模式选择理论》,载《中外法学》2014 年第 2 期。

9. 崔国斌:《知识产权法官造法批判》,载《中国法学》2006 年第 1 期。

10. 邓志红、余翔:《再论知识产权的性质——一种权利结构的视角》,载《知识产权》2018 年第 2 期。

11. 范忠信、侯猛:《法律冲突问题的法理认识》,载《江苏社会科学》2000 年第 4 期。

12. 冯刚:《〈最高人民法院关于审理买卖合同纠纷案件适用法律问题的解释〉对著作权重复转移行为的适用》,载《法律适用》2015 年第 11 期。

13. 付继存:《著作权绝对主义之反思》,载《河北法学》2017 年第 7 期。

14. 高丽红、葛钊含:《知识产权权利冲突刍议》,载《河北师范大学学报(哲学社会科学版)》2002 年第 4 期。

15. 关永红:《论知识产权控制效力作用范围的扩张与限制》,载《学术研究》2013 年第 3 期。

16. 郭禾:《外观设计与专利法的分野》,载《知识产权》2015 年第 4 期。

17. 郭禾:《关于滥用知识产权问题的法律逻辑推演》,载《知识产权》2013 年第 5 期。

18. 郝思洋:《知识产权视角下数据财产的制度选项》,载《知识产权》2019 年第 9 期。

19. 郝思洋:《知识产权视域下"数据信息"的时代发展》,载《科学·经济·社会》2018 年第 1 期。

20. 郝思洋:《个人信息权确立的双重价值——兼评〈民法总则〉第 111 条》,载《河北法学》2017 年第 10 期。

21. 郝思洋:《大数据时代个人信息保护的路径探索》,载《北京邮电大学学报(社会科学版)》2016 年第 5 期。

22. 何鹏:《漫谈知识产权的权利边界:缺乏目的性变形的使用权能》,载《知识产权》2018 年第 6 期。

23. 和育东:《从权利到功利:知识产权扩张的逻辑转换》,载《知识产权》2014 年第 5 期。

24. 黄炜、孙晓芳:《商标使用许可中的备案制度》,载《中华商标》2005 年第 5 期。

25. 蒋舸:《著作权法与专利法中“惩罚性赔偿”之非惩罚性》,载《法学研究》2015 年第 6 期。

26. 金海军:《知识产权的界线划哪里——〈知识产权法的经济结构〉再读记》,载《电子知识产权》2005 年第 12 期。

27. 孔祥俊:《商业标识权利冲突司法处理的逻辑标准与政策标准》,载《清华法学》2007 年第 2 期。

28. 劳东燕:《功能主义刑法解释的体系性控制》,载《清华法学》2020 年第 2 期。

29. 李国英:《知识产权限制的原因诠释》,载《法治现代化研究》2019 年第 3 期。

30. 李琛:《论人工智能的法学分析方法——以著作权为例》,载《知识产权》2019 年第 7 期。

31. 李琛:《从知识产权司法需求论我国民法典的编纂》,载《法律适用》2016 年第 12 期。

32. 李琛:《知识产权法基本功能之重解》,载《知识产权》2014 年第 7 期。

33. 李琛:《商标权救济与符号圈地》,载《河南社会科学》2006 年第 1 期。

34. 李琛:《树 · 阳光 · 二分法》,载《电子知识产权》2005 年第 7 期。

35. 李可:《原则和规则的若干问题》,载《法学研究》2001 年第 5 期。

36. 李小武:《回到外观设计保护制度的起点——从 GUI 的保护谈起》,载《清华法学》2012 年第 5 期。

37. 李雅琴:《实用艺术作品的著作权适格性问题研究——兼论我国〈著作权法〉的修改》,载《湖北社会科学》2013 年第 8 期。

38. 李扬:《商标法中在先权利的知识产权法解释》,载《法律科学》2006 年第 5 期。

39. 李永明、张振杰:《知识产权权利竞合研究》,载《法学研究》2001 年第 2 期。

40. 梁慧星:《电视节目预告表的法律保护与利益衡量》,载《法学研究》1995 年第 2 期。

41. 梁迎修:《权利冲突的司法化解》,载《法学研究》2014 年第 2 期。

42. 梁志文:《论版权法上的功能性原则》,载《法学》2019 年第 7 期。

43. 梁志文:《论知识产权规范竞合及其解决路径——兼评最高人民法院的一则解释》,载《法商研究》2006 年第 2 期。

44. 凌宗亮:《商标使用许可备案的对抗效力——兼谈新〈商标法〉第四十三条第三款的理解与适用》,载《中华商标》2014 年第 6 期。

45. 刘期家:《商标权概念的反思与重构》,载《知识产权》2009 年第 4 期。

46. 刘威:《权利冲突探析——兼与郝铁川先生商榷》,载《上海政法学院学报》2005 年第 3 期。

47. 刘晓霞:《权利冲突的产生和化解的法理思考》,载《社会纵横》2003 年第 4 期。

48. 刘作翔:《权利冲突:一个应该值得重视的法律现象》,载《浙江社会科学》2002 年第 3 期。

49. 刘作翔:《权利冲突的几个理论问题》,载《中国法学》2002 年第 2 期。

50. 卢海君:《著作权法语境中的"创作高度"批判》,载《社会科学》

2017 年第 8 期。

51. 吕炳斌:《实用艺术作品可版权性的理论逻辑》,载《比较法研究》2014 年第 3 期。

52. 梅夏英:《民法权利思维的局限与社会公共维度的解释展开》,载《法学家》2019 年第 1 期。

53. 欧修平:《知识产权权利冲突与司法衡平以商标为中心的考察》,西南政法大学 2006 年博士学位论文。

54. 潘奇志:《著作权重复转让与重复授权纠纷的解决》,载《人民司法》2009 年第 24 期。

55. 裴志红、武树辰:《完善我国专利许可备案程序的法律思考》,载《中国发明与专利》2012 年第 5 期。

56. 钱翠华:《失效的外观设计专利不再受著作权法保护》,载《人民司法》2009 年第 14 期。

57. 秦策:《法律价值目标的冲突与选择》,载《法律科学》1998 年第 3 期。

58. 邱永清:《专利许可合同登记制度之型构——以登记功能为基点的分析》,载《法律适用》2007 年第 9 期。

59. 苏力:《〈秋菊打官司〉案、邱氏鼠药和言论自由》,载《法学研究》1996 年第 3 期。

60. 孙万胜:《司法视野中的纠纷》,载《当代法学》2001 年第 6 期。

61. 谭华霖:《知识产权权利冲突之命题解构》,载《知识产权》2012 年第 7 期。

62. [日]田村善之、李扬、许清:《“知识创作物未保护领域”之思维模式的陷阱》,载《法学家》2010 年第 4 期。

63. 汪晓华:《论著作权转让变动模式》,载《青岛农业大学学报(社会科学版)》2011 年第 3 期。

64. 王克金:《权利冲突论——一个法律实证主义的分析》,载《法制与社会发展》2004 年第 2 期。

65. 王启富、马志刚:《权利的成本效益分析》,载《政法论坛》1999

年第 4 期。

66. 王太平、杨峰:《知识产权法中的公共领域》,载《法学研究》2008 年第 1 期。

67. 魏丽丽:《论实用艺术作品的著作权保护》,载《行政与法》2007 年第 2 期。

68. 魏小毛:《知识产权权利冲突是一场误会?》,载《中国知识产权报》2006 年 4 月 21 日,第 12 版。

69. 吴晓梅:《实用艺术作品的界定及保护》,载《人民司法》2005 年第 4 期。

70. 谢晓尧:《论反不正当竞争法对知识产权的保护》,载《中山大学学报(社会科学版)》2006 年第 3 期。

71. 谢晓尧、吴楚敏:《转换的范式:反思知识产权理论》,载《知识产权》2016 年第 7 期。

72. 熊静波:《真实世界中的权利冲突》,载《时代法学》2004 年第 3 期。

73. 熊琦:《中国著作权法立法论与解释论》,载《知识产权》2019 年第 4 期。

74. 徐棣枫、邱奎霜:《实用艺术作品双重保护问题及裁判路径探讨》,载《知识产权》2016 年第 12 期。

75. 徐晓雁、张鹏:《外观设计专利权的扩张与限缩——以外观设计专利权与其他知识产权的边界为视角》,载《科技与法律》2014 年第 4 期。

76. 徐翠:《重复授权情况下如何确定继受权利人——〈别说我的眼泪你无所谓〉词曲著作权重复授权纠纷案评析》,载《科技与法律》2011 年第 3 期。

77. 易继明:《评财产权劳动学说》,载《法学研究》2000 年第 3 期。

78. 尹奎杰:《权利思维方式论》,载《法制与社会发展》2004 年第 1 期。

79. 袁博、袁茂荣:《外观设计专利失效导致其他权利受限吗》,载

《检察日报》2014 年 6 月 18 日,第 3 版。

80. 袁博:《论“商标版权化保护”的正当性与标准》,载《中国知识产权》2014 年第 89 期。

81. 张诚:《注册商标使用许可合同备案的对抗力》,载《中华商标》2006 年第 12 期。

82. 张冬梅:《著作权重复转移纠纷案件审理中的疑难问题》,载《人民司法》2009 年第 9 期。

83. 张鹏:《外观设计单独立法论》,载《知识产权》2018 年第 6 期。

84. 张平华:《权利冲突是伪问题吗?——与郝铁川教授商榷》,载《法学论坛》2006 年第 1 期。

85. 张伟君:《实用艺术作品著作权法保护与外观设计专利法保护的协调》,载《知识产权》2013 年第 9 期。

86. 张翔:《基本权利冲突的规范结构与解决模式》,载《法商研究》2006 年第 4 期。

87. 郑成思:《私权、知识产权与物权的权利限制》,载《法学》2004 年第 9 期。

88. 周详:《知识产权权利冲突若干问题研究》,载《电子知识产权》2004 年第 7 期。

89. 周翔:《论实用艺术品的法律保护——兼评实用艺术品著作权与外观设计专利权的关系》,载《法制与社会》2009 年第 9 期。

90. 朱冬:《知识产权的私权形式与工具本质》,载《贵州师范大学学报(社会科学版)》2018 年第 3 期。

91. 朱国栋:《专利权与商标权的重叠保护问题研究》,载《中国知识产权》2018 年第 136 期。

92. 朱楠:《从权利对象和权利客体之别析外观设计专利权和版权的保护》,载《北方法学》2016 年第 5 期。

93. 资琳:《数字时代知识产权与新兴权利的法理论证——“知识产权与相关权利的法理”学术研讨会暨“法理研究行动计划”第八次例会述评》,载《法制与社会发展》2019 年第 5 期。

三、英文著作

1. Estelle Derclaye & Matthias Leistner, *Intellectual Property Overlaps: A European Perspective*, Hart Publishing, 2011.

2. R. Tomkovicz, *Intellectual Property Overlaps, Theory, Strategies and Solutions*, Routledge, 2012.

3. J. Coleman & S. Shapiro, *The Oxford Handbook of Jurisprudence and Phylosophy of Law*, Oxford University Press, 2004.

4. R. Dreyfuss & J. Pila, *The Oxford Handbook of Intellectual Property Rights*, Oxford University Press, 2017.

5. Sam Ricketson & Jane C. Ginsburg, *International Copyright and Neighbouring Rights: The Berne Convention and Beyond*, Volume I, Oxford University Press 2006 (2nd edition).

6. Raustiala, Kal & Victor, David G., *The Regime Complex for Plant Genetic Resources*, International Organization, Spring 2004.

7. O'Connor & Sean M., *The Central Role of Law as a Meta Method in Creativity and Entrepreneurship* (April 22, 2010), Law, Creativity & Entrepreneurship, Shubha Ghosh, Robin Malloy, ed., Edward Elgar Publishing, 2010.

四、英文论文

1. *Overlapping Intellectual Property Doctrines: Election of Rights versus Selection of Remedies*, Stanford Technology Law Review, Vol. 17(2013).

2. Yanisky-Ravid, Shlomit, *The Hidden Though Flourishing Justification of Intellectual Property Laws: Distributive Justice, National versus International Approaches*, Lewis & Clark Law Review, Vol. 21, p. 1(2017).

3. Dinwoodie, Graeme B., *Territorial Overlaps in Trademark Law:*

The Evolving European Model, Notre Dame Law Review, Vol. 92, p. 4 (2017).

4. Moffat & Viva, *Mutant Copyrights and Backdoor Patents: The Problem of Overlapping Intellectual Property Protection*, Berkeley Technology Law Journal, Vol. 19(2004).

5. Hirko & Sileshi Bedasie, *The Possible Overlap between Plant Variety Protection and Patent: Approaches in Africa with Particular Reference to South Africa and Ethiopia*, Haramaya Law Review, Vol. 1, p. 1(2012).

6. Evans, G. E., *Recent Developments in the Protection of Trademarks and Trade Names in the European Union: From Conflict to Coexistence?*, Trademark Reporter, Vol. 97, p. 1008 – 1048(2007).

7. Robert P. Merges, *Of Property Rules, Coase, and Intellectual Property*, Columbia Law Review, Vol. 94, p. 2655(1994).

8. Wendy J. Gordon, *A Property Right in Self-Expression: Equality and Individualism in the Nature Law of Intellectual Property*, Yale Law Journal, Vol. 102, p. 1533(1993).

9. Justin Hughes, *The Philosophy of Intellectual Property*, Georgetown Law Journal, Vol. 77, p. 287(1988).

10. Thomas Merrill & Henry Smith, *Optimal Standardization in the Law of Property: The Numerus Clausus Principle*, The Yale Law Journal, Vol. 110, p. 1(2000).

五、裁判文书

1. 北京市高级人民法院民事判决书,(2002)高民终字第 279 号。

2. 深圳市中级人民法院民事判决书,(2004)深中法民三初字第 670 号。

3. 广东省高级人民法院民事判决书,(2005)粤高法民三终字第

236 号。

4. 北京市第一中级人民法院民事判决书，(2008)一中民初字第7260 号。

5. 杭州市中级人民法院民事判决书，(2008)杭民三初字第65 号、第66 号。

6. 浙江省高级人民法院民事判决书，(2008)浙民三终字第88 号。

7. 河北省衡水市中级人民法院民事判决书，(2009)衡民三初字第43 号。

8. 上海市卢湾区人民法院(已撤销)民事判决书，(2010)卢民三(知)初字第146 号。

9. 最高人民法院民事判决书，(2012)民申字第41 号。

10. 最高人民法院行政裁定书，(2012)知行字第38 号。

11. 北京市高级人民法院行政判决书，(2012)高行终字第1750 号。

12. 广东省广州市中级人民法院民事判决书，(2012)穗中法民三终字第245 号。

13. 浙江省海宁市人民法院民事判决书，(2013)嘉海知初字第10 号。

14. 浙江省嘉兴市中级人民法院民事判决书，(2013)浙嘉知终字第5 号。

15. 最高人民法院民事判决书，(2013)民提字第1 号。

16. 最高人民法院民事判决书，(2013)民提字第102 号。

17. 最高人民法院民事判决书，(2013)民提字第3 号。

18. 常州市中级人民法院民事判决书，(2014)常知民初字第85 号。

19. 江苏省高级人民法院民事判决书，(2015)苏知民终字第00037 号。

20. 广东省深圳市中级人民法院民事判决书，(2015)深中法知民终字第1224 号。

21. 广东省佛山市中级人民法院民事判决书，(2015)佛中法知民终字第 73 号。

22. 最高人民法院民事判决书,(2015)民三终字第 2 号。

23. 上海知识产权法院民事判决书,(2015)沪知民终字第 522 号。

24. 北京知识产权法院民事判决书,(2015)京知民终字第 1055 号。

25. 广东省深圳市中级人民法院民事判决书,(2015)深中法知民终字第 1224 号。

26. 浙江省宁波市中级人民法院民事判决书,(2016)浙 02 民初 1035 号。

27. 四川省德阳市中级人民法院民事判决书,(2016)川 06 民初 38 号。

28. 广东省高级人民法院民事判决书,(2016)粤民终 699 号。

29. 浙江省宁波市中级人民法院民事裁决书,(2016)浙 02 民初 1035 号。

30. 黑龙江省高级人民法院民事判决书,(2017)黑民终 291 号。

31. 湖北省高级人民法院民事判决书,(2017)鄂民终 3182 号。

32. 北京市高级人民法院民事判决书,(2017)京行终 1929 号。

33. 河南省高级人民法院民事判决书,(2017)豫民终 240 号。

34. 上海知识产权法院民事判决书,(2017)沪 73 民终 143 号。

35. 江苏省南京市中级人民法院民事裁定书,(2017)苏 01 民终 8048 号。

36. 广州知识产权法院民事判决书,(2017)粤 73 民终 537 号。

37. 湖北省高级人民法院民事判决书,(2017)鄂民终 57 号。

38. 最高人民法院民事裁定书,(2017)最高法民申 4616 号。

39. 广东省深圳市中级人民法院民事判决书,(2018)粤 03 民终 21434 号。

40. 广东省江门市中级人民法院民事判决书,(2018)粤 07 民终 2196 号。

41. 四川省高级人民法院民事判决书,(2018)川民终 337 号。

42. 北京知识产权法院民事判决书,(2018)京 73 民终 1472 号。

43. 天津市和平区人民法院民事判决书,(2019)津 0101 民初 310 号。

44. 广东省广州市黄埔区人民法院民事判决书,(2019)粤 0112 民初 2808 号。

45. 北京互联网法院民事判决书,(2019)京 0491 民初 1957 号。

后　记

看书的时候，我喜欢先翻到后记，比起那些没有表情的理性文字，后记中的文字似乎才是鲜活的，其带着烟火气和个性，讲述一个个故事。以前总是畅想到了自己写书后记的时候该写些什么，没想到真的到了这天，却有点“欲辨已忘言”。开头倒是早就想好的：“这是一段岁月，也是一则故事。”我在过往的生活路径上转了个弯，于是有了读博的这四年时光。

从事教学快十年的时候，面对讲台下的学生我突然就心生羡慕，心里想着，当学生多好，我也想当学生。事实证明愿望果真是不能随便许的，没想到次年便获得了作为“教育部青年骨干访问学者”到人大进修学习的机会，再然后，各种机缘巧合犹豫抉择之后，便有了放弃教职纯粹读博的四年。

这是被各种力量撕扯着的四年，也是收获满满的四年。事实证明，那些感觉每日都有进步的日子并非错觉，在最终的博士论文中所呈现的点滴思考几乎全部源于从博一开始的讲座、选修课以及和老师们的交流中的收获。人大，给予我太多。赋予我被打磨的痛楚，也慷慨地赐我以光亮。因这段旅程而结识的老师和同学们，则是我不负此行并将毕生深藏的珍贵宝藏。

陪伴我走过这段岁月的人啊，请让我以这种方式铭记你们，考虑到文字作品的生命力，这些文字一定会比我们更久远地留存于世——而这也是我所希望的,我多么希望这些闪光的情谊在以后的岁月中,仍然能够绽放它温暖的光芒。那些在东区二楼雅座的学术讨论,那些课后的共同进食和不约而同的菜色,那些你们曾给予的无私的支持和关怀,与校园中那些笑脸、声音和光影一起,给这段时光打上了温柔的颜色。刘晓、凤辰、明东、袁锋、文敏、张蕊、谭洋、曾俊、胡骋、华献、晓华、孙旭、梦羽、瑜晨、泽夏、浩然、王燃、铭轩、周恒、序阳、梓钰……原谅我不能一一写出你们的名字,虽然相聚的时间或长或短,但是我从你们身上学到了许多,谢谢与我一起走过的你们。

最敬爱的刘春田老师是我在人大的第一位导师,也是将我带进"人大知产"这座宝山的贵人。自刘老师始,教研室的老师几乎都被我多次叨扰过,郭禾老师、李琛老师、金海军老师、万勇老师、张广良老师、姚欢庆老师……我会一直记得,金老师不止一次地纠正我"咱们知产""他们民法"的说法,并说"大家都是一家人";李琛老师在我开题之后回到家,特意将我有疑问的文章读过之后通过电话给我建议;我也会一直记得,郭老师不止一次温和地倾听和万老师中肯的无私建议……

在知产教研室之外,也感谢人大法学院的老师们对于非本专业的同学的一视同仁。张翔老师可能并不知道,在我选修他的课之后的很长一段时间,输入"jy"两个字母,输出的第一位词组一直都是"教义"二字,而对法教义学的思考,最终也变成了我论文的一部分……常常自嘲自己做科研吃的是"百家饭",有时吃到的还是来自校外的"大餐"。因在港大知识产权青年学者论坛中结缘,清华大学的崔国斌老师就不止一次被我"围追堵截"。在新加坡一次共同参加晚宴的车上,我的追问偏偏遇上超级堵车,让我这次请教时间大大延长,以至于到最后崔老师幽幽吐出一句:这是要开出新加坡了吗……

是的,幸运如我,即便在异国他乡,仍然能够遇到知心的朋友,感谢昆峰和真真对我生活上的照顾;感谢传满、淑凤、京泽、Stefan,与你们一起的讨论和交流让我受益匪浅;感谢唯瑜,你对于田村善之教授理论的深刻理解给了我很大启发。

这一路,曾无数次摔倒痛哭,也曾无数次感恩亲友们的无私帮助。

感谢导师给我磨砺，让我成长，也感谢师母的温柔宽慰；感谢亦师亦友的芬莲姐、李修棋老师、徐飞老师、肖晶老师；也感谢孟春岩老师，时时接受我的负能量，陪我捱过最难熬的日子，给予我在前期资料收集过程中的帮助。

最后，感谢我的爱人、父母和孩子，支持并陪伴我走过这段偏离路线的艰辛之路，为我承担了生活中大多数的琐碎，让我得以顺利完成学业。

平素爱荷，但也知道无论身在何处所为何事，"卷舒开合任天真"都只能存于幻想，身而为人扮演各种角色，不得不受制于各种条条框框。所幸在人大的几年，能够在学术探索的方寸之间，努力争取自说自话地自由开合，能够"不揣浅陋"地自由表达，这份自由来自人大法学院对学术研究的开明风气，也得益于老师们的包容鼓励。

写作本书结尾的时候就在想，这段时间的淬炼与浸润究竟意义几何，我们所学所述又是为了什么？思忖良久，终得一线灵光。或许，我们这番苦修的意义就在于，无论所做的研究是何方向，如果能够为现有的范式增添些微思考，为所选的专业贡献一点探索，哪怕这种探索仅仅是试错，那么，这些付出的艰辛与点滴的痕迹都将成为后续研究的砖石，也将成为我们四年的时光超脱于"获得学位"的一点意义。感谢曲杰编辑的辛勤工作，感谢亲爱的朋友范斐，在他们的支持和帮助下，这本书才得以面世。

愿我们付出的时光，都有意义。